秘密经济战

抗战时期中国
对日伪经济战纪实

罗泰琪
著

中国发展出版社
CHINA DEVELOPMENT PRESS

图书在版编目（CIP）数据

秘密经济战/罗泰琪著．—北京：中国发展出版社，2017.10
ISBN 978－7－5177－0751－6

Ⅰ．①秘…　Ⅱ．①罗…　Ⅲ．①经济史—中国—民国
Ⅳ．①F129.6

中国版本图书馆 CIP 数据核字（2017）第 218536 号

书　　名：秘密经济战
著作责任者：罗泰琪
出 版 发 行：中国发展出版社
（北京市西城区百万庄大街 16 号 8 层　100037）
标 准 书 号：ISBN 978－7－5177－0751－6
经　销　者：各地新华书店
印　刷　者：北京明恒达印务有限公司
开　　本：710mm × 1000mm　1/16
印　　张：18
字　　数：325 千字
版　　次：2017 年 10 月第 1 版
印　　次：2017 年 10 月第 1 次印刷
定　　价：39.80 元
联 系 电 话：（010）68990642　68990692
购 书 热 线：（010）68990682　68990686
网 络 订 购：http：//zgfzcbs.tmall.com//
网 购 电 话：（010）68990639　88333349
本 社 网 址：http：//www.develpress.com.cn
电 子 邮 件：271799043@qq.com

序言
勿让经济抗战群体湮灭青史

近些年，时值抗战胜利70周年，关注军事抗战、政治抗战、外交抗战的作品非常多，但是有关经济抗战的研究却并不多。其实，中国抗战时期经济战线上的抗战是抗战史上浓墨重彩的一笔。抗战时期，中日经济战刀光剑影，波澜壮阔，与军事、政治、外交抗战互为表里。中国经济抗战对时局以及战争形势的转化，作出了不容忽视的巨大贡献。

正是基于此，我开始耕耘经济抗战史料，反复阅读，深思熟虑，在浩瀚的文海里深入浅出，逐渐缕清了中国经济抗战的基本脉络。

抗战前，中国在经济抗战方面做了五大准备，即废两改元、对付白银风潮、修建川陕公路等国防战略基础建设、筹建国家银行、改革币制。日本自然极力破坏，阻挠中国币制改革，走私中国白银，加大白银风潮侵害中国，破坏中国外汇管理，掀起华资银行挤兑风潮。比如1935年1月11日，重庆多家银行发生空前严重的挤兑，踩死6人，踩伤15人，拉响全国金融危机警报。同一天，天津裕元纱厂厂长张万里突然对外宣布：裕元纱厂即日停工清理。天津裕元纱厂下设3个纺纱厂、1个织布厂，有7万纱锭、5000工人，创办于1918年，是华北最大的纱厂。最后，经过激烈竞争，日商钟渊纺织株式会社击败中国金城银行，夺得天津裕元纱厂。全国工商界为之震惊。

随即，日本加大对华经济侵略力度，抢购众多华资纱厂，企图为即将发动的侵略战争奠定以战养战的工业基础。中国针锋相对，保护和收购破产华资工厂，大规模撤退银行资金，阻止和平息银行挤兑风潮，抢购囤积战略、民生物资，保护法币，打击伪币，开辟滇缅路外贸通道，积极争取国际金援。举天津北洋纱厂为例。1936年4月24日，北洋纱厂股东会决定将工厂租给日商上海裕丰，并与之签订草约，收70万元预付租金。中方金城银行总经理周作民和中南银行总经理胡笔江联手抗日，暗度陈仓，通过天津棉花统治整理委员会，以匿名购买北洋为由，请他们驳回日商承租申请，待北洋解除与日商租赁草约后，再与北洋签订正式买卖合同，迫使日商退出承租。此事令全国工商界为之振奋。

抗战全面爆发后，中国银行界、经济界、实业界人士，历尽艰辛，不远万里，将大批银行、工厂、公司等迁移到抗战大后方，积极开发大西南、大西北。他们在大后方重整旗鼓，恢复经济，为前方抗战送去一船船、一车车枪支弹药、军服被盖、后勤给养，展示出大后方强大的支持力量。日本则极力切断中国对外经济往来，封锁沿海海关，封锁滇缅路，阻止美国、英国援华。比如，中国要派中南银行总经理胡笔江赴美争取美援。日本女间谍得知并获取胡笔江某日去重庆的飞机时间，通知日本军部。日本军部届时派战斗机拦截，击落民用飞机，杀死胡笔江。又比如天津中国银行的大撤退。七七事变后第3天，7月10日，天津中国银行的巨额资金和众多账薄危在旦夕。津行副经理束云章奉中国银行董事长宋子文命令，组织几十辆武装运钞车队，在天津沦陷前夕，将银行的400万银元和1000箱账簿文件偷运出津，昼夜兼程，南下1300里，于7月13日安全运抵郑州，躲过一劫。

为占领上海金融市场，阻止伪币发行流通，中国发起严惩汪伪银行大战，刺杀汉奸，破坏汪伪银行。日本和汪伪则实施更凶狠的武力报复，一次逮捕中方银行职员100多位，枪杀3个课长，并在上海中央银行多处营业点实施爆炸，致使法租界亚尔培路分行被炸死7人炸伤20人，公共租界白克路分行被炸死3人炸伤26人，公共租界静安寺路分行被炸死6人炸伤60余人，弹片四溅，血流遍地。上海滩金融业的血腥味丝毫不亚于军事战场上的搏杀。

随着抗战深入，战略物资和民生物资日益短缺，中日物资大战越演越烈。中国政府组织和发动银行、单位、民众，给予政策、资金、交通方便，去上海秘密偷运棉纱，去湖北半沦陷区抢购棉花，去浙江沦陷区抢购民用生活品，冒着生命危险运回大后方，稳定后方生产生活。比如湖北银行在鄂西半沦陷区于1939～1941年间，共收购桐油18万担，转送湖北桐油公司出口；发放茶叶贷款136万元，制成红茶达6000箱，交中国茶叶公司转运销售，与日伪虎口夺食，换取外汇。日本和汪伪政权则极力破坏抢购，并反其道而行之，在沦陷区、国统区交界线抢购战略民用物资，与中国展开抢购和反抢购的激烈战争。

一转眼，70余年已去，但中国抗战的激情壮烈依然让人心潮澎湃。而经济抗战作为中国抗战不可分割的重要部分，同样值得我们致敬。尤其是，在经济战场上为国奋战的人们，并不像军事战场的英雄们那样名垂青史，他们更多的是，默默无闻地在自己的岗位上力所能及地奉献着自己的力量，为抗战作出经济战线上的重要贡献，所以他们尤其需要研究中国抗战史的人给予更多的关注。

这是一个伫立于经济、金融领域的特殊抗战群体，他们的作为，他们的进取，乃至他们的徘徊，都是令我动笔写作本书的动力。在落满尘灰的故纸堆里寻找这一群体精英们在抗战时代的激情奋进，成功的荣耀一时，挫折的郁闷伤怀，更有蒙诟多年的委屈。在各种情愫中，这一特殊的抗战群体在笔下，逐渐立体、丰满了起来。而这，正是我写作本书的意义之所在。

最后，谢谢中国发展出版社编辑的辛苦工作，更谢谢读者朋友对中国经济抗战的关心以及对本书的大力支持。

罗泰琪

重庆化龙桥寓所

2017年7月21日

目 录

第一章

经济备战

一　废两改元

银行大楼砍一半

要说经济战，首先得说银行，因为银行是经济作战的主要阵地，是为经济战提供资金和资金信息的枢纽部门。所以，从1931年九一八事变开始，特别是抗战前几年，未雨绸缪，中国和日本就围绕银行暗中较劲，揭开抗战时期中日秘密经济战序幕。

中国人开办的现代银行，最早的是中国通商银行，成立于1897年（光绪二十三年），发起人是清政府的铁路大臣盛宣怀，官督商办，实收资本金250万两银子，其中100万两来自盛宣怀主持的轮船招商局和电报局，78万两来自李鸿章等一批官员个人，72万两是民间商股，地点在上海外滩6号。盛宣怀时年53岁，江苏常州人，清末政治家，为洋务运动的代表人物。主要民商股东有宁波商人叶澄衷、严信厚、朱葆三等。至于李鸿章等官员的个人入股，醉翁之意不在酒，不过是对洋务运动有所表示，增强民商入股积极性。

盛宣怀创办中国通商银行的目的是“通华商之气脉，杜洋商之挟持”。这里的洋商，主要指外国在华银行，如英国丽如银行、法国法兰西银行、德国德意志银行、日本横滨正金银行、美国花旗银行、俄国华俄道胜银行、意大利义利银行等。

日本横滨正金银行上海分行成立于1893年，比中国通商银行早4年，随后在中国多地设立分行，是日本在华最大银行，主要致力于控制中国政府和大型企业，比如多次贷款给袁世凯政府，配合日本政府强迫袁世凯签订丧权辱国的“二十一条”，通过多次巨额贷款，控制汉冶萍公司等，是日本对华侵略的重要金融机构。抗战全面爆发后，日本横滨正金银行充当日军侵略中国的金融打手，罪恶累累，于抗战胜利后的1946年被盟军统帅部取缔。这是后话，暂且不表。

从1897年到1935年的近40年间，中国银行业蒸蒸日上，有了极大的发展。总计有总行164家、分支机构1597个，佼佼者如中国银行、交通银行、上海商业储蓄银行、浙江实业银行、浙江兴业银行、金城银行、盐业银行、中南银行、大陆银行、新华信托储蓄银行、四明银行、聚兴城银行等。这些银行兴旺发达的标志是，银行大楼如雨后春笋般拔地而起，高大雄伟，夺人眼目。

中国最早的银行大楼建于1882年，是大清银行大楼，耗资1000万两白银，位于北京西交民巷27号。清朝垮台后，1912年2月，中国银行买下大清银行大楼做总行大楼。随后兴起的银行大楼有：1921年建在上海北京路的四明银行大楼，1926年建在上海四川中路的刘鸿生的企业银行大楼、建在上海四川路的东亚银行大楼、建在上海公共租界工部局大厦对面的金城银行大楼。

1929年，上海商业储蓄银行（以下简称上海银行）修建银行大楼，位于今天上海市宁波路50号，由著名通和洋行设计，七层高，钢混框架结构，深红色墙体透着浓郁的古典气息，门厅高大，营业厅结构精致，内部装饰富丽堂皇，周详实用。上海银行的创始人是陈光甫。在陈光甫的领导下，上海银行从上海最小的银行，经过10余年发展，一跃成为著名的江浙财团南四行之一，资产总额4700万元，分支机构111个，职工2775人，存款总额近2亿元，位居上海私营银行之首。上海银行新大楼一经亮相，立即成为上海一道亮丽的风景线，过往行人无不驻足观赏，伸大拇指说顶呱呱。

紧随其后，盐业银行大楼建于1931年，中国垦业银行大楼建于1932年，大陆银行大楼建于1932年，国华银行大楼建于1933年，中汇银行大楼建于1934年，四行储蓄会大楼建于1934年，浙江兴业银行大楼建于1935年。

大陆银行成立于1919年，总行在天津法租界6号，董事长谈荔孙，总经理曹国嘉，股东有北洋政府代总统冯国璋，辫帅张勋，北洋政府财政总长龚心湛，财政部次长李思浩、吴鼎昌，交通银行上海分行经理钱新之，江苏督军李纯，江苏省长齐耀琳，浙江省长齐耀珊，江宁镇守使齐燮元，江苏省财政厅长俞仲韩，中国银行总裁冯耿光、副总裁张公权，京剧大师梅兰芳。

大陆银行有这样的背景，想不赚钱也不行，成立当年即盈利22万元，于是增资，由实收50万元，3次增资至1000万元。7年时间，从1919年到1926年，股本扩大20倍，创造资本扩张奇迹。大陆银行上海分行建于1920年，11年后，经理叶薰决定修建银行大楼，原因有三条：一是大陆银行发展良好，到1926年底有分支机构11处、行员217人、资产总值高达3.8亿元；二是在上海及周边的业务超过京津；三是多家银行总部齐迁上海，龙腾虎跃，竞争更加激烈。

大陆银行大楼从1931年5月开建，承造商是上海慎昌洋行，造价85万元。开工不久，遇晴天霹雳，爆发九一八事变。大陆银行董事会开会研究决定，修银行大楼是体现中华民族自强不息精神，再困难也不停工。1933年11月，上海大陆银行大楼竣工，钢混结构，上下10层，为中国古典宫殿风格，设有纯钢保管箱1182只，首创出租保管箱业务。4年后，抗战全面爆发，北京陷落，大陆银行总部迁来上海，幸好未雨绸缪，到上海便住进这幢大楼。

中汇银行是杜月笙创办的。中汇银行大楼建于1934年9月，地点在今天上海河南南路口，耗资156万元，请中国建筑师黄日鲲、法国建筑师赖安吉爱共同设计，委托久记营造厂承建，钢筋混凝土结构，红砖清水外墙，高15层，法国立体式样，集银行、写字间、公寓于一体。中汇银行大楼3~9层为写字间，共200余间，进驻有商行、事务所、办事处、经营部等140多家。10~12层为西式公寓，每套有正屋3间或5间，附有浴室、厨房伙食间及仆人室等，厨房伙食间有煤气、冰箱、洗物器、食橱。13层为行员休息所。再上2层为水塔，屋顶平台可供住户散步。整个大楼内部设有3部电梯，上下方便。

四行储蓄会与众不同，干脆建起一幢雄伟的上海国际大饭店。1923年，中南银行、盐业银行、金城银行、大陆银行共同组建四行储蓄会，各出资25万元，目的是承担中南银行发行钞票的兑现责任，同时享有发行钞票的利益。四行储蓄会经营有方，从1923年到1936年，13年时间，资产总额猛增到1亿元，增值100倍，创造了一个金融神话。天津政协编印的《北四行简况》介绍说：

> 北四行联营的第二项业务，就是吴鼎昌在1923年倡办的四行储蓄会。四行储蓄会并无资本，只由四行作为基本储户，各存基本储金25万元，实际上是借用四

行的信誉，开了家没有资本的银行。四行储蓄会在各地设立分支机构，并用所谓“储户分红”的欺骗手法，招揽储蓄存款。第一年决算，一般储户除获得储蓄利息七厘外，还分得红利三厘七，两者合起来，高于一般银行存款利率。四行储蓄会的纯利润，从1923年到1927年的5年期间，由63000元，增加到85万余元，增长了12倍以上。据统计，从1923年到1936年，仅13年时间，四行储蓄会积累资产总额达1亿余元，储蓄存款9000万元，成为当时全国最大的储蓄银行。①

四行储蓄会仅在1931年就有1000万元收益。他们把巨额现金存放在自家的金库里，定期组织社会记者和社会知名人士前来库房实地考察，向社会公开展示雄厚实力。不过银行赚钱靠放贷，要是有钱放不出去压在库房，不但影响收益，还有金融风险，钱多了也有麻烦。所以，四行的高层，金城的周作民、盐业的吴鼎昌、大陆的谈荔荪、中南的胡筠，有的建议投资炒外汇，有的建议投资房地产，众说纷纭，莫衷一是。

四行储蓄会这时的总负责人是盐业银行的总经理吴鼎昌。他接到这些意见，一时也不知如何是好，想来想去，又找了许多内行做参考，最后做出一个特殊的决定，修建上海国际饭店。当事人上海富商贾仰山、杜月笙门人杨淮北回忆说：

吴鼎昌向来认为世界局势不稳，金价必涨，因而极为重视外汇资产，对房地产也感兴趣。所以，四行储蓄会虽然自办放款，数量并不多，与金城等行合作投资企业也就少了。在1931年左右，钱新之认为四行储蓄会手存外汇太多，风险不小，曾经作过动用这些外汇资金的几个方案，但吴鼎昌都不同意，两人之间弄得很僵，最后决定投资自建国际饭店的22层大楼。②

钱新之这时是中央银行理事、交通银行常务董事。他的意见是把四行储蓄会的这外汇用作外汇市场。吴鼎昌不同意，不愿把外汇卖给中央银行，便联络其他三家银行的老板，金城的周作民、大陆的谈荔荪、中南的胡筠，利用自己首轮担任四行储蓄会负责人的机会，否定了钱新之的意见。

大家之所以支持吴鼎昌，还不仅仅是为解决空闲资金出路，更重要的原因是，修建一幢上海最高、最豪华的银行大楼，可显示雄厚的经济实力，让广大储户充满信心，踊跃到北四行存钱。当事人、上海国际饭店经理孙立已1962年回忆说：

---

① 天津市政协秘书处编：《北四行简况》，1976年6月版，第25页。

② 中国人民银行上海市分行金融研究室编：《金城银行史料》，上海人民出版社1983年版，第314页。

我参加四行工作时大楼已在动工。最初大楼原拟定名为四行大厦，后因为开设国际饭店，就称为国际饭店大厦。四行当局建筑这座大厦的动机想来主要是二个原因。

第一，资金有多，需要投资。当时（1931 年前后）认为最可靠的投资是房地产及外币与国外债券。听说四行储蓄会打算以三分之一的资金投资房地产。包括国际饭店外，还拟兴建四行仓库、虹口公寓及职工宿舍等。当时各银行及个人投资房地产的非常多，地产价格猛涨。这是促成兴建国际饭店的最主要原因。第二，高耸入云的摩天大楼是对存户最有吸引力的广告。我觉得四行当局是懂得广告在银行和商业中起绝大作用的人。四行储蓄会的存户零星的居多，聚沙成塔，尤其需要有广告。

果然，大厦建成后，不仅各地四行储蓄会的存款都大大增加，就是四行本身的存款也有了增加，四行在社会上的信誉也有所提高。①

于是开始买地建房，用 45 万两白银，购进上海派克路（今黄河路）2. 7 亩地，委托匈牙利籍建筑师邬达克做设计、上海陶馥记营造厂建造，历经 3 年多时间，耗资 500 万元，于 1934 年 12 月落成。上海国际饭店有 24 层高（其中，包含地下 2 层），当时是中国，也是远东第一高楼，成为中国银行的象征。70 多年后的今天，上海国际饭店大楼还屹立在上海，是全国重点文物保护单位。

接二连三修建起来的银行大楼，显示了中国与在华外国资本家竞争的决心和信心，自然引来外资的排挤和打压，比如随后修建大楼的中国银行和金城银行，节外生枝，平白生出事来。

中国银行当时的总经理是张嘉璈。1934 年，他看了上海中国银行报送来的修建银行大楼的报告，英国公和洋行设计，一座双塔形，高 91 米，34 层，比隔壁沙逊大厦高出一截，造价预算 1000 万元。张非常满意，签字认可，批准执行。中国银行是当时中国最大的银行，有资格也有实力修建一幢最高大的银行大楼，以显示其银行霸主地位。前面介绍了，大陆银行大楼耗资 85 万元，中汇银行大楼耗资 156 万元，四行储蓄会大楼即国际饭店耗资 500 万元，而中国银行大楼预算 1000 万元，张嘉璈认为理所当然。关于当时中国银行的实力，复旦大学历史教授吴景平撰文指出：

据统计，至 1934 年末，中国银行资产总额在中央、中国、交通三行之中占

① 中国人民银行上海市分行金融研究室编：《金城银行史料》，上海人民出版社 1983 年版，第 314 页。

52%，在全国各银行的资产总额中占23%；发行额在三行之中占51%，在全国银行中占三分之一；存款总额在三行中占49%，在全国银行中占18%；贷款额在三行中占55%，在全国银行中占20.52%。①

照中国银行的实力，这个计划应当顺利实现，可中国银行大楼最后修建起来却矮了一大截，不是计划的34层，而只有17层，不是比邻居沙逊大厦高，而是矮了1米，令世人大惑不解。这又是何故？

金融作家刑建榕认为，中国银行楼层大缩水的一大原因是“中行财务状况不容乐观”。有人说，不是财务问题，是沙逊捣乱，强迫租界工部局不准中国银行大楼超过他的大厦。沙逊时年53岁，英籍犹太人，在印度继承大笔家产后，1923年来上海，贩卖鸦片、军火，投资房地产，建造包括沙逊大厦在内的几十幢大楼，开设华懋洋行等多家公司，成为上海首富。租界工部局听到这个不同意见，出来解释说，鉴于外滩环境管理问题，在沙逊大厦后来修建的大楼一律不准超过沙逊大厦。明眼人不难看出，此地无银三百两，就是沙逊捣乱。

沙逊捣乱的事发生在外国人控制的上海租界，华人在此矮人一等，可以理解，可金城银行在北平修大楼，是在自己国土上，照说没有问题，可还是遭到当局干涉，被迫削减楼层。花明柳暗，又是何故？金城银行老行员、当事人籍孝存、杨固之、徐国懋回忆：

1935年华北形势日趋恶化，冀东已有日伪组织，国民政府在日本人的威逼下，成立冀察政务委员会，由宋哲元主持，任委员长，周作民被任命为委员。周以长期在沪主持金城行务为借口，不能来北平就职。宋对其不合作深为不满。适北京金城银行东城办事处因旧址狭小，在王府井大街金鱼胡同西口外新建大楼，建设设计已被北平市政府工务局批准，进行施工。当工程将竣，预备安装最高层大钟的时候，宋为泄愤，不准装设，后经北平电报局长何石杉（冯系的旧人为周同乡）向宋疏通，乃被迫削减钟楼与最高一层楼房，始告结束。②

废除银两改币制

与银行业蓬勃发展的同时，传统的钱庄业比翼齐飞，毫不示弱，特别是在

① 许矛、顾关林、姜天鹰主编：《中国十大银行家》，上海人民出版社1997年版，第31页。

② 籍孝存、杨固之、徐国懋：《周作民遭遇的几次政治风险》，载于文昊编：《金融大亨》，中国文史出版社2013年版，第287页。

经营银子上面，这是他们的拿手好戏，有过之而无不及，因此银钱两业时有矛盾，演变成现代金融行业的龙虎斗。在若干矛盾中，最突出的是废两改元。废两改元是金融行话，简言之，就是废除千百年来用银子作货币的习惯，改为使用银元。这自然是银行的主张，而钱庄呢，则是相反，主张继续使用银两，哪怕与银元同时使用，并驾齐驱也行。于是中国的金融业便出现两种货币单位，同样是银子，银行讲元，钱庄讲两，谁也不服谁，弄得广大民众和工商业者怨声载道，甚至影响国际贸易换算。

这样的问题自然严重影响中国经济发展，更谈不上精诚团结，共同对付日本经济侵略，因此引起一个人的高度关注，他就是国民政府财政部长宋子文。1928 年春夏之间，北伐军在取得最终胜利之际，弹冠相庆，喜笑颜开，唯独财政部长宋子文愁眉紧锁，郁郁寡欢，原因是新政权财政紧张，国库空虚，无法收拾北洋政府留下的千疮百孔的烂摊子。这天，蒋介石召见宋子文，因百废待兴，没有资金，问他有何高见。宋子文回答："办法自然有，就看你敢不敢采纳。"蒋介石问什么办法。宋子文便将自己苦苦思考出来的意见，管他接受与否，一股脑儿倒了出来。蒋介石听了肃然无语。

宋子文的办法就是废两改元，要废除千百年来用银两作货币单位的习惯，改为使用银元。这话说来简单，但实行起来，因为牵涉全国民众，牵涉众多钱庄、银行、工商业者、国内外贸易，牵一发而动全身，非常麻烦。但如果解决得好，那绝对是利国利民的大好事，更特别有利于新政权对全国经济的管控。

蒋介石与宋子文反复商量，又把这事提交最高国务会议研究，最后决定在上海、江苏、浙江试行办理，若行得通则全国推开。这件事之所以得到高层多数支持，除了蒋介石一言九鼎，全力肯定，还有一个历史渊源。换句话说，废两改元并不是宋子文首创，在他之前便有有识之士先后提出。1918 年，上海银行公会成立之际，便有人大声疾呼：民国当废两改元。1921 年，全国银行公会向北洋政府提出建议，民国以来银元越发流通，与历来通行的银两并行于世，多有不便，建议废除银两，改铸旧币，统一币制。1923 年，上海出现货币流通危机，原因是银两稀缺，银元泛滥，上海银行公会建议银洋并重，改变传统"两重元轻"局面。而上海钱业公会素来重视银两，上书北京政府，反对上海银行公会建议，主张维持原状。

如此种种，宋子文自然一清二楚，他更看中的是一个最新方案，那就是经济学家马寅初提出的《统一国币拟先“废两用元”案》。它很投宋的口味，觉得很好，便将马案和自己的意见合二为一，向蒋介石提出一整套统一币制方案。得到最高当局认可后，1928 年 6 月，宋子文在上海主持召开全国经济会议，会议决定实施废两改元方案。

这个新方案内容如何？复旦大学历史系教授吴景平介绍说：

1928 年 4 月，财政部长宋子文宣布将在上海设立中央造币厂，提出“废两用元”应于“全国金融重心之上海及江浙两省试办”。这里“试办”的意思，就是这一重大改革拟分阶段逐步进行；选择上海与江浙，无疑是要首先控制金融中心地区，然后才能推及全国。

同年 6 月下旬北伐战事结束后，在上海召开了以金融业和工商业代表为主的全国经济会议，会议通过了经过一年筹备实施废两用元的提案，主要措施包括上海造币厂正式开工鼓铸新国币、政府颁布国币新条例、组织统一国币监理委员会等，还提出有关存银改铸新币、海关改收银元、国际汇率改用银元、取消洋厘行市、契约改以银元计算、旧国币暂行抵用等方面的原则意见。①

虽然如此，鉴于世界各国多实行的是金本位币制，宋子文犹豫再三，没有马上实施币制改革。不久，国内形势发生重大变化，1931 年日军强占东北，1932 年日本强行夺取东北关税盐税。面对咄咄逼人的日本经济侵略，国民政府决心针锋相对，决定加快实施币制改革，夯实经济基础，迎接日本更大规模的侵略。于是，实施废两改元方案行动驶入快车道。

1933 年 1 月，奉宋子文密令，财政部钱币司长徐堪从南京来到上海，召集金融高管密会，参加者有中央银行副总裁陈行、中国银行副行长贝祖诒、上海银行公会主席李铭等，秘密起草《新国币条例》草稿。草稿出来，徐堪带回南京交给宋子文，宋子文再作修改后提交国民党中央政治会议审议。

既然大势所趋，钱业公会只好被动迎合。1933 年 2 月，上海钱业公会经过反复磋商，一改过去反对改革的意见，决定主动承认银元与银两的同等地位，并开会就改革的具体办法做出决定：一、以 7 钱 1 分 5 厘作为洋厘即银元折合银两的永久市价；二、银两换银元，以每两作 1 元 4 角计算；三、辅币市价，向以银两为标准者，自施行日起，亦以银元制度计算；四、加开银拆的银元市价。

3 月，春雷一声，国民政府财政部《废两改元令》横空出世，主要内容

① 吴景平：《上海金融业“废两改元”的前因后果》，载于《东方早报》2012 年 5 月 8 日。

有：一、银币一元折合银子7钱1分5厘，自1933年3月10日起从上海施行；二、凡公私款项及一切交易，均按此定率用银币收付，不得再用银两；三、上海钱业同业公会不得再开出洋厘行市，所有行庄均应以银币为本位，其银两与银币利率应一律计算，不分高下，并将银拆名称改为拆息；四、中央、中国、交通三行代表组成上海银元银两兑换管理委员会，负责实施此次币制改革；五、公布《银本位铸造条例》，规定新国币银元的重量、成色及铸造费等，开始铸造有孙中山头像的国币银元；六、持有银两者，可由中央造币厂代铸银币，或在中央、中国、交通三家银行兑换银币。

4月5日，上海银行钱业两会召开紧急联席会议，达成执行《废两改元令》决定，特别强调，从5月起，同业内部的交换汇划只接受银元往来，不再办理银两往来。

开门形势不错，可宋子文仍忧心忡忡，因为他太清楚上海那帮钱庄老板的心思，取消双轨制就是取消他们赚钱的基础，他们必定阳奉阴违，暗中拆台，宋便命令上海方面随时向他汇报币制改革进展。果不出所料，上海报来的兑换数字太小，大大低于宋子文的预料。显然，政府法令遭到大部分钱庄老板的顽强抵制。上海是全国最大的现银汇聚地，1933年4月有存银1.5亿两，可1933年12月兑换的银两仅为2000万元。

宋子文前往总统府找蒋介石说："情况不妙，情况不妙。"蒋介石问："什么情况?"宋子文说："还有什么比兑换银元重要？当然是废两改元了。哎呀你不知道，上海那帮家伙竟敢阳奉阴违，拒绝兑换，气死人了。你自己看吧。"说着从皮包里掏出统计表递过去。蒋介石日理万机，无暇顾及币制改革，现在看了兑换统计表大为恼火，噫哩哇啦说一通，最后问宋子文有何高见。宋子文说："诚如你所说，币制改革决不能毁于一旦，所以我制定了强硬的兑换措施：一、由财政部承担银两兑换新铸国币银元的损耗，减轻银行钱庄负担；二、训令上海银钱两业，限于一个月内，将所有存库银两缴纳给中央银行，依照规定换算率，兑取银元；三、一个月期满后，所有银行钱庄不得再用银两作准备金，必须用银元作准备金。有了这三把尚方宝剑，我看谁还胆敢抗拒兑换？上海的上亿两现银，我保证都将收存于中国银行。"蒋介石颔首点头。

果然，宋子文的措施一旦付诸实施，还在观望的上海银钱业众老板吓得面如土灰。这办法厉害，是内行整内行，因为只准银元作银行钱庄的准备金，便是一道催命符，必须把银子兑换成银元，否则准备金不足，财政部便可名正言顺地查封你的银行钱庄。银钱老板只好乖乖投降，将银子送到中国银行，兑换成政府三大银行铸造发行的银元；于是水到渠成，废两改元得以顺利完成。

在这次改制中，宋子文还有一个秘密武器，就是取得了外国在沪银行的积极支持。汇丰等一批英资银行将库存现金及白银提交中国银行；美国驻华公使暗中敦促美国银行将白银转交中央银行收兑，不再使用银洋。这样一来，在华主要外资银行，只有日本拒不支持，理由是"日本军部表示中国币制改革是对日本的公开挑战，在华北收兑的5000多万银洋也借口不许南运"①。日本无权干涉中国改革币制，可他们偏要口出狂言，这是日本对华经济战的一次公开叫嚣。

废两改元具有重要的历史意义，它统一了中国的币制单位，为下一步统一全国货币奠定基础，促使现代银行成为中国金融业主导，更重要的是，为中国应付即将到来的国际白银风潮和日本的大规模经济侵略做了重要的金融准备。复旦大学历史系教授吴景平指出：

> 总之，近代中国货币制度的变革，直接关系到金融业的经营和市场的运作。通过废两改元，中国币制实行了在银本位币基础之上的统一。就整体而言，废两改元标志着新式银行业在近代中国金融市场上确立了主体和主导地位，对银行业的进一步发展有着积极的影响。②

经济学家徐瑾指出：

> 如此一来，国民政府顺理成章在1933年推出了废两改元法令。这一进步的意义总是被低估，比照日后法币从白银到纸币的跨越而言，显得废两改元好像改变不大。其实没有废两改元，法币改革也无从谈起，这是中国币制的一小步，却是中国历史的一大步。③

二　白银风潮

历史往往会开玩笑，本来一件不经意之事，一旦因此随之引发更大事情，

---

①③　徐瑾：《资耀华经历的废两改元》，载于《中国经营报》2015年12月5日。

②　吴景平：《上海金融业"废两改元"的前因后果》，载于《东方早报》2012年5月8日。

不经意之事的作用便被无限放大，演变为改变历史的大事。比如废两改元，原本不过是中国金融改革的序曲，但就在废两改元完成之际，世界经济局势发生巨变，美国突然在1933年底宣布实行《白银收购法案》，大量收购世界白银，致使世界银价猛烈上涨，中国白银大量外流，造成中国银根紧缩，经济萧条，银行工厂商店接连倒闭。这就是金融史上著名的白银风潮。

重庆银行挤兑案

正当中国银行业蓬勃发展之际，1933年，美国为摆脱经济危机，对抗通货紧缩和物价下跌，制定和实施《白银收购法案》，在国内外市场大量收购白银，目的是扩张货币供应，缓解通货紧缩，通过购买白银，推动白银价格上涨，迫使中国等国货币升值，以便向其倾销过剩商品。这一来，世界经济立即刮起强烈的白银风暴，在华外国银行大量抛售白银，上海存银从2.75亿银元迅速降到0.42亿银元，致使中国货币被迫升值，白银外流，银根奇缺，物价惨跌，工商业、银行和钱庄破产倒闭。尤其恶劣的是，日本趁机对华展开猛烈的经济战，向中国大量走私白银，仅1935年走私额就高达1.5亿~2.3亿银元，给中国经济带来灭顶之灾。

首先遭难的是中国通商银行。这时的董事长兼总经理是傅筱庵。在白银风潮的大背景下，加之中国通商银行在准备金严重不足的情况下，擅自大量发行钞票，以致银行在白银风潮开始袭击上海时便倍感困难。傅筱庵铤而走险，不顾自身困难，决定筹建中国通商银行大楼，企图欺骗社会，稳住阵脚。1935年春，通商银行大楼建成竣工，通商银行按合约应当支付建设款，可因为资金短缺，便寻找借口拖延付款。承建商上海陶桂记营造厂带人在通商银行总行大门静坐示威，讨要工钱。上海舆论哗然，通商银行众多储户闻讯惊恐不已，纷纷前来取款。傅筱庵无可奈何，只好挖东墙补西墙，立即支付工程尾款。

可这时白银风潮越演越烈，刚处理完工程尾款的事，通商银行即爆发严重挤兑，因为现金准备不足，几天下来便无法招架，眼看就要关门停业。傅筱庵想尽办法还是无法应付，只好以180万元将通商银行大楼卖给上海邮政储金汇业局。卖了大楼，广大储户越发紧张，继续大量提款。傅筱庵卖大楼的钱，多数被强制还付中央银行欠款，现在面临挤兑风潮，捉襟见肘，资金还是严重不足，就向财政部求救。财政部答应由中央、中国、交通3家银行各拨款100万元贷给通商银行，条件是傅筱庵让出董事长兼总经理职务。傅筱庵无奈，只好接受。1935年6月，通商银行挤兑风潮逐渐平息，即召开董事会，免去傅筱庵董事长职务，改任常务董事，任命杜月笙为董事长。

接下来的白银风潮悲剧发生在重庆。

重庆时为四川经济中心，四川省政府所在地。1935年1月，国民政府军事委员会做出决定，由南昌行营组建参谋团进驻重庆，强令压缩川军，要求省府迁蓉，揭开中央政府直接经营重庆的序幕。四川省主席刘湘惶惶不安，一面应酬参谋团，一面对抗裁军，明里答应，暗中秘密筹建两个师。此举需经费2000万元。刘湘责成四川省财政厅拨付。省财政厅长刘航琛无钱可支，便用发行四川地方银行兑换券的办法，同时又用"未经销之公债向公库抵借公单"的办法，筹集到2000万元，交给刘湘扩军。这是临时抱佛脚的办法，完全没有考虑准备金严重不足的问题。

正当此时，白银风潮溯江而上，从上海漫延到重庆，摧古拉朽，使重庆经济遭到严重破坏。金融业自然首当其冲，银根收缩，资金紧张，工商企业倒闭，由此发生银行挤兑。要是没有川行强行摊派似地大量发行兑换券，重庆的银行业还能控制住这次挤兑，可大量资金已变成一时不能兑现的兑换券，面对来势汹汹的挤兑风潮便束手无策了。而广大储户听说银行取不出钱来越发恐惧，致使挤兑风潮更加凶猛。1935年1月11日，重庆多家银行发生最为严重的挤兑，千万储户拼命拥挤取款，当场踩死6人，踩伤15人。

为什么会发生如此惨剧呢？四川财政厅长刘航琛回忆说：

> 四川省地方银行于1934年成立，为解决刘湘军费开支的需要，一开始就发行四川地方银行兑换券（简称地钞），票面分1元、5元、10元3种，截至1935年4月9日止，地钞发行额达3300余万元，而现金准备只有300余万元，不及10%。遂致现金日贵，地钞日贱，每千元地钞掉换现金，需补水达六七十元至一百七八十元，酿成重庆、成都发生严重的挤兑现象，甚至发生挤伤人和踩死人的事故多起。①

事情闹大了，行营参谋团责成四川省政府立即解决。刘航琛为平息挤兑风波，邀请重庆金融界人士开会商议，请各银行与省财政厅共同出面解决。大家

① 沈云龙：《刘航琛先生访问纪录》，九州出版社2012年版，第37页。

也担心这次挤兑危及自家银行生存，十分着急，愿意配合，但一致要求省银行立即收回地钞，否则不能维持。刘航琛迫不得已，请示省主席刘湘，决定将各银行、钱庄所有的地钞尽量收起来，交给四川地方银行，四川地方银行组建兑换券准备库予以封存，再组织“抵解委员会”，发行可在市面流通使用的“抵解证”代替地钞，同时制定“抵解证”管理办法，督促全省实施。这是减少市面流通货币的办法，釜底抽薪，有利于从根本上解决挤兑风潮，大家自然赞成。这个办法实施后，重庆封存地钞700万元。

以上是挤兑风潮的原因之一。刘湘是21军军长，为了私自扩军，强行向地方摊派巨额军费高达800万元，是第二个原因。行营参谋团责令刘湘解决这个问题。刘湘没钱，只好向各银行借款750万元收回军费公单。至此，重庆挤兑风潮日趋平息。西南大学教授刘志英、张朝晖指出：

> （从1934年9月起），以未经销之公债向公库抵借公单，在市面贴现使用。公单发行数量由30万元而增至800万元，致市面洋水高腾，申汇飞涨。后经筹划，所有公单，除行庄领用者由各该行庄收回外，军部领用者，则向各行庄商借750万元，将公单全部收回。①

天津裕元闹倒闭

如果说上海、重庆的银行挤兑是白银风潮大环境所致的话，那么天津裕元纱厂的倒闭，则是白银风潮和日本经济侵略双重压力的结果。就在重庆发生银行挤兑风波这一天，1935年1月11日，天津裕元纱厂张万里厂长突然对外宣布：裕元纱厂即日停工清理。工商界人士得讯大吃一惊，为这家华北最大纱厂落入日本人手里惊愕不已。

天津裕元纱厂下设3个纺纱厂、1个织布厂，有7万纱锭、5000名工人，创办于1918年，是由一批军政商界大鳄创办的，有北洋政府国务总理段祺瑞、财政总长王郅隆、外交总长曹汝霖、内务总长王揖唐、陆军次长徐树铮、安徽督军倪嗣冲、奉天军务督理段芝贵、盐业银行总经理吴鼎昌、驻日公使陆宗舆、金城银行总经理周作民等，所以资金充足，后台硬朗，机械设备都是国外进口的最先进的，还自备发电机，自行发电，乃全国一流。

既然如此，天津裕元纱厂怎么会落入日人之手呢？这与上海一·二八事变

---

① 刘志英、张朝晖：《抗战大后方金融研究》，重庆出版社2014年版，第441页。

有关。1930 年，天津裕元开始出现经营危机，便与贷款银团达成协议，规定了还款计划和整顿工厂事宜。在银团的监督下，天津裕元开始走出低谷。这时，1932 年初，上海爆发一·二八事变，日军攻打中国上海驻军，引发新一轮中日严重对立。天津裕元受此影响，加之内部管理有问题，经营再度陷入困境，每月亏损 10 万元。贷款银团十分着急，害怕巨额贷款损失殆尽，立即加强对裕元的严格监管，提出更严厉的整顿方案，责成裕元纱厂厂长张万里执行。张万里紧缩生产，裁减 2000 名工人，压缩 3 万纱锭，每月节约开支八九万元。但这时，白银风潮席卷津城，致使裕元纱厂的整顿前功尽弃，功亏一篑，1933 年共计亏损 110 万元，累计欠款高达 500 万元。

这一来贷款银团着急了，特别是出钱最多的两家——日本大仓洋行和金城银行，单是应收贷款利息即高达 60 万元。金城银行的总经理周作民，因为债转股的原因，兼着天津裕元纱厂董事。有这层关系，在过去几年，周作民自然格外照顾裕元，历年贷款总额高达 129 万元，就是平常年份，年末贷款余额也在 100 万元左右，是天津裕元最大的债主。第二大债主是日本大仓洋行，贷给天津裕元 200 万日元无法收回。

日本财团代表叫石田。他来到裕元纱厂对经理卢宠之说："你的纱厂亏损太厉害，必须立即停工关闭，否则越亏越多，会亏掉整个工厂，我们的贷款就无法收回来了。"卢宠之听了万分着急，说："不能关闭，现在不能关闭。纱厂经过整顿，纱布销路开始松动，希望维持到阴历九月，便会实现扭亏为盈，就可以陆续偿还贷款。你们现在关闭纱厂，纱厂就彻底完蛋了！不能关闭！"石田早就觊觎这家纱厂，暗地里在做收购准备，自然一口拒绝，坚持必须立即关闭。从这天起，石田每天派人来威逼卢宠之关闭工厂，扬言不听话将严惩不贷。

卢宠之十分害怕，但又不甘心放弃纱厂，便寄希望于金城银行总经理周作民，写信给周作民说：

> 此次整理以后，每月节省减薪减息共三万五千元之谱，论将来希望，自较以前为优。惟目前纱价尚未起色，每月亏本不止节省之数，维持现状不易。琛（卢宠）个人意见，此次整理煞费苦心，遣散费约三万元（保安队及酬劳等均在内），刻已交秋，纱价虽不起，但销路已动，希望维持至阴历九月，以观动静。届时如仍无起色，除停摆外，实无他法。惟在阴历七八九三月中必须设法维持，但石田终日逼我关门，问其关门种种准备是否接济，则又表示绝无。种种无理取闹令人

难受……石田每天之凌迟罪（指受日人折磨），实有生以来未受之罪也。其有扬言，九月一日应付之款不付必有办法，但看其如何办法再定应付之法。①

周作民此刻心有余而力不足，想帮裕元沙厂，但在白银风潮之下他的银行业务江河日下，自顾不暇，便回信告诉卢宠之，眼下大势不好，就是硬撑也无济于事，反而有可能进一步加大亏损，长痛不如短痛，关门算了。卢宠之无可奈何，只好答应停产。于是天津裕元纱厂便自行宣布停工清理，就出现了前面一幕。

裕元纱厂进入清算结束阶段，纱厂股东会组建查账组，查清资产，制定还贷办法。清查结果，裕元纱厂全部资产价值170万元，欠款500万元，资不抵债，只有宣布破产，拍卖工厂还债。这个消息出来后，金城银行倒是愿意收买裕元纱厂。周作民在行务会上说："日商素来觊觎华北纱厂，也收购了几个，而且还在继续收买。这是个涉及民族产业生死存亡的问题。我们银行素来擅长投资工业，日前已收购天津北洋纱厂、上海新裕纱厂，代管天津恒源纱厂。至于这个裕元纱厂，我行在它身上压有巨款，又考虑不能老让日商得逞，倒也可以考虑买下来，整顿一番恢复生产。"

金城银行于是着手接收裕元纱厂，便组建上海银团，与日本银团商议将其裕元资产转移，并草签协议，然后制定复兴裕元计划。复兴纱厂的财务预算出来了，接管裕元需要付给日本银团200万日元，需投入80万元整顿工厂，需要偿还其他债权人70万元，总计350万元，还没算金城银行100万元债权，而裕元最多价值170万元。周作民看了预算默然无语，心里想，要是放在平日，这笔生意不是不可以做，虽说工业投资回报比较慢，但收益远远高于放贷，只是眼下大局不稳，一是白银风潮有增无减，还不知闹到何时，二是日本越发猖狂，不仅占着东三省，还在华北、东南兴风作浪，也不知究竟要干啥。这样想来想去，周作民一时下不了决心，但心底还是不想让日商收购裕元。

这事提交金城银行行务会商量。大家议论纷纷，各持一端。其中有两个人坚决反对收购裕元，一个是金城天津分行经理王毅灵，一个是金城银行大股东、董事兼天津裕元纱厂总经理倪幼丹。他们反对的理由各不相同。王毅灵考虑的是如何盘活金城天津分行的资金，因为贷给裕元的钱是他出的，要是收购裕元，不仅这100万元收不回来，还要再贴进几百万元，即或总行支持一些，

① 中国人民银行上海市分行金融研究室编：《金城银行史料》，上海人民出版社1983年版，第402页。

还是把天津分行的头寸弄得死死的，要是收购后时运不佳，多年收不回投资，岂不又是天津分行的责任？

当事人、金城北京分行经理杨济成回忆说：

> 王毅灵却不甚赞成。他纯从津行头寸上着想，觉得裕元如果售给他人，津行便可将该厂欠款全部收回，另行运用。反之，如果由金城收购裕元，津行不但收不回该厂欠款，此后该厂还将继续占用津行大量头寸，所以对金城收购裕元不以为然。①

裕元总经理倪幼丹的想法又不同。倪幼丹时年45岁，是安徽督军倪嗣冲的儿子，是倪氏财团企业的代理人，还是裕元纱厂创始人之一。裕元纱厂创办于1915年，由倪氏财团投资110万元，倪幼丹先任经理后任总经理，经营裕元纱厂已有20个年头，素来把裕元纱厂视为自己的领地不容他人插手。

如果金城收购裕元，则说明裕元经营无方。倪幼丹想，自己这个总经理自然是第一责任人，就有被罢免的可能；如果维持现状，自然最好，既无人追责，还可以继续做总经理。于是，倪幼丹杖着自己的权势，在金城银行董事会上说："这事做不得，千万做不得，最好的办法还是顺其自然。"有人不同意他的意见，说他恋眷总经理位置。

周作民念及倪幼丹父亲安徽督军倪嗣冲以前大力支持自己的好处，又害怕倪幼丹一气之下撤资退股，便不好说话，想的是如何替此公谋得一个更好职位再说此事。

这一犹豫不打紧，日本大仓洋行便有了理由，趁机以主要债权人的身份，联络并说服其他几位债权人，提出收购裕元纱厂的要求。周作民闻讯大吃一惊，急忙进行一番斡旋，可日本大仓洋行已经取得多数债权人支持。无可奈何，周只能眼睁睁地看着羊入虎口，天津裕元纱厂成了日本人的纱厂。周后悔不已。当事人杨济成回忆说："周作民想购裕元未成，心中颇为懊恼。"② 这是日本对华经济战的一个胜利。

1936年，日商钟渊纺织株式会社以赊账形式，夺得天津裕元纱厂控制权，更名为公大六厂，为侵华日军生产军需物资。1945年日本投降，中国纺织建设公司接管公大六厂，改名天津第二棉纺织厂。1950年新中国成立后，该厂

---

① 中国人民银行上海市分行金融研究室编：《金城银行史料》，上海人民出版社1983年版，第405页。

② 同上，第406页。

更名为国营天津第二棉纺织厂。这是后话。

申新七厂拒拍卖

外国资本利用白银风潮控制了一大批华商企业，但也有不服外资控制的例子，比如上海申新七厂。申新七厂是荣氏兄弟创办的纱厂，位于上海杨树浦的黄浦江边上，创办于1928年，是收购英商东方纱厂改名而来的，耗资175万元，1929年1月复产开工。开工不久，经济形势发生变化，日商开始大规模打压和收购华商纱厂，致使多数华商纱厂负债累累。1934年，92家华商纱厂累亏2500万元，倒闭者不在少数。

申新七厂难逃此劫。1929年复工不久，一段时间盈利之后，从1931年开始，申新七厂便因市场萧条，棉纱价格走低，42支纱由每包325两跌到206两，即陷入亏损状态。1932年，申新七厂迁建厂房，缺乏资金，向英商麦加利银行押借巨款，承担高额利息，亏损越发严重。1933年，棉纱市场越发不景气，荣氏的申新四厂毁于火灾，荣宗敬父子投机失败，整个申新公司资产负债率达到95%。雪上加霜致使申新七厂债台高筑，银行钱庄停止借贷，经济非常困难，被迫宣布停业清理。这是1934年7月的事。申新七厂的这种情况，是这一年上海工商业的缩影，全年有1290家企业改组，366家歇业。

屋漏又遭连夜雨。进入1935年，原本希望经济大势有所缓和，谁知非但没有缓和，反而从太平洋彼岸刮来猛烈的白银风潮，致使白银大量外流，银根紧缩，冉大利息也借不到钱。覆巢之下安有完卵。申新七厂在日商打压和白银风潮的双重作用之下，再无重生之力，在主要债权人汇丰银行的强烈要求下，只好清资关闭，拍卖还债。

拍卖时间是1935年2月26日，承拍的是英商鲁意斯摩洋行，拍卖起价是225万元，而实际资产价值500万元。拍卖因为受日商和英商控制，某日商以起价225万元拍得。荣氏兄弟十分愤怒，谴责汇丰银行卑鄙无耻。社会舆论支持荣氏，报社发文谴责，工厂工人上街游行抗议。虽然如此，拍卖仍有效，申新七厂成为日商资产。

申新七厂与天津裕元纱厂，一南一北，似乎殊途同归，殊不知在最后接管申新七厂的时候，咸鱼翻身。日商兴致勃勃来申新七厂接收，却遭到意想不到的抵抗，致使接收失败。进而推翻拍卖结果，申新七厂如抱出去的孤儿又回到母亲身边，重归荣氏兄弟。这是怎么回事呢？金融作家刑建榕给我们揭开谜底：

> 原来，申新七厂虽已被拍卖，却始终无人敢来接收。厂子里工人组织起纠察队保厂护厂。他们将一些重要的机器设备拆卸下来，藏了起来，还配备了消防水龙，规定了行动暗号，一旦有日本人前来接收企业，车间里就会齐亮红灯，用水龙冲击来犯者。凡来打探、窥视的可疑人员，一概挡之门外。从门外张望，只见厂里工人群情激愤，个个捏着钢棒木棍之类，一副鱼死网破的样子，谁敢贸然进厂？如此状况，使得操控着东方华尔街的汇丰银行，不得不三思而后行。无奈之下，汇丰银行坐下来与荣宗敬另拟协定，将抵押借款200万元延至1940年按底偿付，其中12万元利息，则于1937年交付。①

再后来，因为同为华商企业，申新七厂与天津裕元纱厂一样，还是难逃日本魔掌。日军攻占上海后，强行军事占领申新七厂，不顾汇丰银行反对意见，将申新七厂拨给日商公大一厂经营管理，为日军生产军需品。抗战胜利，荣氏收回申新七厂。上海解放后，申新七厂随荣氏其他几个申新厂参加公私合营，改名国棉二十厂。

与此同时，为了应付白银风潮和日本经济侵略，中国各地的银行遭到严重冲击。1935年初，天津中国银行在春节后开市4天，即兑付现洋30余万元。北平当局为安抚平息银行挤兑，制定兑现登记和派警员现场监督办法。北平市长袁良请日本宪兵到场维持。中国银行天津分行经理卞白眉认为，北平此次挤兑风潮，有日本特务机关在背后推波助澜，即向总行申报预为备足现洋，通令华北各地分支行大量吸收现洋存款运至平津，并与日本驻北平机关交涉，中国银行限制对朝鲜人的兑现。同时，国民政府出手救市，由中央、中国、交通等银行借款给会员银行和钱庄，鼓励进口白银，发动工商企业界奋发自救，共度危机。

至此，由白银风潮引发的这场金融危机稍有缓解。

纵观白银风潮和日本对华经济侵略对中国的影响，重庆银行、中国通商银行的挤兑风潮，天津裕元纱厂和上海申新七厂的破产，不过只是浮出水面的冰山一角，更剧烈的影响，甚至危及中国生死存亡的危险，正伴随美国全球收购13590吨白银的飓风行动，伴随日本大规模的货币走私，步步紧逼，越演越

---

① 刑建榕：《非常银行家》，中国出版集团东方出版中心2014年版，第168页。

烈，给中国金融市场致命一击。

中国人民大学潘晓霞博士指出：

> 国际银价上涨，中国自然首当其冲，大受影响。到了1935年，白银在国外的购买力已高出中国国内购买力近2/3。据估算，此时从上海运银到伦敦或纽约出售，按汇率折算再扣除成本，至少可得50%的纯利。早先大举输入热银的在华外资银行，此时又成了抢运白银出口的急先锋。这些外资银行金库中的白银存量，从1933年12月到1934年12月，锐减了2.21亿元。另据统计，仅1934年12月，中国外流白银即达6654万元，1935年1月又流出了1541万元。1934年全年，全国净流出白银高达25672余万元。①

财经作家十二叔指出：

> 在当时的北平，日本指使许多日韩浪人及汉奸流氓，在繁华街区用外钞购货。当时的中国商铺大多使用中国银行钞票，外钞很少在市面上流通，所以当有人拿外钞去购货时，商铺也只能找给他们中国的钞票。这时，被指使的浪人、汉奸等便故意刁难中国商人，声称中国银行的钞票无法兑现而拒绝收用。于是大批浪人、汉奸等的购货行为让中国的商号都不敢再使用中国银行钞票。日方则另外派人趁机低价大肆搜罗中国钞票，再拿到银行兑换现银。这样一来，市场上的大量现银都落入日本人手中。一时间，国内挤兑白银之风盛行。②

这时，金城银行总经理周作民来到北平，一番调查后，发现一个新情况，日本套购白银受到中国政府阻击后改变策略，进行大规模套购和走私白银。这个情况是金城北平经理向周作民汇报的。北平经理说："周老总，日本人兑现白银运回国的事，经政府阻击和取缔，已经偃旗息鼓。"周作民说："不对啊，我刚从上海过来，那边的银根仍然十分紧缺啊。据我了解，外商洋行已把大批中国白银运往国外，单是1934年8月21日这一天，上海汇丰银行就把1150万元白银通过英国邮船'拉浦伦号'从上海装运出口。政府拿他们也没有更好的办法啊。你说说日本人在北平如何?"北平经理说："我正要向你汇报，北平日本人在这边偃旗息鼓，在那边另耍花样，套购白银的新办法是，用日本的金票大量购买现金支票，不惜加价百分之十几，再用现金支票兑换白银，合理合法地运回日本。国际市场白银价格高居不下，日本人还能赚20%～30%。"周作民大吃一惊，问："他们哪来这么多金票?"北平经理回答："据属下调查，日本洋行从国外运来大批金票零售给钱庄，钱庄再卖给购买日货的商人，

---

① 潘晓霞：《上海滩白银风暴》，载于《中国经营报》2015年2月28日。

② 十二叔：《民国陈光甫》，西南财经大学出版社2013年版，第106页。

既促进了日货销售，又可以购买中国支票兑换白银。”

周作民立即给国民政府财政部长宋子文写信汇报。这是1935年7月17日的事。周作民在信里说：

> 弟前日抵平，默察市况虽萧条，而金融情形尚较平稳。至于外籍（日人）兑现一事，自加取缔，其风已戢。惟利之所在，未免别开生面。其法以钞券或金票（日本纸币）或应收之货价，加价购易可取现金之支票，向外商银行、公司之华账房或华商钱庄加水，竟达百分之十三四。按诸目下海内外银价之差额，仍属有利可图，特究多周折耳。其资金之来源，闻系出于某外商，曾运至大宗金票零星出售，由钱庄转售于进货商，以付所输入之货价。一转移间，既可得银又可售货，其计甚巧也。①

其实，为对付白银风潮和日本经济侵略，周作民早在1934年11月19日就向政府提出过《贸易金融治标方案稿》，直接寄给国民政府主席蒋介石。周作民的办法主要有四条：一、大力提倡实行国货运动，减少进口，减少外贸入超；二、统治对外贸易，遏制外货对华倾销；三、禁止白银出口，杜绝白银外流；四、改革货币本位，免除国际银价变动对中国经济的影响。蒋介石接到周作民的报告十分重视，批转财政部研究，纳入国民政府对付白银风潮和日本经济侵略整体方案。

三　沟通川陕

白银风潮和日本的经济侵略是一把双刃剑，一面重创中国经济，造成极大经济损失；一面醍醐灌醒，敲响警钟，逼迫国民政府进一步加大金融体制改革力度，积极推进国防经济建设，夯实战略经济基础，迎接更猛烈的中日经济战。

与此同时，日本加快对华经济侵略步伐，重点开发华北，企图将东北与华北连成一片，构建日本在华经济基地。为此，日本华北驻屯军司令官多田骏提出“华北经济提携计划”，强迫冀察政务委员会委员长宋哲元答应。为落实这一计划，1935年7月26日，日本在天津召开中日双方经济界人士研究会，主

① 中国人民银行上海市分行金融研究室编：《金城银行史料》，上海人民出版社1983年版，第235页。

持人是日本中日实业会社副总裁高木，中方出席者有天津各大中资银行负责人，主要内容是如何落实“华北经济提携计划”的四原则、八要项。高木在会上说：“日本愿意帮助中国发展经济，进一步扩大对华经济投资，对华引入日本新技术、新管理办法，日中提携，共同发展。”

中方人员议论纷纷，有的说华北局势极不稳定，如何发展经济？有的说首先应当取消冀东独立，肃清晋绥边境土匪伪军，给经济发展提供稳定的大环境。这样的言论自然让日本人大为不满。经过一番威胁利诱，会议最后就华北棉花收购、组建中日贸易协会、中国代表访问日本等问题达成协议。

会议之后，当年8月，中日开始筹建华北经济协会，日方主要负责人是驻华使馆参赞清水，中方是周作民、邹泉荪，负责人的责任是起草组织条例。“10月6日，国民政府组成赴日经济考察团，全团共34人，由各地知名工商界、金融界人士组成，吴鼎昌任团长，团员有宋汉章、钱新之、陈光甫、唐寿民、周作民、徐新六、刘鸿生等人。10月23日考察结束。[①]”

面对日本加大对华经济侵略行为，迫于巨大军事压力，中国一方面与之周旋，另一方面按照原有计划进一步加大国防经济基础建设，动员和组织金融界投入巨资，力争在战争前完成更多一些战备项目。这些项目包括浙赣铁路、钱塘江大桥、川陕公路等。广大民营银行、钱庄积极响应政府号召，筹集巨额资金，踊跃投资国防经济基础建设项目，以此对抗日本的经济侵略。著名金融家徐矛指出：

> 抗战前几年，为加速兴建具有战略意义的浙赣铁路，由张嘉傲牵头，浙江兴业、浙江实业、中国农工、金城、上海商业储蓄、新华信托、江西裕民等多家银行联合集资，贷款数占全路总工程费用的60%。随后，为兴建钱塘江大桥，以贯通南北交通，由浙江兴业银行牵头，中国银行和浙江实业银行等组成银团参加投资。这两项工程都赶在抗战爆发前建成。民族金融家们功不可没。[②]

更重大的国防经济建设项目是秘密修建具有重大战略意义的川陕公路。

1935年，在日军强占东北，虎视华北、染指华东的大局下，国民政府设立重庆行营，管辖西南各省区，揭开建设抗战大后方序幕。建设大后方遇到的最大问题之一是蜀道难，即进出四川的交通非常困难，只有一条长江，而途中

---

① 徐矛、顾关林、姜天鹏主编：《中国十大银行家》，上海人民出版社1997年版，第109页。

② 同上，第9页。

百里三峡滩多浪急，江窄山高，运输十分困难。为此，国民政府决定秘密修建川陕公路。

川陕公路由国民政府总策划，四川省和陕西省政府负责，四川公路总局承建，川陕公路总段工程处具体实施。1935 年 6 月 12 日，工程师洪文钰率队从成都出发，开始踏勘川陕公路全线，揭开川陕公路建设序幕。四川省和陕西省政府制定公布《川陕公路义务征工筑路实施纲要》，规定："凡征工区域内除老幼病残妇女外，均有应征义务，一切应用工具由民工自带，不得违抗"，并下达征集民工命令，要求公路涉及 11 个县，各县成立义务征工筑路委员会，县长兼任主席，负责提供民工，要求各县总计派遣民工 17 万人，其中广元县 5 万人，昭化县 2 万人，共 7 万人，占民工总数的 41%。各县接到省府命令不敢懈怠，立即制定具体实施办法，召开乡镇会议逐一落实，组成民工队伍，由县长亲自带队前往筑路工地。广元县政府令说："各区民工务于 9 月 25 日到达工地，若有民工饿死者，由该管区保甲长顶替。"

这里所说饿死，并非夸大其词，是源于当时具体情况。这年川北遭遇几十年不遇旱灾，地里庄稼受损严重，粮食普遍缺乏，不少人剥树皮、挖野菜充饥。筑路民工来到工地，有的带来一点粮食，几天就吃光了，有的甚至空手而来，希望工程处发粮。但两省事前有明文规定，民工自带粮食修路。这样一来，工程处弄来的粮食只是考虑作补贴之用，所以完全不敷使用。民工饿着肚子干活，实在无法忍受，有的逃跑，有的生病，有的死去，严重影响工程施工。据广元县统计，短短数月，民工饿死、伤亡者已达几百人。这些情况被川北红灯教知道了，认为正是反对政府的好机会，便分别派人前去几个工地煽动民工造反，结果有数千民工闹事，焚烧车辆，拆毁电话，截夺工粮，红灯教的势力趁机扩大到川北各地。

总工程师万希成是留学日本东京早稻田大学土木工程专业的毕业生，回国后曾参加京张铁路、杭江铁路设计施工。万希成在四川广元工区发现这种情况，十分着急，既担心民工生命安全，又害怕耽误工期，就立即给四川省公路局写报告说："广元工区竟有人相食之惨状，有的食白泥充饥而毙命者，日有所闻。至于饿殍载道，无时无之。民工无粮逃散者甚多。这一来工期大受影响，请总局立即派人调查处理。"四川省公路局接到报告也很着急，可专款专用，没有钱买粮食支援修路，就立即给重庆行营打报告，请求中央政府予以支持。重庆行营秘书长贺国光看了报告，觉得这事必须尽快解决，电令四川剑阁地区专员田湘藩：“严令禁止，加以解决。”

田湘藩时年31岁，湖南醴陵人，黄埔军校第五期炮兵科毕业，历任黄埔军校炮科教官，国民革命军连、团、旅长、师参谋长，四川剑阁县长，1936年1月任新设立的四川第十四行政督察区行政督察专员、保安司令，领导剑阁、广元及附近几个县。田湘藩办事能力强，在剑阁实行新生活运动毫不软手，派卫队上街巡查，见抱铜水烟袋、拿长短烟杆的，一律收缴折断扔掉，见小脚妇女当即强令放脚，见留长辫的马上剪掉，见插簪子、戴耳环、包头帕的，强行摘取没收。

田湘藩接到重庆行营电令不敢懈怠，组织一批粮食运往工地，带人坐滑竿前往广元工地视察，发现情况属实，立即召来几个县长在工地开会，说：“你几个的胆子实在大，想干啥？民工没吃的怎么干活？不管省里怎么说，现实问题必须由你们负责，要是完不成修路任务，要是耽搁了工期，知不知道什么罪？告诉你们，那是破坏国防建设死罪！”几个县长唯唯诺诺，问田湘藩怎么办。田湘藩说：“什么怎么办？没有粮食，各自想办法解决啊，反正各县负责各县民工吃饱干活。”

有了粮食，民工队伍逐渐稳定下来，田湘藩又带军队剿杀红灯教，把他们赶出川北，这才恢复了施工正常秩序。这个问题解决了，又出现新问题，山势陡峭，悬崖绝壁，根本无法修路。

第一处险境是明月峡。明月峡自古是川陕咽喉要道，山势奇险，峡高谷深“连峰去天不盈尺，枯松倒挂倚绝壁”，令工程技术人员束手无策。鉴于时间紧迫，筑路委员会最终决定修建凹槽公路，即在明月峡古栈道半壁绝崖上，用炸药和开山机开凿出长864米、宽4.5米的一道凹槽，在凹槽中设置会车待避所，形成一道“老虎嘴”长廊，勉强可以通车。

第二处险境是七盘关。七盘关位于川陕交界处的七盘岭之巅，山高坡陡，地势险要，只有从山脚到山顶盘旋七道而上的羊肠小道，是蜀道难于上青天的缩影，令美国工程师一筹莫展。经过中美工程师反复研究，最后决定绕开七盘关，从七盘岭山腰一侧另辟路径，逶迤盘旋而下，一举攻克七盘关。公路修好后，蜀道不再难，七盘关却因此失去了千年雄踞四川北大门的美名，沦为不为人知的丛山一峰。同病相怜者还有雄踞千年，一夫当关，万夫莫开的剑门关，因修川陕公路被迫拆除关楼，仅存一块长方形“剑门关”古石碑鸣冤叫屈。

经过10多万人历时一年的艰苦努力，1936年6月15日，川陕公路在鞭炮声中基本竣工通车，蜀道天堑由此变通途。川陕公路南起四川绵阳，逶迤北上，经剑阁、昭化、广汉，出川入陕，抵达终点宁强县七盘关。这是一条连接四川与陕西，进而连接全国的唯一陆路通道，对于开发四川经济，促进西部经济发展，建设抗战大后方，具有深远而重大的意义。

抗战爆发，百万川军奉命开赴抗战前线，兵分两路，一路从重庆登船，沿川江而下，过三峡，出宜昌，鏖战两湖；一路乘车北上，过剑门，翻秦岭，兵临西北，成为抗战前线生力军。与此同时，沿江沿海的浩浩荡荡的西迁大军，政府，大学，银行，工厂，报社，书馆，同样沿这两条路进入四川，建立起强大而稳固的抗战大后方，为取得抗战最终胜利作出不可磨灭的贡献。

抗战全面爆发前夕，这些国防建设，与前面所述废两改元，和后面即将叙述的控股中国银行，统一中国货币，以其独特隐晦的经济建设的形式，对日本经济侵略予以迎头痛击，是中日经济战的“重大战役”，对坚持抗战和取得抗战胜利具有重大意义。山东大学教授李平生指出：

> 应当承认，1931年九一八事变爆发后，国民党政府在逐步建立和加强国家垄断资本主义的同时，迫于国内各界民众的压力，也开始进行了一些准备抗战应敌的国防经济建设。由于当时中国和日本尚未公开宣战，国民党政府尚不敢公开打出“鲜明的准战时经济体制的旗子”，因而抗战爆发前的国防建设并没有成为一种明确的事业，它的内容往往掺杂于国民党政府其他的经济建设中。①

四　筹建国行

增加官股控中行

对付白银风潮和日本经济侵略的另一个战场是金融业。在悄悄进行国防经济建设的同时，国民政府开始考虑更深层次的金融改革，那就是统一货币和控制国家银行。

---

① 李平生：《烽火映方舟——抗战时期大后方经济》，广西师范大学出版社1995年版，第6页。

1935年2月28日，蒋介石和孔祥熙、宋子文在汉口密商如何应对白银风潮。孔祥熙此时接任宋子文做财政部长。他说："对付白银风潮的最好办法是自己站稳脚跟。我们现在的金融情况是一团糟。市面流通的货币五花八门，什么都有，有银子，有银洋，有钞票，单是钞票就要几十种，各地都在发钞票，有发钞权的银行就有30多家。这怎么行？币制如此混乱，致使经济落后紊乱，阻碍商品经济发展，加深地方割据，影响政治统一，中央怎么管？必须由财政部统一全国钞票。这是当务之急。"

蒋介石颔首微笑，问宋子文有何意见。宋子文时年41岁，比蒋介石小7岁，比孔祥熙小14岁，年龄资历都不如二人，但他的大姐宋霭龄是孔祥熙夫人，二姐宋庆龄是孙中山夫人，三妹宋美龄是蒋介石夫人，乃所谓"国舅"，所以性格刚直，语言尖锐，正如其妹宋美龄所说："哥哥大权独揽，极难共事。"①

宋子文说："庸之兄言之有理，小弟完全赞成，但要补充一点，解决货币统一问题的前提是筹建国家中央银行。眼下中国的银行，即或是中央银行、中国银行、交通银行，说起来是国家银行，但国家不能控股，股权掌握在民商手里。这在国际上十分罕见，非常不利于推行废两改元、统一货币等金融改革。我的意见是，国家入资控股中国银行、交通银行，由国家银行掌控货币发行权，中国货币金融这盘棋就活了。"

中国银行的情况比较复杂。民国成立初期，原有的大清银行失去朝廷靠山，上书民国临时总统孙中山，建议把大清银行改为中国银行，作为政府中央银行。孙中山下令批准成立中国银行。从1912年到1928年，中国银行是南京临时政府和北洋政府的中央银行。后来，中国银行逐渐吸收商股，商股逐渐超过官股，成为官商合股银行。这时中国银行的总股本是2500万股，其中商股2000万股、官股500万股。

宋子文所言正是蒋介石十分担忧的问题，点头赞成，但又皱着眉头问，中央没有钱，应如何控股中国银行。筹资是孔祥熙和宋子文的拿手好戏。孔祥熙说："这简单，政府发行1亿元金融公债，以公债向中国银行、交通银行增注官股，让两行官股超过商股，再改组两行董事会就行了。"宋子文说："这个

① 杨雨青：《宋美龄评宋子文》，载于《北京日报》2011年1月17日。

办法我和子庸兄讨论过，可行。”这个主意正中蒋介石下怀，当即赞同，并要他们尽快拿出实施意见。

经过多次密商，蒋介石最终决定实施货币改革，即放弃银本位，统一发行货币，组建国家银行，实行统制经济政策，缓解经济困境，维护金融稳定，准备应付国家不测。按照程序，涉及全国金融重大改革，必须报经国民党中央政治会议批准方可执行。中央政治会议常委是蒋介石、汪精卫、胡汉民。蒋介石和汪精卫素来政见不合，因不愿汪精卫捣乱，蒋介石决定背着他制定金融改革方案，然后争取强行通过。此外，蒋介石、孔祥熙、宋子文还有个顾虑，这是宋子文提出来的，即中国银行总经理张公权素来不服从中央，不能再让他做总经理，哪怕引起分裂，引起汪精卫反对也在所不辞。

果然，汪精卫因事前一无所知，并没有意识到此举重要，在中央政治会议上同意了这个金融改革方案，但事后经人指点，发现这里面有掌控金融大权的企图，便想推翻，就利用中国银行总经理张公权领着一大帮人不同意中央控股中国银行的机会，以全党团结为由，反对实施金融改革。汪精卫给蒋介石的电报说：

> 发行公债整理金融案，经中政会通过后，顷知庸之兄（孔祥熙）此举并未征取中、交两行张公权等之同意，恐将因此引起风潮。庸之兄即夜车赴沪，能调解否未可知。弟已托吴震修亦即晚车赴沪，切嘱公权等务须和衷解决，万勿决裂，因闻公权等已准备辞职也。弟于此举事前亦未接头，现事后补救，未知能有效否。盼尊处亦电公权，安慰其意为荷。①

蒋介石接到汪精卫的电报抿然一笑，这次金融改革属于绝密，还未公布，怎么“闻公权等已准备辞职”？张公权何以知道？汪精卫派吴震修去上海安抚张公权，从何说起？不是有意泄露机密吗？他思考良久，决定不予理睬，哪怕中央出现分裂也坚决实施金融改革。为此，蒋介石害怕孔祥熙受到干扰而动摇，发密电给孔祥熙，痛斥中国银行、交通银行在国家险象环生之际，抵制金融改革就是破坏革命，必须断然矫正。蒋介石要孔祥熙接到电报后，将电报内容转告国民政府主席林森、行政院长汪精卫、立法院长孙科、监察院长于右任、司法院长居正、考试院长戴转贤，希望中央坚决实行金融改革，以拯救垂亡之党国，绝不能因为张公权等人从中作梗而妥协。

---

① 郑会欣：《民国政要的私密档案》，中华书局 2014 年版，第 276 页。

蒋介石电报说：

> 国家社会皆濒破产，致此之由其结症，乃在金融币制与发行之不能统一。其中关键全在中、交两行固执其历来吸吮国脉民膏之反时代之传统政策，而置国家社会于不顾，若不断然矫正，则革命绝望，而民亦被中、交二行所断送。此事实较军阀割裂、破坏革命为尤甚也。今日国家险象，无论为政府与社会计，只有使三行绝对听命于中央，彻底合作，乃为国家民族唯一之生路。①

不难看出，在白银风潮和日本经济侵略的双重打击之时，国民政府与商业银行性质的中国银行、交通银行尖锐对立，深刻反映了中国这时内焦外困的局面，也从侧面说明了对日经济战之艰难。

1935 年 3 月 28 日，国民政府颁布《改组中国银行并增资扩股决定》，揭开深化金融改革序幕。财政部长孔祥熙随即发布《改组中国银行令》曰：

> 查该行原有资本金 2500 万元，内官股 500 万元，应再增官股 2500 万元，以民国二十四年金融公债如数拨充。业由本部提经议决施行在案。兹随文发给二十四年金融公债 2500 万元预约券五纸。仰即查收，填具 2500 万元官股股金收据，送部存查。再该官股既已增加，所有原颁条例自应酌加修正。兹将本部修正条例全文抄发，令仰该行即日召开董事会议决，提交本年本月卅日股东会议办理具报。切切此令。②

接到部令，中国银行召开紧急董事会，对国民政府这种做法表示强烈不满，并提出三条意见：“1. 以未上市的公债票缴充股本，难以向股东们交代；2. 中行增资，应先由股东们认购，不应全数由政府加入；3. 原中行条例实际上是官商合股之契约，不应未经股东同意就作修改并训令执行。”③董事们还希望增股不超过 1500 万元。

总经理张公权见大势已去，敢怒不敢言，辞职谢罪。3 月 30 日，财政部改组中国银行董事会。孔祥熙发表训令：

> 兹派宋子文、叶琢堂、席德懋、钱新之、胡笔江、宋子良、杜月笙、吴达铨、王宝仑等九人为该行官股董事，李觉、赵季言、王延松等三人为该行官股监察人。④

中国银行随即召开新一届股东大会。原董事长李馥荪在大会上反映中行原董事会的意见，希望这次增加官股不超过 1500 万元。孔祥熙当即答应。股东大会通过张公权和李馥荪辞去总经理和董事长职务，决定接受增加官股，改为

---

①② 郑会欣：《民国政要的私密档案》，中华书局 2014 年版，第 85 页。

③④ 许矛、顾关林、姜天鹰：《中国十大银行家》，上海人民出版社 1997 年版，第 33 页。

国营，实行董事长负责制。孔祥熙宣布财政部命令：派遣宋子文等九人为官股董事、李觉等三人为监察人，任命宋子文为中国银行董事长。新任董事长宋子文即宣布宋汉章为中国银行总经理。

对于这次改革，中国人民大学潘晓霞博士认为，为了应付即将爆发的战争，“应该说是有积极作用的”，但对于官方资本和民间资本如何合股，似乎有难言之隐，却没有作出明确的答复。潘晓霞博士撰文指出：

> 自中国、交通两行改组完成到币制改革落实后，1935 年 4 ~ 12 月间，上海钱业日拆息维持在 0.08% ~0.20% 之间的平稳水平上。以白银大进大出为深层根源，以地产过度投机泡沫破裂为导火索的这场经济大动荡，基本上算是平稳软着陆了。国民政府借救市之机，名正言顺地推行中央银行制度，改革货币发行，强化金融统制垄断，对稳定中国政局，最大限度地调集资源应付即将爆发的中日全面战争，应该说是有积极作用的。至于官方资本向工商金融界的持续强势渗透，不可避免地压制了中国民间资本的持续生存发展空间，长远来说利耶弊耶，那真的是见仁见智了。①

备现逃现如何好

1935 年夏季，控制中国银行、交通银行后，国民政府高层召开庐山秘密会议，着手制定货币改革方案，参与的有孔祥熙、宋子文、杨格、钱昌照，及财政部、国防设计委员会诸专家。具体方法是，与会者分为两组，一组由美国专家杨格牵头，财政部专家配合；另一组由国防设计委员会副秘书长钱昌照牵头，国防设计委员会专家配合，分别制定改革方案；最后二选一。

没有不透风的墙。极端秘密的金融改革消息逐渐为小部分人所知，一石激起千层浪，立即引起连锁反应。其中反应激烈者，有浙江实业银行总经理李铭、盐业银行总经理吴鼎昌、金城银行总经理周作民。

李铭，浙江绍兴人，时年 48 岁，毕业于日本山口高等商业学校银行学专业，历任浙江实业银行总经理、董事长，上海商业储蓄银行、中国垦业银行董事，上海银行同业公会联合准备委员会主席，上海票据交换所负责人。李铭与张公权关系好，素来支持张公权而反对孔祥熙，所以孔祥熙控制中国银行后，李铭便随张公权离开中国银行，做自己的浙江实业银行总经理。他在金融界的

---

① 潘晓霞：《上海滩白银风暴》，载于《中国经营报》2015 年 2 月 28 日。

关系多，国民政府着手币制改革，他便得到消息，立即作了全面研究，得出的结论是，一旦统一货币，中国现有的货币将全面贬值。于是，他便把浙江实业银行的大部分资金换成美金、英镑，并转移到国外，以求自保。李铭的这种做法受到当局指责，认为他这是逃避现实，投机取巧。

与李铭所见略同的是盐业银行总经理吴鼎昌。吴鼎昌，四川华阳人，时年51岁，清末秀才，官费留学日本东京高等商业学校，同盟会会员，回国后历任本溪湖铁矿局总办、江西大清银行总办、中国银行正监督、中国银行总裁、天津金城银行董事长、盐业银行总经理、内政部次长兼天津造币厂厂长。

吴鼎昌的人缘更广，得知当局准备改革币制的消息，他跟李铭的看法差不多，总觉得手里的货币不稳当，便叫来盐业银行上海分行经理王绍贤商量。王绍贤以前是北平德华银行华账房主管，进盐业银行做过北平分行副理，是吴鼎昌的心腹。吴鼎昌说了他得知的币制改革的消息，说货币将要贬值，最好换成外币，问王绍贤有什么门路。王绍贤说有，可以去北平找德华银行。吴鼎昌便让他带钱去北平买外汇。有关这一段历史，盐业银行创始人张镇芳的儿子张伯驹曾回忆说：

> 1933年，上海行经理陈介离开盐业，王绍贤调升上海行经理，仍兼北平行副理。这时王绍贤已成为吴鼎昌的心腹，盐业银行总管理处从北方也迁移至上海。1935年，国民党政权财政部宋子文，采用英国经济学家李滋·罗斯的计划，公布改革币制，实行白银国有，禁止使用银元。吴鼎昌为了逃避这一禁令，指示北平行大量购买外汇美钞。原来王绍贤过去曾在北京德华银行华账房任职，对于外汇业务比较内行，便以盐业的外汇购买美金，从事各种营利活动。①

李铭和吴鼎昌的做法代表了当时金融界很多人的意见，对付金融改革，一是刺探情报，揣摩当局心思，二是购买外汇，逃避贬值，总的想法是不相信国民政府的这次改革，总认为是当局又在与民争利。这不仅是一部分银行家的想法，包括张公权、李铭、吴鼎昌，也是国民政府高层部分官员的想法，可见币制改革阻力之大。

不过也有银行家说，不可误读当局意思。他就是金城银行总经理周作民。周作民似乎比上述二位看得更深远。周作民，江苏淮安人，时年51岁，日本京都第三高等学校毕业，历任南京法政学堂翻译，南京临时政府财政部库藏司

① 文昊：《金融大亨》，中国文史出版社2013年版，第329页。

科长、司长，交通银行总行稽核科科长、国库课主任，1917 年创办金城银行任总经理，1935 年任金城银行董事长兼总经理。

因为与政府关系良好，深得孔祥熙信任，周作民成为这次改组中国银行的受益者，荣任中国银行官方新董事。也许就是这个原因，周作民接触了许多政府人士，对当局的金融政策，便比一般银行家理解得透彻一些。为此，他专门给金城银行所有干部写信，介绍当局金融改革情况，分析金融改革对金城银行的影响，指示各级干部正确对待，不可误读。

这封信函全文如下：

> 关于最近政府发行金融公债一万万元，分别增加中央、中国、交通三行资本事，迭经当局声明与通货政策无关，谅邀察及。唯各方难免仍有揣测之词。以弟此次赴沪观察之结果，此后三行将以联合发行之方式，举统一发行之实质。此项趋势，似已发轫，但其膨胀政策等事，政府当局前经昭示，决无采用之意，则目前对于金融上之现制，商不致遽有变化。至于三行之外之发行，容有统筹办法，似不致有紧急之处置，不可误会。诚恐道远不免传闻失实，特此密布，尚希察照，并随时注意，为业务上相当之应付，是所至要。①

实际情况是，周作民并不知道当局币制改革方案，此时方案还酝酿于庐山，他只是从获得的只言片语，加上实际情况，推测而已，所以有的看得准，有的是误读。周作民看得准确的有两点：一是此次发行金融公债“与通货政策无关”；二是“此后三行将以联合发行之方式，举统一发行之实质”，已经看到政府将改革货币制度，新货币将实行三行统发。周作民误读的也有两点：一是“其膨胀政策等事，政府当局前经昭示，决无采用之意”，实际情况是，金融改革之后，政府即实行通货膨胀政策；二是“至于三行之外之发行，容有统筹办法”，还寄希望三行外的其他银行有货币发行权，实际情况则是一律取消。

这封信的写作时间是 1935 年 4 月 1 日，当局正组织人上庐山研究币制改革，也就是下一步的金融改革。换句话说，币制怎么改，蒋介石、孔祥熙、宋子文只有大略，没有具体。所以周作民能有这样的分析实属不易，并及时告之下级，统一全行思想，与抱怨、投机等相比，棋高一着。

发出此函两天后，周作民担心下属有所不明，又用密函方式写信给上海、

---

① 中国人民银行上海市分行金融研究室编：《金城银行史料》，上海人民出版社 1983 年版，第 325 页。

青岛、武汉、天津分行的经理、副理，强调要密切注意中央银行、中国银行发行钞票办法的变动，未雨绸缪，妥当处置。周作民在信里说：

> 关于发行事，曾于一日函达，谅经察及。查我行向系领用中南（银行）钞票，近年沪青两行除仍领中南票外，并参领中央、中国钞券。惟领用中、交行钞票办法，系缴十足现金后，由各该行给息六厘，与向四行及中央领钞可缴四成保证准备办法略有不同。将来政府对于发行制度，容有统筹办法，虽似无紧急之处置，然我各分行不可不随时注意，未雨绸缪。再希自本月份起，每一星期由各分行将领用某行钞票总额、发行实数、库存余额及所缴现金暨保证准备金额数等项分别列表，按期寄送沪业务科，以资查考。至希察洽办理为盼。①

过了一个月，币制改革的脚步声越来越近，周作民越来越担心，最害怕发生挤兑，就想了个办法，叫总管理处用密函把全行的现金数及时告诉各地分行，以便他们调动资金。这时金城银行的现金存在天津、上海、北平 3 库，共存现洋 450 万元。同时，周作民找来总处经理袁象保，对他说："眼下金融形势大有一触即发之势，我们不得掉以轻心，而北平行是重中之重，决不能有所闪失。你去一趟北平，找他们几个经理谈谈，制定一个应付挤兑的具体办法，尽可能周到详实。"袁象保问："如果北平发生挤兑，老总的意思如何处置？"周作民回答："应付挤兑，无非两个办法，备现和逃现。最近逃现者大有人在，比如浙江实业银行李铭、盐业银行吴鼎昌。这种办法我认为不可全取，逃现可以，备现也不可或缺。具体各占多少，你们具体商量。总之你去告诉北平行，如若北平行发生挤兑，吾将举全行之力保卫北平。"

袁象保从上海来到北平，立即与在北平的几位负责人王锡文、吴延清等作彻夜商谈。王锡文曾留学日本学习金融，回国后，1932 年做过金城银行汉口分行经理。吴延清是金城银行总处的稽核长，受周作民委托，作为他的代表常驻天津。他们告诉袁象保，北平的情况不妙：一是日本猖狂，当局不力；二是挤兑风潮随时可能爆发；三是北平行有现金 100 万，分存北平行金库和天津行金库，另外北平行金库存有大连、哈尔滨两行 15 万元。

经过四人彻夜长谈，最后达成五点共识：1. 为了应付可能发生的挤兑风潮，必须存有现洋，不必隐匿于账外；2. 若果考虑资金逃避，储存现洋则无济于事，不如兑换成外汇；3. 兑换外汇要注意，最好换成日元和英镑，美元

---

① 中国人民银行上海市分行金融研究室编：《金城银行史料》，上海人民出版社 1983 年版，第 326 页。

也行；4. 换存外币后，用其他外籍名义改作押款；5. 备现与逃现必须兼顾，可否各半办理？

第二天，袁象保稍事休息，即给上海周作民写信汇报：

> 窃象保奉命分平之后，当即约同锡文、允楫、延清等会商贮现洋之法，研究再四，咸以如为预防风潮起见，则存现洋以待，不必隐匿于账外，设为资金逃避之计，则虽贮藏现洋，以复无济于事，莫如先将现洋处分，改存他国货币，而以该币之证据，用其他外籍名义，改作押款，或尚得用于一时也。但存他国货币，必须两国以上，究以何种为宜及划算，锡文等讨论至再，似以日英为较善，美或次之。
>
> 以目前现象者，负整个责任者，既无整个办法，趋势所及，窃恐风潮将难幸免，不可不备现以应。而风潮一起，仓促之间或出一个不完整之整个办法，其结果则所备之现将反不得效用，此等过程，恐均在所必经。
>
> 故备现与逃现，二者不得不兼筹并顾之也。至程度各应若干，是否可各半办理之处，则统乞钧座裁酌施行。①

这封信函写于 1935 年 6 月 4 日，从中不难看出金城银行进退两难的窘况，可见当时金融改革的不确定性带给民营银行很大的困惑。金城银行这番考虑，似乎比前述浙江实业银行、盐业银行更全面、更勇于担当一些，因为一味只考虑逃避资金，资金安全倒是有了保障，但万一金融改革引发金融危机进而发生挤兑，资金匮乏，何以应对汹汹挤兑？

周作民为了应付即将颁布的币制改革方案，就是这样殚精竭虑，但到了 11 月 2 日仍然对其知之甚少，且多是道听途说，不免越发担忧，于是再给北平分行的杨济成、袁左良，天津分行的王毅灵发电报说："我听说政府即将实行新币制政策，不知内容如何，十分神秘，但市面形势已很混乱。我的意见，政府的新币制政策无论好坏，这是大势所趋，非执行不可。所以你们要密切注意现金动向，做好准备，以备提取。"

11 月 3 日，周作民对新币制政策仍然不甚了了，又给杨济成、袁左良打电报说，北平、天津的客户抵押款已经完全转回，如果客户中有人已经声明要提取硬币，你们要注意做好准备。发出此电后，周作民害怕各地分行不能应付突发事变，考虑半天，觉得最稳妥的办法还是向他们马上提供现钞，便毅然作出派飞机运钞的决定。他立即给北平、天津行发电报说："明晨派飞机运钞赴

---

① 中国人民银行上海市分行金融研究室编：《金城银行史料》，上海人民出版社 1983 年版，第 327 页。

津，以备平津会计四行之用。”

天津行经理王毅灵回电说，已做好接收现金准备，又说，政府新案难以窥视，但我们想，最终恐怕要归结到集中现金上面，所以前不久已将抵押款全部收回来入库，做在账上，并用其中一部分领回中南银行的钞票，解决日常钞票需要，握有一定的持钞额，留下一部分，显示实力，防止意外，必要时可以兑换中央银行钞票。

五 币制改革

英美日等拉中国

国民政府如此，银行家如此，尚属正常范围，而世界几个强国，英国、日本、美国却因此展开激烈的明争暗斗，企图趁机绑架中国金融，实现将中国货币拉入其货币圈的金融计划，就有些出轨了。

日本以“中日经济提携”“信用放款”等手段，逼迫国民政府将中国货币纳入日元体系，并在1935年初多次暗示，可以向中国提供巨额贷款，帮助中国应付白银风潮，但条件是“中国要雇佣日本军事顾问，以代替德国军事顾问，要在全国经济委员会中聘请日本顾问，要偿还包括西原借款在内的对日借款”①。

国民政府不置可否。日本不断向中国施加压力。1935年1月15日，日本关东军蓄意挑起“察东事件”，迫使南京政府承认察哈尔沽源以东地区为非武装区。5月，日本华北驻屯军司令官梅津美治郎借口“河北事件”，胁迫北平军分会代理委员长何应钦与其达成“何梅协定”，取缔河北省的反日团体和反日活动。10月，日本唆使汉奸在河北香河县发动军事暴动，武装占领县城。同时，日本加大走私白银力度，1935年9月，日本输出白银2097万日元，与上一年同期输出白银135万日元相比增加10倍。从1月到9月，由上海向日本走私输出白银14415万日元。

---

① 沈国仪：《孔祥熙传》，安徽文艺出版社1994年版，第115页。

更有甚者，日本察觉到中国即将颁布实施的币制改革，认为是对日元集团的防范和抵制，是中国对日经济战的重要部分，于是由外务省发表讲话，攻击中国的币制改革是蔑视日本立场的举动，不能予以承认，断然予以排斥，并不惜诉诸武力予以阻止。日本陆军部也发表讲话，指责中国实行币制改革竟然不与日本达成协议，而只凭外国借款就做出依存欧美，放弃亲日的决定，所以日本断然不予承认。“为此，日本采取一系列破坏措施：一方面下令日本在华银行决绝兑换白银，一方面以武力威胁华北地方政府，禁止白银南运达4000万盎司左右，同时还策划华北自主币制。”① 这样一来，因为华北政局异常紧张，日本走私白银十分猖獗，致使中国政治和经济危机到了一触即发地步，给币制改革带来诸多不确定性，甚至一度影响币制方案颁发。

就在日本图谋控制中国金融的阴谋就要实现之际，英国表态愿意帮助中国，即派出财政部首席顾问李滋·罗斯出任英国驻华财政专家，参与币制改革，并给中国带来一份礼物：援助中国的一揽子计划，包括英格兰银行准备的一笔对华的巨额贷款。

李滋·罗斯对中国币制改革的主要意见是：1. 中国应尽快放弃银本位制；2. 由中央银行专司纸币发行；3. 中国只有采取英镑作为其币制的基础，英国才可能提供贷款援助；4. 此新纸币与英镑的兑换率不应超过1元等于1先令2便士；5. 中国可将其现银向国外出售，获得足够的外汇来防止新币制的崩溃；6. 在实行币改之前，中国可要求一笔借款作为外汇储备，英国可以提供一项仅用于币制改革的贷款或信贷。

天下当然没有免费的晚餐，英国人的条件是：1. 对贷款提供足够的担保，包括保留英籍总税务司对海关的管理；2. 控制贷款使用，其用途只限于币制改革；3. 改组中央银行，聘请英国顾问；4. 改革预算。

孔祥熙、宋子文反复研究了李滋·罗斯的方案，发现其对最为关心的英国能够提供多少贷款一事却没有说明，心里明白，这张底牌只有在中国政府答应这些条件的前提下才会亮出来。于是，国民政府在讨论时，虽然认为这些要求和条件未免苛刻，但急于在英国帮助下推行币制改革，不得不做出系列让步，基本同意英国方案。然后，孔祥熙、宋子文请来李滋·罗斯，代表国民政府同

① 李平生：《烽火映方舟——抗战时期大后方经济》，广西师范大学出版社1995年版，第6页。

意英国的方案，并请李滋·罗斯告诉贷款数目。李滋·罗斯说："谢谢贵国政府对英国的信任。如果中国政府愿意实施我们的方案，英国将为中国金融改革提供1000万英镑的专项贷款。"1000万英镑是一笔巨款，是实施币制改革非常必要的一笔外汇准备金，这使孔祥熙和宋子文非常满意，表示感谢英国的援助。

然而事与愿违，就在李滋·罗斯与孔祥熙、宋子文达成基本协议后，英国财政部与外交部犹豫不决，不是对谈判情况不满意，也不是心痛1000万英镑，而是顾及日本的反对，不愿得罪日本，寄希望与日本联合对华贷款。

而就在此时，美国财政部长摩根索改变主意，决定趁机以提供贷款为契机，插手中国货币与外汇事务，将中国货币拉入美元集团。对中国而言，这无疑是一个绝好的消息，令孔祥熙、宋子文喜出望外。他们认为，谁向中国货币改革提供贷款，中国货币就加入谁的货币集团，于是反而不着急了，既不催促英国，也不着急找美国，只是表态非常愿意接受贷款，打开国门，恭候贵客。

就在英国和美国较劲时，中国经济形势继续恶化。1935年10月23日，上海传出中国货币将贬值三成五的消息。24日，又有消息传来，中央银行、中国银行、交通银行将停兑纸币。工商企业和普通百姓为之一惊，于是市场恐慌，标金飞涨，人心惶惶，很多人涌向银行提款取存，大有一触即溃之势。

孔祥熙不敢大意，立即密电中国驻美大使施肇基，通知美国财政部长摩根索，中国政府愿意向美国政府出售1亿盎司白银，条件是不通过市场操作。施肇基立即向摩根索处转达，希望尽快答复。摩根索立即去白宫会见罗斯福总统说："总统先生，看来我们应当接受中国的意见，吃下这1亿盎司白银。"罗斯福问："为什么?"摩根索回答："如果我们不愿意输给英国佬就得这样做，因为李滋·罗斯先生在中国的影响力越来越大，我们要是再固执己见，即将出笼的中国法币或许会加入英镑集团。"罗斯福说："如果买下1亿盎司白银，中国法币就加入美元集团，那我签字。"

10月28日，中国驻美大使施肇基给孔祥熙发电报说，美国已决定购买中国白银，要求国民政府提供全部的币制改革计划，以便美国对中国的外汇进行监督。孔祥熙闻讯大喜，立即坐车去将这个好消息告诉蒋介石。蒋介石也很高兴，吩咐孔祥熙尽快满足美国的要求，并尽快择机宣布进行币制改革。孔祥熙回到财政部立即召集会议布置此项工作，要求充分做好宣布实施币制改革的准备工作，并将在最近几日予以宣布。

11 月 1 日，孔祥熙将币制改革方案密告驻美大使施肇基转美国财政部长摩根索，嘱咐施肇基催促美方购买白银事项。就在这天，发生意外事件，国民政府行政院长汪精卫被人刺杀，连中三枪，生命垂危。有消息说这是日本人干的，目的是阻止中美白银交易。市民情绪恐慌，争先恐后去银行提取现金。孔祥熙和宋子文惴惴不安，立即召集紧急会议作研究。有人提出，不必再等美国消息，立即宣布币制改革，及时压住一触即发的金融危机。有人反对说，不能轻易宣布，要是最终不能取得英国、美国贷款，新货币缺乏外汇准备，一旦发生挤兑风潮，将遭遇灭顶之灾。孔祥熙和宋子文犹豫不决。会议通宵达旦。最后，孔祥熙决定冒险提前宣布实行币制改革。

1935 年 11 月 3 日晚上，孔祥熙来到南京中央广播电台播音室，对着直播麦克风，用地道的山西话说："我是国民政府财政部长孔祥熙。我现在向全国民众发布一个重要消息：中国政府决定从 1935 年 11 月 4 日起实行币制改革。"这消息立刻传遍全国。全国民众，特别是银行家、实业家、商家纷纷奔走相告，人们忧心忡忡，不知道是否是危机来临。

在宣布改革后，孔祥熙立即采取四条配套措施：一、将法币改革方案提交立法院，请立法院予以追认；二、转告英国驻华公使贾德干，请求英国制约在华英商，支持中国币制改革；三、要求杜月笙，在宣布改革的当天晚上，召开上海钱庄同业公会紧急会议，形成支持国府币制改革的决议，要求全体会员遵照执行；四、公布一揽子法币发行办法，这个办法包括，将过去的 33 种公债合并为 5 种，予以优惠，可以在上海证券交易所交易，也可以用作各银行钱庄领用法币的部分准备金，即以六成银元、四成公债作保证金，领取十成法币。

中国币制改革在风雨交加之际缓缓启程。

商业银行乱纷纷

币制改革，牵一发而动全身，立即引起各界人士，特别是金融界强烈反应。反应最激烈的是河北冀察政委会委员长宋哲元。他当即宣布：华北不执行币制改革。河北省银行当事人姚博岩回忆：

> 1935 年 11 月，南京国民政府为了统一货币发行，限令全国所有发行纸币的银行一律限期收回，不再流通，而全国流通的纸币，只限中央、中国、交通三银行发行的纸币。当时华北政权为冀察政委会，宋哲元为委员长，以华北形势特殊，

拒不执行上项限令，仍以河北省钞为地方流通的纸币，与法币同等使用。1937 年华北沦陷日本之手，法币撤离了华北，日伪时期伪中国联合准备银行成立，发行联银券，河北省钞才停止发行使用。河北省钞的流通区域，除本省外已流通河南、山西、察哈尔、绥远、山东等邻省边区，发行总额最高达 7000 余万元。①

河北省拒绝领用国民政府新发行的法币，继续大量印制本省的新铜元票，在全省发行流通使用，数额高达 250 万元。姚博岩是河北省银行稽核员，受河北省银行总经理指派，任银钱局营业课主任。姚博岩回忆发行本地钞票的情况说，河北省银行请示并获得河北冀察政委会批准，银钱局划归河北省银行总行直辖，印制 4、6、8 枚小额铜元票，连同原来发行的 10、20、50、100 枚重新改版，印刷新券共计 7 种面额，由省行所有各地分支机构代理发行，河北全省流通使用，发行量为 7000 万元，是全国法币发行量的 15%，数量相当大。

河北省银行发行的地方钞票是币制改革后唯一保留的地方钞票。后来华北沦陷，河北省钞才退出历史舞台。

持反对意见的还有浙江兴业银行的董事长叶景葵。叶景葵，浙江杭州人，时年 61 岁，晚清进士，从 1908 年做浙江兴业银行汉口分行总经理开始，先后做过天津造币厂监督、大清银行监督，1915～1945 年任浙江兴业银行董事长，是中国首位银行董事长。叶景葵说：

对于新货币和财政部的宣言，我们不能说它一定做不到，但是新货币政策发表后，政府的处境实在不妙，既不能镇定人民之恐慌，又不能遏制市场之投机，致内地资金纷纷逃避海外，无异加倍削弱政府之实力，实为失策。实施新货币政策不能只盯住统一发行和黄金国有，重要的应该是关心人民恐慌的问题，认真去做多方面的工作。人心安定是一切之本。②

叶景葵之所以反对币制改革，一个重要原因是，他的浙江兴业银行的发钞权被剥夺了，不但断了财路，还得花巨资去三大银行购买法币，这令浙江兴业银行实力大大削弱，存款从前几年的全国民营银行冠军，到 1936 年退为第 6 位。法币改制结束了浙江兴业银行 30 年的钞票发行历史，也结束了其黄金时代。当事人尚其量回忆说：

国民政府为了垄断货币发行，于 11 月 4 日实行币制改革，规定以中央、中国、交通三行发行的钞票为法币，不得行使现金，违者没收；其他银行不准再发行钞

---

① 姚博岩：《河北省银行史实纪略》，天津人民出版社 1989 年版，第 45 页。

② 许矛、顾关林、姜天鹰主编：《中国十大银行家》，上海人民出版社 1997 年版，第 133 页。

票，其已发钞票连同准备金，悉数上交。浙兴是最早取得钞票发行权的银行之一，而且从1922年办事董事之一的徐寄庼主持总司库时，坚持发行钞票的准备金必须十足。当时几乎所有银行都不愿以现金作准备金，认为这样会减少资金的运用。因此一般发行钞票都以现金四成、债券六成作抵，唯独浙兴以现金六成以上作准备金，其余不到四成才以债券作抵。这时对国民政府的法币政策无可奈何，只得将发行准备金悉数上缴，计现金595万元，保证准备金350万元，两项合计945万元。在官僚资本的掠夺下，浙兴资力削弱了十分之一。①

为应付币制改革的冲击，叶景葵被迫采取逃现的办法。他将大量资金转移国外，到1941年，共转移资金约393万美元。他的运气不好，转移之后从事外汇投机接连失利；又遇到主持其事者侵吞公款潜逃，致使银行损失高达177万美元；又遇到应中国政府要求，美国冻结在美华资，浙江兴业银行在所难免，损失巨大。这是后话。

金城银行总经理周作民对币制改革防之又防，所以改革实施后损失不大，但三大行横空崛起，切去中国金融蛋糕大部，致使其他商业银行，包括金城银行，也对币制改革表示不满。宣布币制改革这一天，11月4日，周作民致电天津分行经理王毅灵："库存现（银）如无他法可设，只好忍痛吃亏，备调法币。领钞事昨已截止，无从洽商。"金城银行各地分支行就按照周作民的指示"忍痛吃亏，备调法币"。

改制后，中央、中国、交通三大行不但独享货币发行权，仍继续兼营银行普通业务，并凭借其垄断优势，在与商业银行的竞争中累累获胜，致使商业银行累战累败。国家银行与商业银行的发展，在币制改革后迅速拉开档次。1934年，中国、交通、金城三行存放款为100；1936年，中国存款为176、放款170；交通存款为189、放款144；金城存款为126、放款131。②

金城汉口行副经理汤德成致电周作民说：

此外，虽非银行直接业务，而于商业银行有生存关系者，即现时中、交两行之法币发行问题是也。从前中、交两行虽亦有纸币发行权，但有力之商业银行亦兼而有之，故尚不感觉甚大之压迫。今商业银行之发行权已一律取消，唯中、中、交三行始有该项特权，而中、交两行又经营普通业务，如以商业银行之力量，而欲与资力无限制中、交两行争利，无必胜之理。成意拟请我钧座联合全国商业银

① 文昊编：《金融大亨》，中国文史出版社2013年版，第353页。
② 中国人民银行上海市分行金融研究室编：《金城银行史料》，上海人民出版社1983年版，第332页。

行，共同向政府申请，务令中央于专管准备金、中国于专营外汇、交通于专营不动产抵押，不得再经营普通业务，而后商业银行乃有生存之余地，否则商业银行前途之困难更又过于今日者。①

周作民还有忍痛吃亏的地方，那就是四行储蓄会的发钞权也被剥夺了。四行储蓄会乃金城银行、盐业银行、中南银行、大陆银行出资组建的，共同享有中南银行发钞权的好处。当事人籍孝存、杨固之回忆说：

1935 年南京政府实施新货币政策，周作民对取消四行准备库的发行权深为不满，但摄于政府压力，不得不将四行准备库未发行的钞票及发行钞票的准备金，悉依法令如数缴由发行准备管理委员会办理，四行准备库随即撤销。以后四行联营专营储蓄信托业务，即在抗战战争中，业务亦未衰退。②

也有积极拥护币制改革的银行，其不但拥护，而且凭借币制改革兴起“领钞生意”而大发其财，大大出乎孔祥熙意外，比如重庆银行总经理潘昌猷。潘昌猷，四川仁寿县人，时年 34 岁，哥哥是国民政府第 28 集团军总司令潘文华。重庆银行的董事长叫邓子文，著名疋纱商人，碍于潘文华总司令的面子，对潘昌猷毕恭毕敬，让总经理领导董事长。他对行员训话的开场白总是这一句：“本董事长奉总经理面谕。”有一次潘昌猷不在重庆，邓子文临时处置员工闹待遇事件。潘昌猷回来不满意，训斥邓子文说：“邓子文，你以为你硬是董事长啊？”邓子文嘿嘿笑说：“潘二爷，有啥子不对之处，你哥子发话，我改过来就是嘛。”邓子文做了 14 年重庆银行董事长，与总经理潘昌猷相安无事。

潘昌猷头脑灵光，信息灵通，见币制改革取消了重庆银行的发钞权，影响业务，便另辟蹊径，在领取法币中找到赚钱的办法。按照财政部规定，新法币发行后，全国各银行、钱庄应向三大行领取法币，规定缴纳六成银元，四成公债。赚钱就赚在这公债上。为了买法币，就得去上海证券交易所买公债，买了公债换成法币，再用法币买公债，这里有差价就可以赚钱，加之公债存在三大行有年息四厘的利息，两项相加，便成了一门新兴生意。

潘昌猷下手早，刚实行币制改革就开始套购公债。那时公债不值钱，大家都不看好，一度跌到七折以下，就是六角多买一元。潘昌猷便在七角以下大量买进公债，再用公债搭上银元买法币，再用法币买银元、买公债，再买法币。

① 中国人民银行上海市分行金融研究室编：《金城银行史料》，上海人民出版社 1983 年版，第 331 页。

② 文昊编：《金融大亨》，中国文史出版社 2013 年版，第 267 页。

后来上海的公债涨起来，七〇折涨到八〇折，让出手就是几十万的潘昌猷很赚了几笔。重庆银行当事人石体元、刘选琛、赵世厚回忆说：

> 政府这样做有三大好处：扩大了法币发行，收回了现洋，卖出了统一公债，对领钞行庄来说也有好处，即领钞1000元，可缴公债667元作保证准备，所缴公债按年息4厘计算，两年可得53元利息的好处。这时，潘昌猷看中了这门生意，决定把领钞当作重庆银行的重要业务，一方面将库存银元二三十万元拨出，并在市面上陆续收集银元银两，另一方面便在上海证券交易所购买统一公债。领钞的手续是麻烦的，事先要将公债缴给上海中央银行，取得收据，然后才能和重庆的中央银行发行局订立领钞合同，同时缴纳银元，领出法币。办一次手续，总要花费三五天时间。好在潘昌猷和重庆中央银行的负责人素有交往，因此办一次手续只需一天或两天。这样便减少了日折亏损，还相对增加了周转的收入。①

纵观整个币制改革，尽管英国、美国、日本各有所图，孔祥熙、宋子文、李铭、吴鼎昌、潘昌猷、周作民各有所求，但一经横空出世，便深刻而全面地改变了中国的金融、经济，甚至还包括政治、军事、文化、外交诸方面，还包括世界经济，并在多数人不看好的逆境中，排山倒海，取得出乎意料的成绩，创造了一个叹为观止的金融奇迹。

于是，南京政府发现，只要维护法币对外汇价的稳定，便可以增发钞票，收获金融改革红利，所以“从1935年11月到1937年6月这段时间，法币的总流通量从4.53亿元增至14.77亿元②”。这种既能满足财政需求，又不致引起大波动的通货膨胀大获其效，使中国1937年中期的农产品价格恢复到1931年的水平。《剑桥中华民国史》说：“随着农村的相对繁荣，农民开始购买1931年以来从不敢企望的工业品。这对城市经济是一个新的刺激。”

毫无疑义，1935年的法币改革是进步性的金融举措，不但实现了货币统一，解决了长期困扰中国经济发展的货币发行权分散、通货混乱的问题，使中国货币形态与世界接轨，对中国经济产生积极影响。更重要的是，币制改革的胜利，使中国在与日本的秘密经济战中，既赢得主动权，又赢得非常宝贵的时间，为即将爆发的抗战奠定又一项重大经济基础。

山东大学教授李平生指出：

---

① 中国民主建国会重庆市委员会、重庆市工商业联合会文史资料工作委员会编：中国民主建国会重庆市委员会、重庆市工商联合会文史资料工作委员会编：《重庆五家著名银行》，西南师范大学出版社1989年版，第168页。

② 沈国仪：《孔祥熙传》，安徽文艺出版社1994年版，第122页。

法币政策的实施，是中国近代货币史上的一个重大事件。它实现了自清末以来屡议而未果的币制改革，统一了货币，缓解了当时的金融危机，使得外汇平稳，物价回升，金融稳定，推动了工农业生产走向复苏，外贸入超相对减少，国民经济逐步好转。同时，法币政策的实施也是对日本侵略者企图把华北经济卷入“日元集团”的一种防范和抵制，是华北危机以后，尤其是抗战全面爆发以后，国民党政府对日经济作战的一种武器。①

① 李平生：《烽火映方舟——抗战时期大后方经济》，广西师范大学出版社1995年版，第6页。

第二章

抗战前夜

一　接管工厂

接管天津裕丰厂

币制改革实施即取得明显效果，法币发行量和流通量在短短7个月，从4.5亿元增至14.7亿元。由此促进工农业生产发展，1936年1月的平均生产指数为90.6，10月为122.3，11月为121。[①] 与此同时，国内国际形势发生巨大变化。国际方面，德意日三国蠢蠢欲动，德军违反《凡尔赛条约》进驻莱茵兰，意大利军队攻占埃塞俄比亚首都，德国和意大利签订《柏林协定》，日德签署《日德防共协定》，意在扩大战争，挑起世界大战。国内方面，发生西安事变，东北军张学良和西北军杨虎城扣留蒋介石，迫使其"停止内战，联共抗日"，中共中央提出实现国共合作抗日的五项要求和思想保证，国民党五届三中全会通过"根绝赤祸案"，基本确定停止内战、国共合作的方针。[②]

面对中国这一系列的经济准备，日本恼羞成怒，在继续加大经济打压的前提下，向中国华北纺织业痛下杀手，一方面大量倾销廉价走私产品，搞垮中国纺织业，另一方面收购中方纱厂，取而代之，意图抢在发动全面侵略战争之前控制中国棉纺业，为全面战争爆发后实现以战养战目的奠定基础。

华北素来是中国棉纺业的重要地区，从1931年起，中国银行天津分行就

① 沈国仪：《孔祥熙传》，安徽文艺出版社1994年版，第122～123页。

② 宋平：《蒋介石生》，吉林人民出版社1986年版，第364～365页。

大量投资纺织业及其上游产品棉纱业，“办理农村合作，兴办水利，推广改良植棉，扶植天津宝成纱厂，河南卫辉新华纱厂，山西晋华、晋生、雍裕等纱厂①”，力保中国纺织业自给自足，与日本蚕食华北纺织业针锋相对。负责此事的是中国银行天津分行总经理卞白眉，具体负责人是副总经理束云章。当事人、雍兴公司协理兼总工程师傅道伸回忆说：

束云章办纺织业，大约从1931年开始。那时我国基础尚不稳固的民族资本纺织业，因受日本帝国主义经济侵略，岌岌可危，不得不靠银行贷款以维持生存。天津宝成第三纺织厂就是一个例子。该厂原为江苏人刘柏森所创办，因欠美商慎昌洋行的机器款，到期无力偿还，洋行派了一个美国人到该厂做总经理，坐索机器款。后来由天津中国银行投资，束云章代表天津中国银行直接管理厂事。经营了几年，到1935年，终以亏累过甚宣告停业。当时天津有六家纺织厂，停业者三家（保成、裕元、华新）。日本纺织品大量走私，在华北倾销。其价格之贱，甚为惊人。印花细布一元钱买一丈送一丈，只和五分钱一尺。致使中国微弱的纺织工业无力与之竞争，只有关门大吉。后来这三家停工的厂全被日本资本家收买过去。束云章这次完全失败。②

束云章，江苏丹阳人，时年49岁，人称束八爷，毕业于京师大学堂，1916年考入北京中国银行总管理处，1924年任中国银行汉口分行副经理兼郑州支行经理，1929年始任中国银行天津分行副经理。束云章不甘失败，坚持继续投资民族纺织工业，不让日本经济侵略计划得逞。这时，河南豫丰纱厂出现严重问题，累亏数百万，处于破产边缘，致使中国银行投进的大量贷款岌岌可危。日本人趁机提出与豫丰纱厂合伙经营，企图逐步控制豫丰。卞白眉见状十分着急，决定由中国银行天津分行接管豫丰，委托束云章出面主持。

豫丰纱厂是华北大型纺织厂之一，规模宏大，有5个纱厂、1个布厂、1所发电厂、1个造纸厂，有员工4000人、纱锭56448枚、布机230部，规模设备全国首屈一指。这家工厂的位置也极好，坐拥陕西、山西棉花，兼有京汉、陇海交通便利，所以开初办得不错，但开工不到一年，先后爆发直皖战争、直奉战争，加之日商大量倾销廉价纺织品，致使豫丰陷入亏损漩涡而不能自拔。

1936年9月，豫丰董事会改组，原董事长穆藕去职，新董事长是中国银

---

① 江苏省政协文史资料委员会、丹阳市政协文史资料委员会编：《实业家束云章》，江苏文史资料第78辑，1994年版，第11页。

② 傅道伸：《我所知道的束云章》，载于《全国政协工商经济史料丛刊》1984年第4辑。

行天津分行经理卞白眉，总经理是副经理束云章。这一收购行动自然经过中国银行董事长宋子文批准。不但如此，鉴于日商大肆并购华北华商纱厂，宋子文决定予以反击，向华北纺纱业投资600万元，实施沟通秦豫纱厂计划，接管雍裕，整顿豫丰，接办晋华、晋生、大益成，构建华北棉纺基地。这是1937年初的事。

其实，早在1936年5月，中国银行就与日本棉纱商人干上了，曾联合河北、河南、山西7家华商纱厂联手对付日货倾销。江苏丹阳政协专委会办公室撰文指出：

> 1936年5月，河北、河南、山西三省华商纱厂，因日货倾销呈现不景气。先生（束云章）乃建议七厂联营，一面由中行派员指导改良技术，提高品质，同时改善经营方法，以谋对抗。时宋子文就任中国银行董事长，鉴于上海、青岛、天津等地日商设立之工厂不下三四十家，纱锭200万枚以上，其业务蒸蒸日上，而我华商纺织数量在日厂一倍以上，纱线总锭虽亦较日商多出三分之一，但其间因资金短绌，技术不良，经营失宜，呈萎缩不振之势，主张中国银行负起责任，竭力辅导，俾能起死回生，与日商一争长短，而免我国人生所必须之纱布，遭受日人之垄断，乃计划拨专款3000万元，由先生分二期在四省筹设五万锭设备之纺织工厂六所，以便与日商抗衡。①

这是抗战前夕中日秘密经济战的重要战场，中方“将军”是中国银行，“武器”是3000万元，战场是河北、河南、山西、山东，目标是建立拥有5万纱锭的6个工厂，目的是抗衡日商，打破日本对华垄断，与日商一争高下。这是一场没有硝烟的、秘密进行的经济战争，彼此心照不宣，暗中较劲，以经济战服务于军事作战，既可解决军事战争的后勤补给，又能达到军事战争无法达到的经济占领的目的。

这场经济战打了一年，结果是中方大获全胜。至抗战爆发，中国银行已建成纺织业“小三角网”，即以保定为起点，一路由石家庄到郑州，一路由石家庄到太原、祁县、新绛、西安，待该区保定、彰德两厂完成后，共有线纱锭30万枚。与此同时，中国银行自身也得到极大发展。宋子文在中国银行股东大会上说：“1937年4月与1935年4月相比，存款增加2.12亿元，放款增加

---

① 江苏省政协文史资料委员会、丹阳市政协文史资料委员会编：《实业家束云章》，江苏文史资料编辑部，1994年，167页。

2.21 亿元，汇款增加 4.27 亿元，储蓄部存款增加 4.2 亿元。”①

就在中方再接再厉，扩大战果，在河南彰德和同蒲铁路侯马车站附近购地千亩，与英商签订购买勃拉特棉纺机 5 万锭设备合同，筹建两个新纺织厂，进而筹划天津、南京、武汉纺织业“大三角网”的时刻，日军悍然发动卢沟桥事变，揭开抗日战争序幕，致使上述一切灰飞烟灭。

谁是神秘收购人

中方在华北棉纱经济战中还有一个主角，就是金城银行。抗战爆发前夕，金城银行总经理周作民不是消极逃避，而是积极进取，敢于虎口夺食，与日本抢购濒于破产的中方企业，发动“收购天津北洋纱厂”战役，从日本人手中抢回一个纱厂。

前面已有介绍，抗战全面爆发前一二年，华北纺纱厂普遍不景气。浙江兴业银行 1936 年 4 月 25 日《每周通讯》报道：

> 津市华商各纱厂，历年来经营困难，虽竭力挣扎，仍多无法支持。目下以原料奇贵，纱销迟滞，更遭重大打击，因此各厂渐次落入日商掌握，如北洋、裕元、宝成均正在谈判节洽中。②

这里所说“北洋、裕元、宝成”是天津三家华资纱厂。天津是华北工业重镇，1898 年成立天津织绒局，1915 年建立第一家机器纺纱厂，相继建立华新、裕元、北洋、恒源、裕大、宝成六大纱厂，从业人员有 15600 人，也是全国重要的纺织工业基地。宝成纱厂创建于 1920 年，创办人是刘伯森，第一任经理是吴敬仪，资本总额 300 万元，厂址在河东郑庄子。刘伯森早年热衷洋务运动，提倡民族资产办实业救国，还在上海办有两家纱厂。吴敬仪思想开放，1930 年在全国第一个实行八小时工作制。吴敬仪有个大有出息的儿子叫吴阶平，是著名医学家，新中国成立后曾任全国人大常委会副委员长。裕元纱厂前面已有介绍，创建于 1915 年，规模宏大，股东实力雄厚。北洋纱厂创建于 1919 年，创办人是天津商人黄献忱、范竹斋，资本大都来自天津纱号和银行，1919 年发起，1922 年开工生产。

1931 年“九一八事变”后，东三省沦陷，天津纺织产品在东北市场的销

---

① 郑会欣：《民国政要的私密档案》，中华书局 2014 年版，第 89 页。

② 中国人民银行上海市分行金融研究室编：《金城银行史料》，上海人民出版社 1983 年版，第 391 页。

量猛降，加上天津市场上日本走私品十分猖獗，日货占市场比例高达 65%，致使天津六大纱厂负债累累，被迫转让。1931 年以后，日商先后收购华新、裕元、裕大、宝成四厂，并准备与中方抢购恒源和北洋。恒源和北洋的股东都不愿将工厂卖给日商，宁愿少卖钱也要卖给中国人。金城银行总经理周作民为打破日商垄断华北纺织业的企图，决定与日商抢购这两家纱厂。他联合中南银行，不畏日商威胁利诱，主动出击，与恒源和北洋两厂股东经过反复商量，最终达成接管协议，于 1935 年、1936 年分别接管了这两家华资纱厂，为中国保留住两家纱厂。

周作民抢购北洋纱厂极富戏剧性。北洋纱厂自 1922 年开工以来，因为已错过第一次世界大战带给中国民族工业发展的大好时机，被卷土重来的外商的大量倾销廉价产品打压得抬不起头，1930 年便无法维持，被迫出租，承租人是原来的经理章瑞庭。章瑞庭接手后北洋并没有起色，继续亏损，1936 年期满退租。这时，早已虎视眈眈的日商上海裕丰纱厂便要求承租。北洋厂股东开会商量，不少股东说，不能租给日本人，但没有更好的解决办法。最后，1936 年 4 月 24 日，北洋股东会正式决定租给日商上海裕丰，与上海裕丰签订草约，上海裕丰即汇来 70 万元作预付租金。

日商承租北洋的消息一经传开，北平、天津广大华商愤愤不平，认为日商已收购天津六大纱厂的四个，要是再承租北洋，华商岂不是只剩一个，孤掌难鸣，还怎么生存？金城银行总经理周作民十分关注这件事，认为不能让日商得逞，便与中南银行总经理胡笔江商量。胡笔江叫胡筠，笔江是他的字，时年 55 岁，江苏江都人，年轻时干过钱庄练习生、银号店员，后来历任交通银行北京分行调查专员、总行稽核、北京分行经理，1921 年与南洋富商黄奕创设中南银行任总经理，1933 年任交通银行董事长。

胡笔江说："这怎么行？偌大的中国怎么连几个纱厂都保不住？不能让上海裕丰承租！作民兄有何高见不妨一说。"周作民说："英雄所见略同，决不能让日商得逞。据我所知，北洋的股东多赞成卖厂而不愿意再出租。我们不妨来个釜底抽薪……"胡笔江嘿嘿笑说："我知道你的意思了。"随即压低声音说了一通。周作民说："一言为定。"胡笔江说："驷马难追。"二人哈哈笑。

过了十几天，正当日商踌躇满志地在北洋纱厂视察时，天津棉花统治整理委员会通知他们，有人出巨资购买北洋，按照事前约定，有人买就不出租，决定取消出租草约。日商一听十分惊愕，问谁买北洋？回答说，对不起保密。日商后来打听得知，的确有人出资70万元购买北洋。这一来，除了日商，皆大欢喜，因为北洋还不出银行欠款、原租赁商押金，原租赁商还不了所欠材料款、办公费、工人工资，现在有人出资购买，三角债可以一并全部偿还。

这个神秘的收购者是谁呢？1936年的浙江兴业银行《每周快讯》记录了这件事：

> 天津北洋商业纺织有限公司，前与上海裕丰纺织株式会社订立租用草约，引起债权之纠纷。旬日来，经中南银行经理王孟钟君向各方疏解之结果，事态已趋乐观。源适有人愿斥巨资收买该厂，托由王君向北洋递价七十万元，王君乃挟此实力，向各方疏通，闻其方案大致为：1. 取消裕丰草约；2. 无息以四折账，结清银团债务；3. 如数发还公记公司押租十六万元；4. 公记借款部分之八万余元，应列入其他各债，按成分摊；5. 售价还债之余，发股款二元（原股本每股一百元），各方对此均表谅解。闻买卖双方将于下周成立草约，以待本月十九日北洋再开股东会之通过。至买方究属何人，现尚严守秘密。据闻王君受棉花统治整理委员会之委托，而委托该会者，正另有其人云。①

这个收买人不用多说，自然是金城银行和中南银行。原来，那天周作民和胡笔江鉴于不能与日商硬抢，便商量了个暗度陈仓的办法，即通过天津棉花统治整理委员会，以匿名购买北洋为由，请他们驳回日商承租申请，待北洋解除与日商租赁草约后，再与北洋签订正式买卖合同。这个办法果然好，日商一直不知道是谁与他们争抢北洋，没法破坏这桩买卖，只好认输，退出承租。金城银行和中南银行便各出资40万元，以三折作价，用68万元买下价值200万元的北洋，交给他们共同组建的诚孚公司管理。

北洋换主后，两行投巨资加大资本为300万元，增添发电2000千瓦、纱锭12000枚，增大贷款额度，聘请纺织专家主持厂务，又特派金城天津行副理杨固之出任北洋纱厂副经理，很快恢复生产，逐步实现利润，一举成为华北地区民族工业大厂。当事人、诚孚信托公司会计主任王洁之、金城银行天津副理杨固之回忆说：

> 北洋纱厂由二行收购后，于1936年7、8月间复工，情形逐渐好转，原因是：1. 资金充裕。北洋收购时虽仅花60余万元，但不久即改资本为300万元，金城、中南各半。金城150万中，总处占25万，京津两行各占62万5千。股本既多，又

① 中国人民银行上海市分行金融研究室编：《金城银行史料》，上海人民出版社1983年版，第391页。

有自己的银行可以随时融通资金的便利，不若在纱商经营时常常受到债务的压迫并付出重利。2. 技术改进。二行收购后，即聘请纺织专家如曾伯康、朱梦苏等去主持，在生产方面，管理方面，都有切实改进。3. 设备增加，如改为大牵伸和改装新锭子，都是其中的例子。凡此等等改进，都促使成本下降，能与外商纱厂相抗衡。①

这是1936年7、8月间的事。经过一番整顿，夏秋去而冬春来，转眼来到1937年。这年7月1日，北洋纱厂的整顿告一段落，周作民便将其租给属下诚孚信托公司管理，以期重整旗鼓，大展宏图，不料6天之后突然爆发卢沟桥事变，7月29日北平失陷，7月30日天津失陷，北洋纱厂沦入敌手。周作民不知如何是好，急得捶胸顿足。

周作民的反应之所以如此激动，不单为北洋厂，还有日本人对金城银行的一系列打压，比如就在办理北洋厂内部租赁前12天，1937年6月18日，日本人登门威胁周作民，要求周作民与日本人合作，答应日商入股永利公司。这又涉及中日经济战。

永利公司是范旭东创建于1917年的永利制碱公司，地点在天津塘沽，主要生产烧碱。当时中国还不能生产烧碱，所有碱全部来自国外，主要是英国卜内门公司。范旭东经过艰苦奋斗，终于在1926年研制出纯碱，命名为红三角牌，送往美国费城参加当年的万国博览会，荣获金质奖章，一举名闻世界。由于中国纯碱的问世，打破了英国卜内门公司对中国纯碱市场的垄断。

范旭东的成功有周作民的一份功劳。周作民从永利公司成立起就是永利的董事长，是总经理范旭东坚强的经济后盾。1921年，永利在金城银行开户，因为还属创业阶段，资金非常紧张，在金城存的少贷的多，让范旭东羞于会见周作民。周作民得知这个情况，请来范旭东说："我知道你资金紧张，平时差钱的情况经常发生，有时找我又不在，耽误你的事了。这样吧，我给你办个透支折子，每月可以透支10万元。你看好不好？"范旭东愕然一惊，没想到还有这样的好事，自然感恩不尽，表示一定生产出中国人自己的纯碱。有了这笔透支资金，永利公司如虎添翼，范旭东也少了许多资金麻烦，加快了制碱速度。

后来，因为英商的打压，永利的资金一直问题多多。范旭东多次找周作民商量，希望扩大透支额。周作民将这事提交金城银行董事会。有董事不同意，

① 中国人民银行上海市分行金融研究室编：《金城银行史料》，上海人民出版社1983年版，第393页。

说范旭东是个无底洞，最后做不做得出还是问题，要是加大透支怕是有风险。周作民说：“我与范先生是日本求学时期的朋友，非常了解他的为人，非常有责任心，也有背景，研制烧碱的事一定会成功，我有充分信心，可以答应他增大透支的申请。”经过一番讨论，多数董事还是不同意。周作民很生气地说：“这事我做主，出了问题我负责。”于是，周作民不断提高永利的透支额度，1925 年增加到 15 万元，1926 年增加到 60 万元。后来的事实证明，周作民的意见是对的，贷给永利的资金不但全数收回，还赚了大笔利息，更重要的是扩大了金城的信誉度，很多民族工商业主纷纷与金城银行合作，有存有贷，使金城业务更上一层楼。

永利在周作民的大力支持下发展迅猛。1934 年，范旭东改组永利制碱公司为永利化学工业公司，1935 年，创办南京永利铔厂，生产硫酸铵等化学品，成功掌握石灰和碳酸铵法，在与英国、日本的产品竞争中具有强大的竞争力。这就引来日商代表登门拜访周作民的事。

1937 年 6 月 18 日上午，周作民正在办公室伏案办事，秘书进来说有客人拜访，是日本三菱洋行的秋山。三菱洋行早期来华以大连为基地，经营横滨至上海的轮船航运业务，1894 年在上海、汉口、香港设立支店或代理处，经营范围扩大到航运、工矿投资、保险及进出口贸易。周作民与三菱洋行多有业务往来，与秋山也是熟人，便请他进来说话。秋山进来，宾主一番应酬后，委婉提出永利的事，说永利不是要扩大南京工厂吗？三菱洋行愿意效劳，可以提供巨额低息长期贷款。

周作民听了心里咯噔一下。日商觊觎永利的消息早流传坊间，周作民也曾与范旭东有过磋商，一致认为决不能让日商染指。所以听完之后，周作民即婉言谢绝。秋山不死心，提出给予许多好处的条件。周作民还是一一婉拒。秋山暗暗生气，语言变得有些强硬说：“阁下在日本待过，熟知我们大和民族的脾气，要想干的事，不达目的绝不罢休。何况现在的局势，周先生一定清楚，东北、华北都在日本势力范围，就是华东，嘿嘿，恐怕也难以自保。所以请周先生还是与我们日本精诚合作为好。”

这就有撕破脸说话的意思了。周作民站起身对秋山说了三点意见，再次坚决婉拒，说罢端茶送客。事后，周作民立即将这一情况写信告诉范旭东：

今晨三菱洋行秋山君来谈中日合作问题，对贵公司之成就甚表钦佩，似有加入合作之意。当以下列种种困难婉告：1. 永利公司章程规定，股票不得售于外籍人民；2. 永利公司经过13年之实验始获成功，在中国化学工业中占有重要地位，朝野上下，对其努力工作精神，群表同情；3. 在永利公司设厂前，中国用碱完全取给于卜内门，自该公司成立后，逐渐挽回利权，今日已供给国内用碱60%，卜内门只占40%也，此点亦甚得朝野上下之同情。日前三井洋行亦曾要求合作，即因种种困难婉却，如军人竟欲强求，全国人民定为该公司之后盾也。以上为今晨谈话大略，知注特闻。①

不难看出周作民维护中国民族工业，与企图染指中国工业，实行经济侵略的日商斗争的决心，甚至提出“如军人竟欲强求”的情况，也一定在全国人民的支持下坚决抵抗，充分表现出抗战爆发前夜中国对日经济作战的智勇，难能可贵。

二 银行抗战

鸦片收购起风波

抗战前夕，华北是中日经济战前线，交战目标之一是抢购纱厂，西南是大后方，远离日本控制势力，经济战的重点是贯彻实施币制改革方案，调整经济结构，整顿金融业。为此，重庆设立委员长行营，设立财政监理处，处长是德国柏林大学毕业的辽宁人关吉玉，负责迎接即将来渝的中央四大金融机构，整顿重庆地方银行钱庄，建立大后方金融基础。

怎么整顿合并？乱麻一团，行营迟迟找不到恰当的办法。四川省财政厅也没有好主意。这时，因为实施币制改革，又因为随即爆发七七事变，重庆金融市场风起云涌，一片混乱，出现了整顿合并的机会。

这个机会首先来自实施币制改革。重庆一些商业银行失去发钞权后，主营业务大受影响，经营成本大幅增加，出现亏损。正如金城银行汉口分行副经理汤德成所说“商业银行前途之困难更又过于今日者”。在这种情况下，重庆不少商业银行为了求生存，穷则思变，转而开展其他业务，弥补主业损失，比如：聚兴诚银行开展“代买代卖”业务，与商帮行会争抢生意，引得怨声载

① 中国人民银行上海市分行金融研究室编：《金城银行史料》，上海人民出版社1983年版，第433页。

道；四川美丰银行、四川盐业银行等渝蓉七家银行铤而走险，做烟土生意，惹出一场烟土收购风波。

重庆两江环绕，码头遍布，商业发达，自古有八大帮会，即银钱、食盐、生丝、布匹、棉纱、山货、药材、特业。所谓特业即烟土生意。中国各地都产烟土，最有名的是云土、川土、贵土。川土质量稍次云土，但也是烟土上品，且产量全国第一，年收 6 万担，计 6000 万两。抗战前夕，川土每担价值 500 元，总价 3000 万元，有 300 万元利润。

币制改革后，大势所趋，四川财政厅被迫宣布自己发行的钞票称为地钞，按中央券八折使用。重庆银钱两帮损失严重，怨声载道，因此停业三天，事后都积极想法弥补亏损。这时四川禁烟总局有一笔大生意引起大家关注。四川禁烟总局长唐棣之专门来到重庆，找到重庆银行总经理康心如，介绍一笔生意问他做不做。那时全川的烟土生意都是土行在做，一年 300 多万的利润都被他们瓜分了。总局长唐棣之的意思是，经请示四川省主席刘湘，把全省烟土生意全部拿过来，官办官销，但有个大问题，即如何筹措所需的 3000 万元。康心如一听就懂，暗自一番默算，一口答应下来，愿意出面邀请重庆几家银行一起来做。

于是，在总局长唐棣之组织下，重庆和成都的美丰银行、川盐银行、川康银行、重庆银行、江海银行、四川商业银行、四川省银行，经过一番密商，达成协议，决定共同筹资 500 万元，组织利济财团来做这件事。禁烟总局没有钱，象征性地出 50 万元。七家银行分别认购 450 万元。川盐银行的董事长吴受彤出任利济财团总经理。美丰银行总经理康心如和四川商业银行总经理罗震川分任副总经理。

烟土收购需要 1000 万元，独立核算。禁烟总局有财政拨付的收购资金 500 万，不够，就找利济财团商量，要利济财团也出 500 万元，组建四川烟土收购处。利济财团一口答应。其实，收购与贩卖都是这些人在做，不过为了对付舆论，挂了两块牌子，四川烟土收购处与利济财团，实际乃一套班子。

一切商量妥帖，利济财团便与四川禁烟总局、四川省财政厅签订合同，开始运转。统收处总处设重庆，分处设涪陵、丰都、垫江、宣汉，收购人员遍布全川产烟区。运转的程序是这样的，利济财团开出银行期票，交给统收处的采购员去产地购买，卖烟人收取银行期票，到期到银行取现。统收处收得烟土，全部转卖给禁烟总局，自然从中赚取差价。禁烟总局加价把烟土分摊卖给各县禁烟分局。各县禁烟分局又加价配售给需要购买者，收回烟款，扣除利润，交回禁烟总局。禁烟总局扣除利润，把烟款交给统收处。统收处代禁烟总局每月交给省库税款100万元，再把钱还给银行，并付给银行利息。

银行如何赚钱呢？当事人康心如回忆说：

> 当时，我们认为这笔生意是有利可图的。一、利济财团开出的两个月的期票，到期持票人向利济财团兑现时，须认付三分利息。这大大超过了市场利率。二、利济财团开出的期票，禁烟总局按每百元给手续费一元。三、禁烟总局每月向省库缴纳税款100万元，无款时，由利济财团垫付，利息照市息加二计算。四、禁烟总局和分局销烟后所得价款的汇兑存储，都必须在双方制定之银行进行。五、统收处将收购烟土转售给禁烟总局，总局除按原买进价付款而外，每担还要给利润200元（当时每担买进价为500余元左右）。这样，以为期六个月和六万担产量计算，统收处可获利润1200万元，扣除税款600万元，尚可获利600万元，即使再除开支耗损，也可货利500万元。按规定和禁烟总局平分后，利济财团便可赢得利润250万元。①

这是重庆银行总经理康心如的算盘，如果照此执行，自然一本万利，关键是合伙双方都必须严格履行合同。这时，抗战爆发在即，军政部长何应钦在重庆整编川军，形势日趋紧张。四川禁烟总局局长唐棣之见大势不稳，害怕辛苦下来见不到利润，便利用自己的权力，瞒天过海，悄悄倒卖烟土。本来协议规定，唐棣之收到烟土，全部转卖给各县禁烟局。唐棣之一看外省烟土卖得起价，起了私心，便扣住部分烟土不给各县，而是堆存库房，准备悄悄运出四川省牟取暴利。照说，几家银行应当监视禁烟总局烟土拨付情况，就是收了多少，收价如何，转给各县多少，转价又如何，但银行忽略了，没有派人参加库房管理，不知道唐棣之囤集不售，暗中搞鬼。后来康心如有所发觉，就是统收处卖给禁烟总局的烟土越来越多，而禁烟总局拨给统收处的价款却越来越少，心生疑窦，派人追查。这一查不得了，康心如发现禁烟总局已经捅了个大窟窿，除将利济财团的全部资本500万元用光之外，还开出700万元期票无钱兑换，便着了慌。

康心如立即找到其他几家银行老板紧急会商。康心如说了调查情况，问大

---

① 中国民主建国会重庆市委员会、重庆市工商联合会文史资料工作委员会编：《重庆五家著名银行》，西南师范大学出版社1989年版，第54页。

家如何是好。大家听了急得跺脚。有的说，这还得了？700 万元期票，哪个有钱兑付？有的说，不对付不行啊，看来我们银行都得关门。康心如的美丰银行和吴受彤的川盐银行开出的期票最多，压力最大。吴受彤说："这个唐棣之搞什么鬼名堂！要出大问题了！不行，得赶紧找省政府，找刘湘！"康心如原来的意思还想隐瞒不报，找四川禁烟总局局长唐棣之私下调解，现在看大家气愤填膺，怒不可遏，才知道这事无论如何按不住了，也顾及自己银行的安危，只好同意川盐银行董事长吴受彤上成都的意见。这是 1937 年 7 月底的事，此时北平已发生卢沟桥事变，全国民众正投入轰轰烈烈的抗日运动。

重庆行营和四川省政府得知情况十分气愤，要求省财政厅和禁烟总局立即出面干涉。利济财团也有责任，总经理吴受彤、副总经理康心如也被迫负荆请罪，愿意采取三个应付办法，配合政府平息事端。一、他们联袂去重庆行营求见，呈报事情经过，请求当局严处。接见他们的是行营财政监察处处长关吉玉。关吉玉已大概知道鸦片风潮概况，听了他们介绍，也不提处分的话，叫他们回去补具呈文，请示上级再说。二、康心如在美丰银行董事会上自请处分，想以此撇开美丰，独揽责任，保全美丰。董事会决定准许康心如暂时请假，待事件平息后销假复职。三、他们一起上成都去找四川省主席刘湘，因为肇事者唐棣之是四川禁烟总局局长，省主席有责任督导。

康心如回忆说：

> 刘湘见了我们，除安慰一番而外，并说："唐棣之才能不行，对不起金融界，但事已如此，决不能使七家银行和个人吃亏，现派刘航琛厅长与你们一道去重庆，秉承行营指示处理解决。"本来，四川财政厅也是官商合办的统收处的官方之一，对这次风潮也有责任，刘航琛也完全清楚事情的来龙去脉，可是由于他和唐棣之矛盾重重，便对唐棣之酿出的祸事，采取黄鹤楼上看翻船的态度。现在刘湘叫他来处理，更是他借此打击唐棣之的一个好机会。①

吴受彤、康心如在成都等刘航琛忙完手里公事一起回到重庆，前后不过七八天，谁知此重庆已非彼重庆，重庆金融界已刮起比鸦片风潮更猛烈的公债兑付风潮，以致债券猛跌，银根奇紧，挤兑提存成风，银行间交换寸头出现巨额差欠，迫使银行钱庄业已停业数天。吴受彤、康心如和刘航琛不免大为吃惊，立即着手解决烟土问题，在一番调查后，一起找唐棣之说话。

---

① 中国民主建国会重庆市委员会、重庆市工商联合会文史资料工作委员会编：《重庆五家著名银行》，西南师范大学出版社 1989 年版，第 56 页。

吴受彤指责唐棣之说："唐局长，这事是你一手造成的，不仅涉及我们七家银行，还把整个重庆城弄得鸡犬不宁，怎么办？"唐棣之仗着省里有人，没把吴受彤放在眼里，反唇相讥说："吴董事长，这是你领导利济财团无方，监管无力，把稳赚的生意弄得乱七八糟，连带我们禁烟总局亏损，你要赔偿我损失。"吴受彤气得面红耳赤，大声跟他对吵。刘航琛忙出面干涉。康心如劝住吴受彤。吴受彤、康心如和唐棣之都请刘航琛说话。

刘航琛想了想说："你们也别吵了。这次的事，我们财政厅也有份，你们银行也不能说一点责任没有，还是按刘主席吩咐，不让你们银行吃亏就是了。我的意见是这样，你们把未兑现的利济财团的期票全部收来给我，换财政厅的期票给你们，认二分利，总可以了吧？不过统收处的存货归我卖了还债。诸位以为如何？"

七家银行最头疼的是未兑现期票，现在省财政厅愿意出来兜底接受，自然再好不过，所以吴受彤和康心如觉得可以接受，但此议提出来，还得与另外五家银行商量，明日回话。至于唐棣之，则是一脸不高兴，刘航琛最后一句话刺痛了他的心，因为照刘航琛意见，若"统收处的存货归我卖了还债"，那禁烟总局忙乎这么久都是替财政厅干了，便由此推开来想，这大概是刘航琛公报私仇吧，便抹着脸说："这不行，还是应当由利济财团负责到底。剩下的货呢，还是应当归我们禁烟总局负责到底。"

吴受彤对唐棣之有意见，见刘航琛出面兜底，就想歇口气算了，不跟唐棣之计较，没想到你不计较他计较，竟然反对财政厅兜底的办法，岂不是胡扯吗？就朝唐棣之发脾气说："老唐，你吃错药了吧？人家刘厅长出面帮我们，没有说感恩戴德，如何拒人门外呢？你不要人家帮忙也可以，自己解决，哪个又要我们七家银行出钱呢？"

康心如在一旁忍无可忍插话说："对嘛，我们的钱是出够了的，是你老唐把货押着不分摊下去，以为可以运出川卖高价，结果呢，搬起石头砸自己的脚。怪哪个？怪你自己！再说了，现在大敌当前，全国民众轰轰烈烈搞抗日，我们不能老是窝里斗啊。我支持刘厅长的意见，尽快平息这场风波，集中精力抗战。"

唐棣之一看三对一，自己孤掌难鸣，脸色变成猪肝色，很难看，心里想，即或自己有错在先，可再怎么说，自己也是省政府官员，当着财政厅长的面，被两个银行的人批来批去，今后还有啥脸面见人，但又一想，刘航琛这一招实在毒，既做了好人又得了实惠，便气得七窍生烟，不好冲刘航琛发脾气，就拿吴受彤出气，抹着脸把吴受彤大骂一通，坚决不同意刘航琛的意见。

刘航琛此议后暗暗着急。来重庆前，他反复考虑了事情的解决办法，拿定的主意有几条：一是收缴公栈堆放的烟土，不让唐棣之倒卖赚钱；二是由省厅出面，收兑利济财团开出去的未兑现的期票，安抚银行；三是把部分烟土退回给烟商自行销售，安抚烟商。于是皆大欢喜，而省厅这样做并不需要出现钱，出的是省厅期票，但扣下的烟土一经卖出就是现钱，还有差价可赚，同时也解决了烟土风波，一举数得，何乐而不为？但看今天这场面，唐棣之似乎看穿了自己的想法，咬住公栈烟土不放手，不免眉头起皱，闷闷不乐。

这时手下来报，吴受彤突然去世，原因不明。刘航琛吓得一个战栗，怔怔无语，忙叫人再去打探，又喊住人说声慢，还是我走一趟。刘航琛急忙叫派车，边往外走边想，不知吴受彤为何而死，如果是因为自己对烟土风波处置不当，得赶紧去看看有啥遗书遗言。刘航琛赶到吴公馆，找来当事人问话后，紧绷的神经才松弛下来，说是吴受彤回到家里一直大骂唐棣之，突然浑身哆嗦，口齿不清，吐血倒地，送医院抢救无效去世，与自己毫无干系，倒是唐棣之有逼死吴受彤之嫌。

事情还真如刘航琛所料。随后，康心如、唐棣之等一大批人匆匆赶来吴公馆，听了吴家当事人一番介绍，众人直拿眼光扫射唐棣之，而唐棣之顿时面如土灰，暗自着急，不敢正眼瞧人。刘航琛何等精明之人，一看明白三分，待出得吴公馆，招呼康心如、唐棣之坐他的车去他的住处，再商量烟土之事。康心如拿眼扫唐棣之担心他不去。谁知唐棣之爽快地说："刘厅长有令敢不听从。"事情由此直转而下。省财政厅、省禁烟总局和重庆七家银行组成的利济财团很快达成协议，协议内容就是刘航琛说的那几条，一字未动。

吴受彤是利济财团的总经理，现在一命呜呼，全部善后工作落在利济财团副总康心如身上。康心如回忆这时的情景说：

> 吴受彤死后，利济财团的事情便全部转落在我一人身上。好在后来刘航琛把存在禁烟总局公栈里的烟土，提出1500担，以财政厅的名义向农民银行抵押借款，兑回了一部分期票，剩余部分，他叫持票人以七成期票、三成现金，向禁烟总局收回自行销售。经过一段时间，利济财团共收回烟土和现款457.6455万元，偿还了财团各股东的股本95%，财团所发期票也全部兑回注销。至于利济财团在

统收处为禁烟总局所垫付的500万元，财政厅也以2000两烟土抵偿，下欠170万元，除扣还禁烟总局50万元股本外，其余120万元，财政厅拨付了84万元的债券，另外36万元，则由财政厅债务整理委员会负责整理。不过，利济财团虽然经过一场风浪，除去一切开支损失外，仍然获得纯利125.6万元。①

重庆鸦片收购风波这才算完全平息。

其实这场风波并未完全平息，当局还有整顿合并重庆地方银行的事。不久机会来了。1937年8月31日，重庆银行钱庄业扎8月账，有三家银行扎不平，影响全市银行钱庄扎账。经过多方一个通宵的努力，到9月1日上午八时，全市银行钱庄即将开门营业，可这三家银行仍然无法扎平，令重庆金融界万分着急。四川省财政厅长刘航琛得知非常着急，十万火急去找重庆行营主任顾祝同和财政监督处长关吉玉，说："情况紧迫，经过最大努力，三家银行还是无法调集资金扎平账，致使全市银行钱庄无法扎平账，进而无法开门营业。我们的意见是，关闭两家银行，让全市银行钱庄渡过难关。"

顾祝同时年44岁，江苏涟水人，行伍出身，曾任师长、军长、总指挥，不熟悉金融问题，便问关吉玉意见。关吉玉做过财政部天津统税查验所所长、庐山军官训练团教官，熟悉金融业，说："刘厅长的意思是关闭哪几家？"刘航琛说："扎不平账的三家是重庆银行、重庆建设银行、四川商业银行。财政厅的意见，四川商业银行基础较好，这次只是地方债券抵押出了问题，而重庆银行、重庆建设银行基础较差，问题很多，关闭算了。"说罢，把这三家银行的基本情况资料递给关吉玉。关吉玉熟悉这三家银行情况，转身对顾祝同说："刘厅长的意见基本属实，请主任过目。属下提请主任留意一点，重庆银行总经理潘昌猷的哥哥是潘文华。"

顾祝同接过资料随便翻翻，心想，潘文华是23军军长，正在抗日前线作战，昨天潘昌猷还来找过自己，得照顾一下，便对关吉玉说："我知道。你的意见呢？"关吉玉自然明白顾祝同的想法，同时，在关吉玉整顿关闭重庆行营银行的计划中也没有重庆银行，便说："属下的意见，关闭建设银行一家就行了。另外……"他转身对刘航琛说："刘厅长不是对兼并四川商业银行有兴趣吗？咱们不妨也商量一下。"

---

① 中国民主建国会重庆市委员会、重庆市工商联合会文史资料工作委员会编：《重庆五家著名银行》，西南师范大学出版社1989年版，第57页。

经过一番磋商，重庆行营和四川省财政厅就整顿重庆银行事宜达成一榄子意见：关闭重庆建设银行，刘航琛接替去世的吴受彤兼任四川盐业银行董事长，刘航琛任董事长的川康银行兼并四川商业银行、重庆平民银行。至此，重庆鸦片收购风波这才完全平息。

插个背景故事。

刘航琛怎么如此受重庆行营青睐呢？这里有宋子文的原因。1934 年冬，刘湘组建四川省政府。关于四川省财政厅长一职，刘湘征询他的顾问周见三的意见。周见三推荐了三个人，并一一评介说："甘典夔整不烂整不好，唐棣之整得烂整不好，刘航琛整得烂也整得好。"刘湘反复咀嚼这几句话后，选择了唐棣之，将他的名字报给国民政府财政部。财政部长宋子文召见唐棣之，询问如何整理四川财政。唐棣之胸无成竹，无从答对。宋子文不满意，要四川另报人选。刘湘改提周见三。宋子文问周见三为何人，又说："你们四川的刘航琛不是人才吗？今后四川省财政繁重，整理不善，中央是不会有补助的。"刘湘暗自一惊，刘航琛怎么攀上宋子文？忙顺水推舟，让刘航琛做财政厅长。

宋子文怎么认识刘航琛呢？原来，刘航琛见自己被唐棣之挤掉，知道里面有机关，一不争二不闹三不找刘湘，而是另辟蹊径。他打听到宋子文整顿四川财政的意图，写了一份《整理四川财政方案》，托人呈报宋子文。宋子文看了拍案叫好，就有了宋子文说刘航琛是人才的话。刘航琛，四川泸县人，时年 40 岁，出生中药世家，信奉天主教，1923 年毕业于北京大学经济系，历任 21 军财务处长、四川省财政厅长，抗战爆发后任国民政府粮食部政务次长兼四川粮食储运局长，抗战胜利后任国民政府经济委员会委员、立法委员、经济部部长，1949 年底到台湾，1975 年病逝于台北，享年 78 岁。

秘密转运四百万

从 1931 年九一八事变到 1937 年七七事变之前这六年，日本侵占东北，侵略华北，虎视全中国，不断从军事、政治、经济、文化上侵略中国，一旦时机成熟便准备一举攻占中国，而中国奋起反抗，掀起抗日救亡运动，积极开展对日经济作战，组建国家银行，实行法币改革，整顿金融市场，发展金融产品，大力扶持和发展民族工业，抵抗日本经济侵略。

六年一晃而过。1937 年 7 月 7 日夜晚，一队日军借口其一名士兵在演习中失踪，怀疑被中国人绑架，要求进入宛平县城搜查。中国守军 29 军 219 团严词拒绝。日军以此为由向中国守军开枪开炮。中国驻军予以反击。七七事变爆发。七七事变之后，中国军队奔向抗日前方，浴血奋战，抵抗日军侵略；中国银行家撤往后方，将大量的法币、金银、外汇、簿册，甚至把银行管理的企业迁到大后方，重建银行，重振经济，建设强大的抗战大后方。中日经济战进入一个新阶段。

七七事变当晚，宋子文在南京便获知这一情报，判断卢沟桥事变绝非小事，立即给中国银行有关高层发出应急电报，要求他们立即采取应付事变的紧急行动。他最担心的是华北的中国银行，其地处抗战前线，庞大的资产和数量巨大的簿册档案资料，随时有被日军抢占的危险。经过一番沉思，宋子文提笔起草给中行天津分行副理束云章电报："立即结束休假赶赴郑州主持华北撤退。"

束云章这时在北平，正因劳累成疾告病休假，突然接到宋子文这份加急电报愕然一惊。他刚从朋友处得知一些零碎的有关七七事变的消息，正惶惶不安，不知如何是好，准备销假上班，参加应付事变工作，看看他管着的几个纱厂怎么办，而宋子文的电报却叫他"主持华北撤退"，大出其预料。他反复阅读电报，不知宋子文为何下达这样的命令，因为华北中国银行系统有北平、天津两大分行及遍布各地的分支机构，自己不过是津行副理，上面有平津两行经理，怎么也轮不到自己主持华北撤退啊。反复思量后，他给宋子文回电："弟云章抱病在床，且德才不济，何堪负此重任？望子文兄宋董事长见谅。"

宋子文接到回电，再次发电给束云章，强调中行先前收购的那些纺织厂，特别是豫丰纱厂，不能留厂资敌，而束云章是这些纺织厂的接管人，是主持华北中行撤退的最佳人选，无论如何请勉为其难。束云章碍于人事关系，万难从命，再次复电推辞。宋子文又去电相请，并理解束云章的顾虑，打电报给津行经理卞白眉说明情况，请他做束云章的工作。卞白眉便出面极力动员束云章就任。这样一来束云章便无话可说，只好复电宋子文："承蒙子文兄宋董事长、白眉兄卞总经理错爱重用，弟此去必以身家性命保中行华北资产安全撤退，为当头国难进匹夫之责。"

第二天，束云章叫秘书去买两张当天从天津飞往郑州的机票，然后秘密召见天津中行高级职员钱尔嘉、耿子实、吴录廒等人开会，要他们立即着手整理库存银元和账簿文件，指定钱尔嘉负责银元、耿子实负责账簿文件；要求钱尔嘉将库存银元，在两日内整理装车，听候命令，按命令负责押运到指定地点；要求耿子实同时完成文件账簿整理装车工作，待命押运撤离。布置完毕，束云章带着秘书立即赶赴机场，坐飞机到郑州，投入华北中行撤退和豫丰纱厂内迁工作。

经过三天忙碌，7 月 10 日，束云章在郑州密令天津行动。天津中行钱尔嘉、耿子实、吴录庼等人接到行动密令，立即按计划付诸行动。半夜时分，天津中行的几十辆运钞车队，在武装人员押送下，载着华北中行的 400 万银元和 1000 箱账簿文件，缓缓驶出金库大院，在茫茫夜色中直奔千里外的郑州。

7 月 13 日，天津中行车队顺利安全抵达郑州。与此同时，在束云章协调下，北平中行也将资产账簿转往郑州。7 月 15 日，束云章坐飞机来到上海向总行汇报，在机场出口受到中国银行总行大批官员迎接。来到总行大楼，束云章向宋子文汇报说，此次华北撤退，运抵郑州的资产、账簿，总计有现洋 400 余万元，打包装成 1000 余箱，另有案卷账册 1000 余箱，已圆满安全运抵郑州行金库。

宋子文说："东西到郑州，云章兄束副理功不可没。弟这几天老是做噩梦没睡个囫囵觉，梦到日本攻占平津抢走华北资产账簿，子文成千古罪人。"束云章说："小日本没有我们快。"宋子文说："还得抓紧，还得辛苦云章兄，休息一天即去郑州，联系车船，准备再迁。"束云章问："为什么还要迁？"宋子文说："日本这次来势汹汹要打大仗，郑州 2000 箱东西必须再迁，国家抗战的本钱决不能落入敌手。"

宋子文的预感没错。七七事变不久，战事急转直下。7 月 29 日北平失守，7 月 30 天津失守，8 月 13 日日军攻打上海，接着是上海、南京、郑州相继沦陷。与之同步的是浩浩荡荡的内迁大军，其中有银行的队伍，包括束云章和豫丰纱厂。在民族危亡的关键时刻，中国银行作为最大的国家银行，承担起中国抗战金融中心的千钧重担。中国银行经过 1935 年的改革，此刻已逐渐强大起来，有能力承担抗战金融中心重担。原中央银行稽核处长的李立侠回忆说：

以发行券钞为例（这是当时银行实力重要表现）。1928 年底，中国银行发行总额为一亿七千余万元，交通银行为六千八百余万元，而中央银行仅为一千一百余万元。到 1936 年底，中央银行的发行额已增加到三亿四千余万元，中国银行发行额为四亿六千余万元，交通银行发行额为三亿零三百余万元，中国农民银行发行额为一亿六千余万元。与1928年或1934年比较，中央银行发行额的迅速增加，反映了它当时在金融方面已逐步站稳了脚跟。[①]

另据统计，1928年底，三行货币发行总额为2.49亿元，1936年底四行法币发行总额是12.63亿元，1937年七七事变前夕，四行法币发行总额为14.1亿元。中国银行以半年增长1.47亿元的温和通货膨胀态势迎接抗日战争。

桐油生意不好做

与华北中行大撤退同步，接近战区的银行，无论国家银行还是民间银行、钱庄，一则坚壁清野，转移资产；二则加入内迁大军，撤向内地；三则配合政府，联络国际援助，决心与日本侵略者抗战到底。上海银行总经理陈光甫就是其中一员。

抗战前夕，1936年3月，国民政府组建赴美经济代表团，与美方洽谈向美国出售白银事务。陈光甫以财政部高等顾问、中国币制代表团首席代表身份参与，与财政部次长郭秉文、中孚银行副经理顾翊群去美国。经过艰难谈判，1936年5月4日，中美达成《白银协定》，获得美国贷款2000万美元。这笔贷款在七七事变爆发前到达中国，明白无误地传达了一个消息：美国支持中国抗战。这给中国军民以极大鼓舞。

七七事变爆发，陈光甫立即带领上海银行做紧急处置。他提出收缩业务的“六不可”方针，即：不可冒险投机、不可陷手官场人物、不涉足经营地产、不可放款同类厂矿、不可做呆滞押款、不可妄事贪图厚利，并要求所属分支行严格实施，尽量规避战争对银行业的巨大伤害，尽快适应战事情况，支援抗战。

1937年10月1日，陈光甫在上海银行总行全体员工会上说：“各位同人，日本强盗终于撕下伪善的面孔，举起屠刀，侵占我大好河山，屠杀我们中国同袍。先是七七事变，占北平天津，再是八一三进攻上海，引发淞沪抗战，现在还磨刀霍霍杀向全国。同胞们！同人们！是可忍，孰不可忍？我们中华民族已到生死存亡严重时刻，再不誓死抗战哪还有中国？我们必须积极投身抗日救亡运动，坚决与日寇斗争到底，把侵略者赶出中国，胜利一定属于我们！”说罢，陈光甫领着大家背诵宋代爱国英雄文天祥《过零丁洋》，表达为抗战献身

---

① 李立侠：《中央银行兴衰简史》，文史资料出版社1982年版，第123页。

的决心。

当事人江绍贞撰文指出：

> 为了适应战争环境，陈光甫对银行机构作了调整，先将总行管理机构迁入法租界，后又迁往香港；先后撤销濒临战区的30来个分支行，并及时在西南内地大量组设新的机构，以及在重庆设立总管理处驻渝办事处，还在川滇黔桂及甘陕等地设置中国旅行分社20余处，自设及承办招待所30余处。①

鉴于抗战爆发严重影响上海银行业务，陈光甫结合战时物资匮乏，民众生活困难的实际情况，创办大业贸易公司，由上海银行独资经营，任命上海银行第二副总经理李桐村任经理，从各方面予以支持。

大业贸易公司是在大业盐号的基础上扩大的，主要做盐业生意，还经营纱布、桐油。这是当时银行的普遍做法，原因如下：一、银行所投资工商业连续亏损，收不回投资，只好控股企业；二、符合政府鼓励民营银行从事多种经营，发展经济，弥补不足的政策；三、民营银行有资金充足、信息灵通的优势。第二副总李桐村兼任大业总经理后，凭借各种关系，积极从事经贸生意，利润颇丰，缓解了抗战初期上海银行的经济困难。当事人、上海银行济南管辖行经理蔡墨屏，当事人、上海银行旅游部职员潘泰封回忆说：

> 大业贸易公司成立于抗战之初，是上海银行独资经营的企业，规模颇大，由陈光甫的学生、当时的上海银行第二副总经理李桐村挂帅，而中国旅行社的社长在上海银行的地位，除首任社长朱成章外，以后各任都仅仅相当于总行襄理，可见银行对大业的重视。事实上，各地大业公司也确实为上海银行挣了不少钱。这在当时大后方的金融工商界中是众所周知的。②

李桐村经营大业公司，与其他实业家一样，同样困难重重，特别是在社会应酬方面，稍有不慎，赚不着钱不说，身家性命都难保。为此，李桐村曾拜上海滩闻人张啸林为师。李桐村，江苏江宁人，毕业于上海金业学校，后入江苏银行谋事，与时任江苏银行总经理陈光甫相识，1915年进陈光甫创立的上海银行，1921年被派往美国进修考察，1930年任上海银行第二区经理，1934年任上海银行副总经理，随即入董事会，1937年任大业贸易公司总经理。

李桐村兼任大业贸易公司总经理后，长袖善舞，左右逢源，把大业生意做到全国各地，先后在重庆、汉口、长沙、广州、香港开设分公司。后来，上海

---

① 熊尚厚主编：《民国工商巨擘》，团结出版社2011年版，第185页。

② 文昊编：《金融大亨》，中国文史出版社2013年版，第230页。

银行总行迁重庆，李桐村在重庆组建上川实业公司，兴办棉纺、机械、牧场、盐业、造纸等业，生意兴隆，利润可观，弥补了上海银行因主营业务大幅萎缩出现的困难。这是后话。

当时，做生意的银行很多，比如重庆川康银行。前面介绍了，川康银行的董事长是四川省财政厅长刘航琛，是在经历鸦片贩运风波之后，吞并重庆平民银行、四川商业银行，于1937年10月重新组建的，资金雄厚，是重庆第一大银行。川康银行素来重视做生意，在新形势下越发注重做生意。在进口生意方面，川康银行主要是代理上海申新厂和大有厂包销棉纱，抗战前每年销售二三万包，每包收取手续费5角，还代理报关、保险、押汇等，每年有1万元收入。出口生意，川康银行主要代理中国植物油公司购运桐油，每年有1万担的生意，也是赚点手续费，后来改为既做代理又自己经营，利润大风险也大。

八一三淞沪抗战爆发，日军占领上海，对华实行经济封锁，致使川康银行的进出口生意越发不好做。可为了保住银行，川康银行必须坚守，还得冒险继续。八一三前夕，根据合同，川康银行将1万担桐油装成3000桶，每桶3担多，共计500吨，委托重庆民生轮船公司装船运往上海出口。轮船抵达上海，恰逢爆发八一三淞沪抗战。日军攻打上海，一时间战火纷飞，天昏地暗。

川康银行的押运员下船找到中国植物油公司的业务员，告知情况，请他们立即前往验货办理出口手续，以便马上运出国。中国植物油公司的人蹲在楼里躲避战争，哪里还敢出门，何况验货还得过河，便都不愿意冒这个险。他们的头头说："等等吧，等几天日本人退出上海再验货不迟。"川康的人说："这怎么行？民生公司的船在上海停泊非常危险，马上要返航，必须立即把油卸下来，而这么多油堆放在码头上非常不安全，万一被日军炮弹击中怎么办？算谁的？你们还是赶快去验货送走了事吧。"

再三劝说，仍然无效，川康的人气得跺脚，只好回去自己想办法。他们东找西找，听说有一艘外国轮船马上要去香港，心生一计，干脆把桐油运到香港再说，香港既安全，出口也方便，便马上联系重庆。在重庆的刘航琛一听头都大了，香港一样有风险啊，价格如何，怎么办理出口，卖给谁，堆放要多少钱，中国植物油公司什么意见，等等，都是未知数，可反复考虑，放在上海的确太不安全，要是冒险去香港，香港是英国人的领地，或许还有一线生机，便只好复电同意。于是，川康运输的500吨桐油便改道去了香港。到了香港，果然问题多多，何况内地开战波及香港，兵荒马乱之际根本没人收购桐油，而且堆放也是问题。经过与重庆刘航琛多次电报联系，最后决定，既然这批桐油的买主是美国公司，何不直接运往美国？随后便与美国公司联系，得到他们承诺付给本金、运输费、保险费等的保证，便花钱再将桐油从香港运往美国，冒更大的风险。

500吨桐油漂洋过海来到美国，原来购货的公司认为价格太高，主要是上海、香港折腾的费用，不愿接受，企图压价。刘航琛指示在美的川康人员不卖，找库房堆放再慢慢待价而沽。转眼来到1938年夏天，国际桐油价格猛涨。刘航琛发电报给驻美人员："立即将500吨桐油按美国当地时价卖出。"驻美人员得令，便以每磅52美分的价格卖出，计算成本，去除所有费用尽赚25万美元。

再说川康银行，在重庆还有3000担桐油。中国植物油公司自顾不暇，加之没有出收购钱，便听之任之，不再过问。川康银行出了收购钱，不能不管，可抗战已经全面开火，桐油价格一跌再跌，40元一桶收购来的桐油跌倒17～18元，还有价无市，无人问津，急得川康董事长刘航琛肝火上蹿。这时重庆和成银行、重庆华通公司也有类似情况，便联合川康银行组建桐油贸易社，专门负责处理大量积压在重庆的桐油。他们打听得知只有香港有桐油买主，便将桐油装桶运往武汉，再走粤汉铁路去香港。可到了香港才发现，香港的桐油价格已跌下来跟重庆相差无几，还要加运费，哪里卖得出去？刘航琛便如法炮制，指示待价而沽。拖了一年，香港的价格才慢慢回暖，可也只有20来元一担，与收购价40元一担相去甚远。刘航琛急需资金，只好忍痛割爱，卖掉3000担桐油，连本带利亏损10万元。抗战时期银行做生意求自保之艰难可见一斑。

千万银元存洋行

交通银行天津分行经理是浙江兰溪人徐柏园，1926年毕业于国立东南大学商学院，做过杭州《民国日报》主笔、国民党浙江省党部书记长、两广地质调查所暨交通部秘书，1930年赴美国芝加哥北伊利诺大学研究财经金融理论，1933年回国，历任上海电气公司副总经理、邮政储金汇业总局副局长。

天津沦陷前夕，交通银行迅速转移资金，不让资金落入敌手，方法是要么转到后方，要么存入外资银行。徐柏园奉令将大量银元存入外国银行金库，计有：1900万元存入原华俄道胜银行地下金库，500万元存入在北京东交民巷的法国东方汇理银行金库。

日军占领天津，通过秘密侦查，发现天津交行大量现钞并没转走，很可能还在天津租界，但碍于国际条例不敢擅闯租界，就四处搜捕天津交行经理徐柏园，将其抓到，令他交出5000万元银元。徐柏园暗自着急，打死也不愿意把银元交给日本人。他怀疑日本人知道交行银元存在华俄道胜银行金库，便故弄玄虚，东拉西扯，装出一副愿意配合的模样，说愿意去找交通银行总管理处要银元来给日本人。日本人放长线钓大鱼，答应放徐柏园出去弄银元，悄悄派人秘密跟踪。徐柏园得知自己身后有“尾巴”惶恐不安，不知如何是好。经过反复思考，徐柏园决定冒险化装逃离天津。他在朋友帮助下，化装登上去香港的轮船，巧妙躲过日本人监视，成功离开天津，让日本人的阴谋失败，保住了国家巨额资产。

这笔巨资的结果极富戏剧性。1941年，太平洋战争爆发，日军开进天津租界，将存于英租界原华俄道胜银行金库的天津交行的1900万元银元占为己有。1945年日本投降，国民政府派员接受日伪资产，搜查天津英租界原华俄道胜银行金库，意外发现天津交行的1900万元银元竟原封不动搁在那里，经请示，物归原主，全部运往上海交给交通银行总行。这时徐柏园在重庆任四行管理处秘书长，听到1900万元失而复得，喜极而哭。

这时，河北银行总行也在天津法租界，总经理叫杨天受。抗战爆发，与交通银行一样，河北银行同样面临保护货币问题。前面介绍了，1935年国民政府发行法币，除日本占领的东北外都要求执行，但河北不执行，继续发行和使用河北银行发行的省钞。现在需要保护的就是河北省钞。总经理杨天受采取了三个措施。为了避免发生银行挤兑，杨天受的第一个措施是向天津金融界公布银行账。他请来天津市商会、银行公会、钱业公会、天津中行、交行负责人，在银行公会会议室，向大家公布河北银行的账目、资产、负债，重点公布发行准备金数额和官方存欠款数额，总的情况是存欠相抵有余，官方欠款不多，最大一笔是北平分行贷出的8万元尚未收回。与会的天津中行总经理卞白眉、天津交行总经理徐柏园听了很满意说，贵行都是良好资产，如果有困难，我们一定全力接济。市商会、银行公会、钱业公会的负责人也有同样表示。这个消息通过新闻媒体介绍，天津市民相信河北银行，没发生挤兑。

总经理杨天受的第二项措施是不清理欠款。日本占领天津后，强行接收了大小机关，为维持开支，大肆收集钱财，其中就有提取各机关在河北银行存款一条。他们派人来银行对账，查询存贷情况。杨天受发现这个情况后，害怕日本人强行提走这些存款，心生一计，叫各分支机构对日本人说，所有的机关存款已按其系统轧平存贷，没有余额，反而还欠银行一些，同时还叫管贷款的部门不再清理机关欠款，不催收贷款。这样一来，日本得知这些机关在河北银行账上没有钱，也就被迫放弃这个阴谋。河北银行用这个方法同日本人打经济战，既保护了银行自身资金安全，又削弱了日本占领军的经济实力，一箭双雕，效果不错。

总经理杨天受的第三项措施是销毁钞票。河北省银行在 1935 年后继续发行地方钞票，主要的钞票面额是一元、二元、五元、十元四种，总计有 8000 万元，主要的发行准备金是国民政府中国银行、交通银行发行的法币，允许省钞与法币自由兑换，同时还准备了部分黄金和外币，能运用的保证准备项下的资金有 3000 万元。河北省银行的这个做法起到了维护法币的作用，也满足了广大储户的需要，并大大提高了河北省币的信誉。但抗战爆发后，日军占领天津，便利用这种可以自由兑换的机会，大肆收购省币去兑换法币，再用法币向中国银行兑换外币，在国际上购买军事物资。

有鉴于此，总经理杨天受害怕日本人大量收购省钞，导致不能兑换而发生挤兑，经过一番研究，决定痛下杀手，自行销毁省钞。他密电命令河北银行全部的 20 多处分支机构，将库存省钞全部做角切处理，然后寄总行核查全部销毁。这项措施的实施大幅减少了省钞的流通和兑付，减轻了河北银行准备金的压力，削弱了日本人掠夺中国资金的力度，收到很好的效果。

河北银行的这三项措施打乱了日本天津占领军的经济部署。日本人对河北银行和总经理杨天受怀恨在心，但因为河北银行大楼在法租界，有法国保护，不能前往接收，便利用其傀儡组织天津地方维持会，以维持地方金融秩序为由，派来三个人组建河北银行监理委员会，企图逐步控制河北银行。总经理杨天受识破敌人的阴谋，不畏强暴，坚决拒绝。他对来人说："我身体有病，准备出国治疗，不能再担任河北银行总经理职务。你们找人来接替吧。至于所谓监理委员会就没有必要了吧。"

天津维持会委员长是高凌霨，天津人，时年69岁，做过北洋政府国务总理。他一看杨天受撂挑子就着急，派儿子高崇禄来法租界劝留杨天受，又说监理委员是日本人的命令不执行不行，现在是日本人的天下，还是顺应潮流跟日本人合作为妙。杨天受婉言谢绝。日本占领军恼羞成怒，强行免去杨天受总经理职务，委派汉奸王荷舫做总经理，接管河北银行。杨天受与副总经理沈日新等人便愤而退出河北银行。

同样在天津法租界，中国通商银行也遇到麻烦。中国通商银行是中国第一家银行，成立于1897年（清朝光绪二十三年），创办人是大名鼎鼎的盛宣怀，总行在上海，在全国重要城市设分行。天津是华北工商重地，自然属于中国通商银行关注的重点，早在1898年便设立天津分行，地址在天津东浮桥北沿河大摆渡口，现在狮子林桥西侧附近，建制与上海分行一样，建有洋账房和华账房，聘任英国人厚士敦为洋大班，梁景和为华大班，另设分董事，叫冯商盘，负责监督津行。

两年后，1900年八国联军攻占天津，天津通行难逃此劫，损失惨重至分行关门。老天津通行员工刘嘉琛回忆说：

> 清光绪二十六年（1900年）庚子事变，八国联军侵占天津，烧杀抢掠，无恶不作，天津人民遭受入侵士兵的严重洗劫，生命财产损失极为惨重，致使通商银行对工商业的贷款不能按期收回，造成呆滞放款库平银62.93万两。该行由于蒙受大量呆滞放款损失，从而影响资金周转，业务活动陷入困境。1905年上海总行总经理陈笙郊因病逝世后，该行整顿业务，紧缩机构，天津分行随之被撤销。①

抗战爆发前夕，中国通商银行旧梦重拾，再次准备设立天津分行，办公大楼都选好了，在法租界毕格海路，人员、资金也落实到位，只等择日开业。谁知就在开业前夕爆发七七事变，天津各银行为应付战事，纷纷将大部分资金调往上海。通商总行董事长兼总经理杜月笙当时并不清楚日本究竟要干吗，更不知道这抗战要打多久，但经过紧急研究，最后决定暂停设立天津分行，并将已调天津资金紧急调往上海，一次购进政府统一公债290余万元，以示银行界同仇敌忾，支援政府抗战到底。后来事实证明，杜月笙暂停设立天津分行的决定是正确的。

① 刘嘉琛：《中国通商银行简史》，天津人民出版社1989年版，第70页。

挤兑提现两千万

1937年7月13日，金城银行总经理周作民视察北平金城，发现挤兑严重，库存资金不足，现场决定，上海金城借给北平金城一笔巨款，并亲自致电上海总行：

> 平现有头寸足可应付，惟事将扩大，为防备万一计，拟就平存沪之债（中国公债）约550万元，设法暂借250万元，内100万元调平，余存沪，希即商理。如沪头寸不敷，即希动用外汇。①

周作民的意思，北平金城的挤兑情况将扩大，必须作好充分准备，计划把北平金城存在上海的550万元公债作抵押，向上海借250万元现金，其中100万元马上调北平，另外150万元暂存上海，你们接到电报马上处理，如果上海现金不够就卖外汇。

上海金城接到周作民电报不敢耽误，当天即开会商量，发现自己的现金极度紧张，根本无法支援北平分行100万元，如果北平只需要几十万元，还可以马上调拨。于是上海金城就商量将北平存在上海的美金卖出，换为现钞，调拨北平，第二天即回电北平周作民：

> 沪行头寸为防事态扩大，亦仅足应付，押借一层，际兹极度紧张，一时殊无把握，倘平有急需，数在百万元以上，则拟先将尊存美股代押美金三四十万元，售现听调，如仅需三五十万元，沪行当代随时筹备。②

北平金城经理杨济成一看就明白，上海金城不愿押借中国公债，只愿意代北平金城卖出所存美债，且数量有限。杨济成想，上海金城即或一次能解决100万元，倘若北平挤兑事态进一步扩大，100万元不敷使用，又怎么办？便十分为难。又考虑到周作民已离开北平，这事还得自己想办法。于是，杨济成先不置可否，暗中积极在北平找北平交行想办法，谁想一谈即成，交行愿意支援，心里有了底，这才复电上海分行说：

> 平头寸已与交通洽妥，先调百万，乞先商沪行照拨。内债及美债应如何统筹抵用，乞商巨兄（方巨川）酌量代筹电示，内债如能抵押最妥。③

这最后一句“内债如能抵押最妥”，是北平、上海二分行分歧所在。道理很简单，大家都希望手里最后留的是美金而不是国债，因为抗战开打，美金保

---

①②③ 中国人民银行上海市分行金融研究室编：《金城银行史料》，上海人民出版社1983年版，第558页。

险，国债未必。上海分行经理袁左良接到这封电报不以为然，当天即回电北平金城：

> 交通百万已由沪行照拨，再与巨兄商妥，于必要时，代将平存美股作押美金，售现进远以抵。美金远近差息，尚较法币合算，内债看好，拟可缓售，且沪头寸尚不必需。①

这三通电报是七七事变后七八天的事，为的是紧急调拨资金，应付北平金城挤兑，惊动总经理周作民，才得以暂时缓解，可见抗战爆发对银行的巨大影响，也折射出银行参加抗战经济作战的艰难。

7 月底，北平天津相继失陷。7 月 31 日，周作民致电金城北平、天津、汉口、郑州、重庆、广州分行经理，说华北战争范围将扩大，时间将延长，你们一定要做好充分准备，以防严重挤兑等情况发生，所以，各行动用大笔资金前，应当打电报洽谈好，大数额的贷款也暂时不做了。8 月 4 日，周作民再次致电各行，对资金支付办法作出具体规定：各行向总行所报头寸数目，必须由该行副经理亲力亲为，从实填写，以期准确，避免贻误。5 天后，周作民又作出一个决定，各行存上海总行的国内外公债，由总行统一管理支配，不许各行擅自动用。

即或如此，北平金城仍爆发严重挤兑，短时间内被取走现金 1000 万元，差一点引发银行倒闭。这里的原因还不仅仅是挤兑，也不完全是资金不足，而是服从中国对日经济作战的需要。北平金城不差钱，准备得也十分充分。七七事变前夕，北平金城在上海金城存有三笔巨款，一是国债 300 万元，二是美金 7 万元，三是交给中国银行的 100 万元准备金暂存沪行。

但是，北平金城有钱却用不上，因为国民政府为避免日军掠夺银行资金，命令上海各银行不准向北方汇款。北平金城经理杨济成急得跺脚，最后经过努力，终于在最紧急关头，向北平中行、北平交行各借得 50 万元，否则后果不堪。

与此同时，各地金城银行都遭到战争损失。天津金城发生严重挤兑，资金短缺，把北平金城向中国银行借的 100 万元，硬扯 70 万元来用。郑州地方长官为稳定人心，命令郑州所有银行不得拒收河北省银行钞票。各银行，包括郑州金城，被迫收下大批河北省钞票，要求向中、中、交、农四行兑付法币，遭

① 中国人民银行上海市分行金融研究室编：《金城银行史料》，上海人民出版社 1983 年版，第 558 页。

到拒绝，致使资金紧张，非常困难，单是郑州金城缺头寸高达数百万元。1937年7月15日，郑州七家商业银行联名致电中、中、交、农四行上海总行，反映郑州金融市场困难重重情况，请求四行总行解决。8月31日，郑州分行副理陈景虞致电金城上海总处，郑州金城必须马上支给陇海路局15万元、中福公司20万元、军政机关10万元，请求总处立即汇40万元以解倒悬之苦。上海金城实力最强但压力最大，七七事变后一个月内，被挤兑提现1500万元，急得上海金城经理吴蕴斋天天拿着几百万公债请求贴现。当事人、国民政府财政部钱币司司长戴立庵回忆这件事说：

> 抗战开始时，金城上海、北平两方面都缺现头寸。其时上海方面，中、中、交三行临时联合办理贴放，办事处设在亨利路（现名新乐路）杜月笙的房子内。本人差不多常在沪，记得吴蕴斋（上海金城经理）拿了四五百万元的公债，天天前去接洽，要求贴放，情形非常着急。①

金城银行总管理处同样备受煎熬。1937年8月14日，金城银行总处秘书虞伯言，会计员余启阶、吴言钦在大世界游乐场附近被日军飞机炸弹炸死。1937年11月10日，金城上海总管理处袁左良写信给天津分行经理王毅灵说：

> 此次事变与前不同，行中已用去二千余万元，故存货（公债）皆已用尽，后去再有所需，只有设法售卖外货（外汇）之一法。至行市涨落，所不能计。故近三个月来，作公（周作明）及诸君皆痛苦万状，其经过情形，有非想象所能得也。②

三　挤兑风潮

七七事变爆发后，日本除了扩大对华军事侵略，还特别强化对华经济作战，企图扼杀中国抗战经济命脉，筹集侵华战争费用，以战养战，战胜中国。除上述经济战外，日本把最重大的经济战役放在上海，在军事攻占上海前后，发动最为残酷的经济战，企图在军事的配合下拿下中国的经济中心上海。上海银行公会挺身而出，保护金融机构，维护同业利益，安定外汇市场，筹措国防

① 中国人民银行上海市分行金融研究室编：《金城银行史料》，上海人民出版社1983年版，第560页。
② 同上，第561页。

经费，参与战时金融体制建设，稳定金融市场和社会秩序，奋勇抗击日本经济侵略。

银行停业歇四天

抗战全面爆发，上海银行业遭遇最严重的挤兑提存风潮。“据统计：从7月10日至8月12日，储户提存为数甚巨，以上海商业储蓄银行和浙江兴业银行为例，前者提存约2500万元，占该行存款总额的16%以上；后者提存约1700万元，占该行存款总额的17%以上。①”此外，国家外汇大量外流，“八一三淞沪事变后，资金外逃更为严重，仅中央银行在40天以内，就卖出外汇达750万英镑，约合法币1.2亿元”。②

八一三事变前夕，预计上海各银行钱庄将发生严重挤兑。为应付这一紧急情况，上海银行公会、上海钱业公会应会员行庄要求，事前即报呈财政部并获批，从八一三开始，全市行庄停业两天，从而避免了可能发生的严重挤兑风潮。即或如此，各银行钱庄仍不敢掉以轻心，担心两天后复业会有更猛烈的挤兑，于是纷纷赶赴香港路59号上海银行公会打探情况，商讨对策。

上海银行公会位于上海市黄浦区香港路59号，成立于1918年，主要发起人是中国银行上海分行副经理张嘉璈、浙江地方实业银行副经理李馥荪、浙江兴业银行常务董事蒋抑卮、浙江兴业银行董事长叶揆初、上海银行经理陈光甫、交通银行经理钱新之等，现有会员银行百家，是上海最大的金融团体。

银行公会主席是上海银行总经理陈光甫，但因故请假不在上海，由常委吴蕴斋、潘久芬轮流主持，采取全体银行业会议、执委与常委联席会议等形式商讨会务。银行公会接到会员银行意见，经过反复商量，觉得应付挤兑是对日经济战的前哨战，涉及所有银行，必须组织全行业共同参与，用行业规矩约束全体会员，便在1937年8月13日制定并实施《上海金融业紧缩通货及开展业务办法》，打响抗击日本经济侵略第一枪。

这个办法的主要内容有四条：

1. 各行庄所有客户往来透支，除同业外，于13日起一律暂时停止加欠。实行

---

① 张天政：《八一三时期的上海银行公会》，载于《抗日战争研究》2004年第2期。

② 李平生：《烽火映方舟——抗战时期大后方经济》，广西师范大学出版社1995年版，第123页。

后如有继续存入者，准予照数支用。2. 各行庄所有未到期之各种定期存款，自 13 日起不得通融提取，如须做栈押者至多以 1000 元为限，在 2000 元以内的定期存款，至多以对折作押。3. 各行庄所有各种活期存款，一律以同业汇划付给，如须取法币，其存款在 1000 元以下者，按日至多可取 200 元；其在 1000 元至 2500 元者，按月至多允提二成；其在 2500 元至 5000 元者，每户按月取数不超过 500 元；其在 5000 元以上者，按月可取一成。如有续存或新开户者，以分别存入之原币随时照数给付，如工厂发给工资须用法币。4. 各行庄之同业汇划轧账头寸，照交换所向奉办理。[①]

国民政府财政部同意上海银行公会提出的这个办法，要求切实贯彻执行，并派钱兆和等 19 人前往上海检查各行账目、调查资负状况、逐日收付情形及库存等，要求上海金融界同仇敌忾，捍卫上海金融阵地，坚决抵挡住日本侵略战争造成的挤兑风潮。8 月 15 日，财政部次长徐堪与中国银行董事长宋子文在上海紧急召集银钱界代表会议，筹商安定金融办法，决定在上海银行公会所陈四条暂行办法基础上，制订《非常时期安定金融办法》7 条，并于当日以财政部名义公布，16 日开始施行，用以规范全国战时金融秩序。这个办法是中国对日经济战的动员令，也是上海银行公会为抗战经济战作出的重要贡献，一经实施，立即稳住了上海经济战线，给反击日本的军事行动、政治斗争提供了经济基础。

8 月 14 日，各银行钱庄第二天即将复业之际，上海银钱业两会再次召开紧急会议，决议全市银行钱庄继续休业，以挡住可能发生的气势汹汹的严重挤兑，并要求大家及时对外张贴暂时歇业公告，安抚民众，同时呈报财政部核准备案。财政部接到上海银行公会呈报，认为继续歇业确有必要，但事关重大，关乎军心民心和国际影响，必须稳妥行事，立即复电上海银行公会主席陈光甫及钱业公会主席绍燕山，其中特别强调说：

为顾全存户生活必需款项支付起见，应即转知各行庄迅择安全地点，设立临时办事处，早日营业，是为至要。[②]

上海是全国金融中心，影响全国。各地银行起而效仿，纷纷继续歇业，并电讯上海银行公会，下一步如何是好。8 月 16 日，汉口银行公会询问，星期一沪各行是否开业，如果开业，应付办法是否商定，请迅即电复。青岛银行公会急电上海公会，如 17 日开业，可能有挤兑提存风潮，要求急电应付办法。

①② 张天政：《八一三时期的上海银行公会》，载于《抗日战争研究》2004 年第 2 期。

上海银行公会此时已做出17日开业决定，便转告有关地方银行公会统一行动。8月17日，上海银行业复业，经过连续四天停业和反复的抗战宣传，提存势头大减，没有出现预料的那么激烈的挤兑，加之现金准备充分，致使全市银行钱庄平稳渡过难关，取得对日经济战首战胜利。这个胜利来之不易，对中国应付日本侵略战争有十分重大意义，并充分体现了上海银行家的聪明才智。上海市金融学会顾问、研究员洪葭管说：

> 1937年八一三全面抗日战争爆发，经过缜密设计，能够及时提出“限制提存以稳定暂时金融”的办法，充分体现了上海银行家群体的智慧、实践经验和稳定金融局面的能力。①

发行公债的故事

为应付突然爆发的日本侵略战争，1937年8月下旬，国民政府制订《救国公债条例》，决定发行5亿元救国公债，以筹集急需的抗战军事物资。8月23日，全国救国公债劝募委员会总会在上海成立，会长宋子文，副会长陈立夫，常务委员有宋庆龄、孙科等27人，公债承办机关为中央、中国、交通、农民、上海、中南等20多家银行及福源、同余等钱庄。全国民众、机关团体积极响应，有钱出钱，团结抗战，掀起七七事变后第一轮抗日民众运动。

8月30日，上海银行公会主席陈光甫召开专门会议，邀请会计专家潘序伦到会，宣读解释有关公债发行问题。到会代表积极拥护政府号召，愿意购买公债支援抗战经济建设。有人提问，一般百姓购买公债除了现金，还可能用金银及其制品，怎么验收？大家讨论一番提出建议，各银行钱庄不便一一验收，最好请可靠银楼统一估价，出具收据，再交行庄接收。陈光甫一时也不能决定，提交劝募总会考虑。

上海市商会负责在上海募集公债，组建劝募总队及各同业公会分队。银行业分队的队长是陈光甫，下设干事长、总务组、劝募组、计核组。劝募工作受到广大市民的热烈支持，但也遇到一些问题，比如各银行前不久已认购救国捐，可不可以充当这次救国公债？救国公债能否与其他公债作为市场筹码，如储蓄保证之类，以利周转？购买救国公债可否用汇划票据？银行业可否由各总行认购，各地分支行不再购买？

---

① 上海市档案馆编：《上海档案史料研究》，上海三联书店，2009年版，第7页。

这些问题反映到劝募队长陈光甫手里，请示劝募总会，接到答复如下：1. 已认救国捐将来可调换救国公债；2. 救国公债原则上可以作为流通筹码；3. 银行业限在各总行所在地认购，各地分支行可不再购买；4. 同人所认之款，应就地分割认缴。陈光甫接到劝募总会这些意见，召集大家商量后觉得，1、2、4 条都好办，唯独第 3 条无法贯彻，因为各地劝募会有意见，不同意总行认购后各地分支机构不再认购，原因是影响各地公债发行。

陕西、湖南、广州、重庆、汉口、青岛的劝募分会的意见最强烈，不管总会如何解释，为了完成各自销售公债的任务，纷纷向上海各银行在该地分支行摊派公债，而且以抗战第一为由，态度强硬，非买不可。比如湖南劝募分会要求中国、交通、农民、上海、大陆、金城、农商、聚兴诚银行在湖南各分支行，每家认购救国公债 5 万元，遭到婉拒后，便以影响劝募工作，影响抗战为由，理直气壮，上门催促，不认购不行。这些在湘分支行觉得人家言之有理，应当支持，便请总行不要在上海代购公债，由他们在当地认购，以免被扣上影响抗战的帽子。

又比如湖北劝募分会，要求上海各银行在鄂分支行在其总行认购数外，抗战救国，多作贡献，再购一份，也就是说，总行代购该表扬，分支机构认购理应当。湖北劝募分会的理由是，政府发行救国公债意义重大，既然陕西、湖南等省都能在总行认购外，各地分支机构再在当地认购，就应当学习效仿，所以要求在鄂各银行的分支机构，必须在本省承募债款 1200 万元。

上海银行公会主席陈光甫接到这些报告很头痛，既不能说湘鄂陕劝募分会不是，人家的理由冠冕堂皇，也不好压会员行多认购，坏了规矩，只好一面将情况通告各会员行知晓，征求意见，如果愿意两头都认购最好；一面向劝募总会求援，重申“曾议决归各总行所在地认购，其分支行不再另认”之事。全国劝募总会接到汇报请示宋子文。宋子文说：“这怎么行？说了总行认购各地分支机构不再认购，不是强人所难吗？请上海银行公会立即去电制止。”

陈光甫接到宋子文指示哭笑不得，因为上海银行无权制止各地劝募分会，想来想去，为维护会员行利益，只好硬着头皮致函湖北劝募分会，希望他们按照劝募总会电令办理。经总会与各地分会多次协商，最后的结果是全国各地分会必须服从总会规定，不得强求上海银行在当地的分支机构再认购。

上海银行公会组织银行员工认购救国公债，会员行、银行公会及附属组织职员认购救国公债数48万元，钱业公会组织会员共认购191.2万元，上海总计发放2097万元，将近占全国的1/10。

四川的救国公债发行也很有实效。四川劝募分会由省主席刘湘任主任，财政厅长刘航琛任副主任，任务是在1937年底募足1700万元救国公债交国民政府财政部。为此，四川分会制定了《救国公债办事大纲》，规定各县市设支会，以市长、县长为主任，征收局长、财政局长为副主任。大纲将全省150个县按富裕程度分为14等，每等摊购额度从4000元到16万元不等。大纲制定了针对不同情况劝募公债的具体办法：对于个人，按其财产比例计算，比如房地产以5000元为限摊购；对于银钱业及其他商业，照实收资本的5%摊购公债；对于其他的公司、工厂、商店、娱乐场、饭店、旅馆、澡堂等，资本在1万元以上的，按千分之三摊购，3万元以上按千分之六摊购，5万元以上者按千分之十摊购；对于公务员或其他薪给人员，每月薪额实得100元以上者，以一月所得购买公债。

四川对劝募工作实行奖惩并用原则，奖励为升等、晋级、记大功、记功和嘉奖，惩处为撤职、降级、记大过、记过和申斥。受到奖励的有璧山、綦江、北川的县长，各记大功一次，彭县、新都、永川、遂宁、筠连县长记功一次，绵阳、绵竹等33个县的县长及征收局局长嘉奖；被处罚的有前川军师长包晓南，抗粮不纳，被第八区财政警察处长甘绩勋查出，对其罚购2000元救国公债。

四川军政首脑带头认购救国公债。省主席刘湘捐出成都多子巷寓所；24军军长刘文辉认购5万元；45军军长陈鼎动认购3万元，师参谋长李鸿寿认购5000元。四川设立妇女救国公债劝募会，由刘湘主席夫人刘周书为主席，下设各地劝募队，计划募足100万元。刘主席夫人当即购债1万元、捐银800元。

四川在劝募中也有强行勒派、中饱私囊的事。简阳县农民吴尧臣、吴太华到省政府告状，说金马乡联保主任王琢成违章勒派摊募。经调查，吴尧臣年收入不足100石粮食，按四川省劝募救国公债规定，属于自由承购之列，但是乡联保主任王琢成持枪紧逼，强迫吴尧臣交1200元认购。仁寿县农民廖陈常也有控告，说第五区长及清水乡联保主任张级三等征募公债舞弊，中饱私囊。巴县县长罗国钧为完成任务，强迫钟衡宣认购案件也是这种情况。

重庆是四川省劝募的重点。截至 1937 年 11 月 19 日，重庆市银钱两业按资本 10%，共认购 200 万元，其中银行业 175 万元、钱业 25 万元。重庆的劝募方法比较灵活，为鼓励民众积极认购，不仅有强硬的具体规定，还有优惠，比如：月薪不足 30 元者自愿认购，满 30 元不足 50 元者月缴 1 元，缴足 3 月即填给 5 元债票一张；月薪 50 元以上至 60 元者，认购 10 元；月薪 60 元以上者，月薪每增加 10 元，认购随之增加 10 元。

这次全国发行救国公债计划是 5 亿元，因为事变突然，时间仓促，实际发行 2.225 亿元，不及一半，不算成功，但国民政府积极组织，广大机关团体和民众热烈响应，踊跃认购，表现出来的爱国救国、抗战到底的精神难能可贵，值得充分肯定。

公债交割出问题

就在发行救国公债，筹集抗战资金，中日展开激烈经济战之际，正在建设全国抗战大后方的重庆却受战事影响而突发经济恐慌，致使重庆证券交易所的交割出了大问题，再次拉响经济作战紧急警报。

抗战前几年，重庆已是中国重要的金融城市，除中央、中国、中国农民银行重庆分行外，重庆市共有银行 13 家，其中本地银行有聚兴诚、美丰、四川省、川盐、川康、重庆、建设、四川商业、重庆平民；外省银行在渝分行有金城、大陆、上海、江海，此外还有资本在 5 万元以上的钱庄 23 家。据 1935 年统计，全国有银行总行 159 家，其中上海 60 家、重庆 9 家、天津 8 家、杭州 7 家、广州 5 家、汉口 4 家、青岛 3 家、北平 1 家、南京 1 家。[①] 所以，重庆早在 1932 年就建立了证券交易所。重庆证券交易所主要经营国民政府与四川地方政府发行的各类中央及地方政府公债、库券为主体，还经营当地银行、企业发行的股票与申汇。

问题就出在经营公债上。

所说公债，指国民政府发行的统一公债和四川省政府发行的善后公债、金融库券和建设公债。国民政府 1936 年发行的统一公债，是对以前发行的 30 余种公债的统一清理。四川在 1935 年发行善后公债，1936 年发行金融库券、善

---

① 刘志英、张朝晖等：《抗战大后方金融研究》，重庆出版社 2014 年版，第 488 页。

后公债、建设公债，金额共达1.45亿元，以不同利息和折扣向银行钱庄推销。

经营公债怎么会出问题呢？原因之一是有利可图。国民政府1936年发行法币有个规定，各银行领用法币必须以六成统一公债和四成现金作保证，所以各家银行都需要购买大量统一公债。四川公债发行量太大，靠政府硬性推销，贬值得厉害，便拿来向银行钱庄抵押借款，万元六千也愿意，便有了炒作机会。这两类公债都在重庆证券交易所挂牌交易，生意向来不错，信誉极有保障，从来没有出现交割问题。

七七事变后，黑云压城，重庆债券市场受到极大冲击，四川善后公债、建设公债价格应声下落，空头趁机发起攻势，多头于是溃不成军，致使重庆证券交易市场惶恐不安。四川财政特派员公署出面干涉，电令重庆证交所，要他们把1937年7月5日到20日的交易清单送来审查，包括买卖成交额、远近期交易数额等列表报送。

重庆证交所正为此事着急，自然拥护，很快将其所需材料如实禀报，希望财政特派员公署尽快处理，以期对会员对社会有个交代。到7月20日后，财政特派员公署依然没有回音，而重庆证交所的四川两种公债还是一路下滑不见止跌信号。重庆银钱两业在7月27日召开同业临时联席大会商量对策，与会者有四川省财政厅长刘航琛，重庆银行业公会主席、盐业银行董事长吴受彤，重庆钱庄业公会主席王伯康等30多人。

刘航琛发言，希望大家相信省政府，相信四川公债，这也是支持华北抗战，大家要共同维护金融秩序，不让敌人钻空子。吴受彤和王伯康先后发言，希望政府出面维持。不少代表意见很大，说省公债这样跌不行，会把统一公债拖垮，省里应及时拿出意见才对。经过反复讨论，最后的意见是，由银行公会推四人、钱庄公会推三人，组成重庆金融讨论会，负责根据大家的意见，起草重庆金融市场临时管理办法，上报国民政府财政部、重庆行营、四川省政府。这七人是：川盐银行董事长吴受彤、美丰银行总经理康心如、重庆银行总经理潘昌猷、川康银行董事张茂芹、重庆银行公会主席戴矩初、重庆钱庄公会主席王伯康、钱庄老板陈思。

第二天，这七人便照此办理，并由吴受彤和王伯康代表两公会，前往重庆行营求见主任顾祝同，向他递交所起草《关于取缔交易所投机买卖办法》，请求行营维持重庆金融。顾祝同表示认同，责令有关方面妥善解决。7月31日，经重庆行营和四川省政府商量，决定组建重庆公债买卖临时管委会，由重庆行营财政特派员关吉玉任主任，四川省财政厅长刘航琛任副主任，对战时买卖公债进行监管。管委会下面组建审查委员会，审查交易所经纪人的寄存证、抵押证、代人抛售公债情况等，如有违规情况即时处理。

即或如此，战争冲击势不可挡，四川善后公债、建设公债继续狂跌。财政部四川财政特派员公署、四川财政厅驻渝办事处联合发出训令，规定四川省公债最低下限价格：善后公债万元7600元，建设公债万元7150元，如有人在最低价下私自交易，交易无效，并予严惩。训令一出，空头肃然，一时不敢再抛川债。

就在这时，上海爆发八一三战事，全国金融顿时紧张起来。重庆行营命令四川各地银行从14日下午到16日停业两天半。两天后，重庆行营命令再停业三天。重庆证交所前后停业五天半，至20日恢复营业时，却因公债大幅下落无法交割无法复业，而证交所不营业又加速债券下跌，于是更无法恢复营业，成了恶性循环。

有关这方面的具体情况，西南大学教授刘志英、张朝晖撰文指出：

> 从此重庆证券交易所再也没有得以恢复，致使市场中的八月半、八月底、九月半、九月底四个比期的公债期货交易无法进行了结。此后，围绕着这一问题，交易所、重庆公债买卖临时管委会进行了一系列善后处理。为了尽快解决公债的了结问题，9月27日，管委会在遵令限制提存及绝对维持特限价之原则下，援用沪市八月交割先例，参照渝市情况，拟具了《交易所八九月期交易延期交割办法》十项，请示行营批准，规定：所有八月半底、九月半底四个比期之货，一律延期至10月15日交割，其延期交割之交易，由买方照买入价格之数，按月息一分五厘计算贴给对方，在10月15日前如有自愿抵账了结者，准其向交易所冲抵，除冲抵外，不得在所外私行暗盘交易，破坏限价，并责成交易所及经纪人严行查禁，否则一经察觉即行呈请行营查处。①

这样的办法不可谓不严，不可谓不具体，可大势所趋，上海眼看要失陷，首都南京危在旦夕，全国已掀起抗战热潮，覆巢之下安有完卵？所以重庆证交所的交割风波并未因此而收敛，反而越演越烈，几乎到了不可收拾的地步。于是管委会只好根据实情，退而求其次。10月初，四川省财政厅将善后公债万元从7600元降至4500元，已不是交割而是“割肉”。这样的结果是买方的损

① 刘志英、张朝晖等：《抗战大后方金融研究》，重庆出版社2014年版，第480页。

失越来越大，便越发不愿交割。管委会被迫宣布无限期延后交割时间，责令经纪人公会拿出具体可行的交割办法。

经纪人公会即开会商量，可因为公债买卖双方都不听经纪人的话，致使经纪人会议不了了之。到了12月初，上海已经沦陷，南京沦陷在即，抗战形势万分紧急，哪里还容得重庆再闹公债交割风波？于是管委会痛下杀手，强行要求在12月14日完成交割，否则对不愿交割者严惩不贷。到了12月14日，还有一批不愿交割者负隅顽抗。管委会已掌握这批人及其经纪人的姓名、职业、住址、经纪人牌号、负责人姓名，便发布最强硬声明，将在结束今天交割日之后，立即予以公布并实施处罚。这一招给负隅顽抗者当头一棒，只好被迫高价买入贬值一大半的四川省公债。重庆公债交割风波至此结束。

此次风波严重影响重庆金融秩序，造成很大危害，但在上海失守、南京垂危，中华民族面临生死垂亡的最后关头，最终结束交割风波，稳住重庆金融局面，为抗战大后方建设奠定坚实基础，从而粉碎日本企图击溃中国大后方经济的阴谋，具有重大的历史意义。

西南大学教授刘志英、张朝晖指出：

> 应当说，这一问题的解决意义深远。它稳定了抗战初期的重庆金融市场，为战时后方经济与金融业的恢复与发展奠定了基础，同时也为以后筹备建立后方证券市场保存了实力。①

四　囤集物资

解散中日贸易会

抗战爆发改变了金城银行的格局，也改变了金城总经理周作民。七七事变后，周作民为应付战争，对金城银行各地分支机构做了大幅调整。北平已被日军占领，就将其管辖的石家庄、保定、定县、彰德、新乡、焦作、道口七个办事处，撤退到北平，等于撤销这些机构，便于缩小战线，集中资金、人员办好北平分行。天津分行撤销塘沽收支所，将所辖青岛分行降为支行。上海分行所

① 刘志英、张朝晖等：《抗战大后方金融研究》，重庆出版社2014年版，第481页。

辖南京办事处，先撤汉口再撤重庆，苏州、同里、南通、常熟办事处撤至上海，也是收缩。汉口分行及武昌办事处迁至法租界。新设重庆分行，管辖西南所有分支机构。

事变前，周作民因曾留学日本，认识不少在华日人，且多有往来，比如土肥原（华北特务机关长）、金井武夫（日驻华使馆少佐）、有林龟喜者（北平大仓洋行经理）、宗相（日本财界要人）、平沼、若槻均（周作民留日老师）。事变后，周作民虽有顾忌但仍有应酬，原因是维护金城，因为中日国力悬殊，对抗日战争能否取胜没有信心。

1937年10月25日，上海国民对日经济绝交委员会举行执委会，作出决议，鉴于日本侵略中国，中日已无正常贸易可做，所以中日贸易协会已无存在必要，要求解散，并写信给中日贸易会的正副会长，表示与日本断绝经济往来的决心。中日贸易会会长是周作民，副会长是徐新六。周作民看了信一脸尴尬。抗战全面爆发后，他考虑过解散中日贸易协会的事，可不知道这仗要打多久，还考虑金城银行与日本的生意往来多，自己的日本朋友也多，就犹豫不决。现在上海国民对日经济绝交委员会将他一军，要求他撤销中日贸易协会。周作民不敢再犹豫，怕被戴汉奸帽子，急忙找副会长徐新六商量。他们马上召开紧急理事会，一致认为，在日本军事侵略和经济侵略的前提下，中日已无正常的贸易可言，只有军事抗日和经济抗日，所以决定立即解散中日贸易协会，断绝与日本的贸易往来。会后，周作民和徐新六联名给国民对日经济绝交委员会复信说：

> 顷奉贵会大函，承教至为感佩，爱国之心，彼此无间。敝会作民、新六等正副会长及各理事共二十一人，均已自行解除各职，会所亦即撤销。①

1937年11月，抗战形势进一步恶化，日军攻占太原、登陆杭州湾金山卫，从陆路进攻上海南市，上海危在旦夕，中国经济面临恶化危险。为此，为了稳定法币，11月10日，南京财政部召集紧急会议，财政部长孔祥熙主持，实业部长吴鼎昌、中央政治会议秘书长张群、铁道部长张家璈、经济部常务次长何廉、财政部次长徐堪、中国建设银公司总经理宋子良、金城银行总经理周作民等参会，主题是抗战期间如何维持法币。

孔祥熙刚从国外回来，前不久先后访问了意大利、捷克斯洛伐克、瑞士、

---

① 中国人民银行上海市分行金融研究室编：《金城银行史料》，上海人民出版社1983年版，第568页。

德国、法国、比利时，在捷克斯洛伐克和德国订购了大批军械，又去美国会见美国财政部长摩根索、国务卿赫尔、总统罗斯福，得到美国建设银公司给予中国贷款1000万美元承诺。

孔祥熙说："抗战爆发，维持法币稳定是大事。我的意思，为解决赤字问题，不要怕通胀，必要时可以增发纸币，或者走另外的路，由中国国货银行发行货币券，反正是增大流通。这是经济抗战，目的是服务军事抗战，取得战争胜利。"

大家的意见各不相同。中央政治会议秘书长张群说："还是不要增发钞票为好，更不能发货币券，那必然引发严重通胀，经济会更加混乱，影响抗战。我的意思，日本的军事和经济侵略还会更猖狂，我们的困难会更大，硬撑一段时间再说。"实业部长吴鼎昌说："上海放弃后，买卖外汇的地方得改，看看哪个地方合适？应当大力减少外汇卖出，保持法币稳定。"铁道部长张嘉傲原来是银行家，他发言支持孔祥熙增发货币的意见。财政部次长徐堪说："物价、法币价要是都不能维持的话，将引发系列债务纠纷，搅乱经济，影响抗战。抗战全面爆发以来，中日间军事作战、经济作战越发残酷。日本除了军事进攻，还从多方面破坏我国抗战经济，必须予以迎头痛击。我赞成孔财长的意见，加大法币发行量，不仅用于军事反击，还要考虑用于经济抗战，比如储存战略物资，抢购军事物资，换取外汇，稳定法币等。"

周作民在这群人里面，人微言轻，没有发言权，只是作为银行代表出席以备咨询，所以无言可发。最后，孔祥熙做小结，这事需要再讨论一两次，但可以先作印刷法币的准备。

会后，周作民虽然不明究竟，但大致明了当政者的意向，那就是将在缺乏保证金的情况下扩大法币发行，心里不免咯噔一下。他是银行家，谙熟金融门道，只要超过准备金发行法币，势必引起通胀，随之而来的是物价飞涨，货币贬值。国民政府会采取这个办法吗？周作民还在担心。政府对日经济作战方针已及时出笼，那就是增发法币，实行温柔的通货膨胀政策，应付战争对法币的大量需求，击败日本的经济侵略。

囤集棉花为抗战

周作民因为早有心理准备和信息准备，所以政府的经济政策一下，金城银行系统便马上宣布应付战争的业务方针，那就是减少放款，多握外汇，多握物资。周作民在武汉检查工作，对汉口金城副经理徐国懋说：“现在战争打起来了，我们要想尽各种办法充实我行力量。法币维持不了多久，物价必定上涨。我们的出路要多拉存款，少做放款，以吸收进来的存款多囤物资，多购外汇。物资方面可由我们的通成公司进行囤集。公司所得的利润怎样分配，随后再谈，好在是一家，内部的事好商量。套购外汇的事可托港行去做，在汉口购进外汇有所不便，汇往香港要引起人家注意，不很妥当，最好是拣选十元票面的大钞，用皮箱派专人陆续飞港购买。汉口的情况，就我看，存款是会陆续增加的。我们好好应付，尤其着重定期存款，多加一点利息，多给顾客一些方便没有关系，有了存款就去香港买外汇，就囤集物资，保值增值。”

金城银行各地分行开始大量购买外汇、囤集物资，应付战争。囤集物资是金城银行的拿手好戏，在抗战全面爆发前夕就开始这样做。1937 年 2 月 1 日，周作民电示汉口金城经理戴自牧说：“受大局不稳影响，目前物价波动很大，且逐步看涨。你处可以选择容易进出而本钱小利润厚的物资，比如面粉、小麦等，尽量购入储存一批，并务必随时写信发电报告诉我进展。”

戴自牧第二天回信说：“总经理来电已经收到，所嘱之事我本来正在进行，但目前是枯水季节，行船不方便，加上近日汉口雨雪交加，交通越发不畅，以致货物来源稀少，很难弄到。今天放晴，又是旧历年关，可能购得一部分低价杂粮。现将正在和准备进行的事报告给你。”戴自牧在附件里报告了汉口分行正在进行的五件事。

一、准备购买一批芝麻，现在每石 13 元左右，听说上海是 14 元左右。销售没有问题，汉口这儿有不少出口商，还有中央信托局都在大量收购，就怕我们收不到相当数量的芝麻。二、我们去年经营大米的成绩还行。现在河南米畅销广州，四川米不多，听说长沙库存谷子不多，最近已在涨价，而汉口的米价还算低，运到上海销售也有利润。三、目前最缺的是小麦，通成公司略有囤集，各面粉厂家每天都守着收货。我准备去樊城多买一些小麦，只是枯水季节行船不方便，一时不容易运到汉口。四、榨油厂急需黄豆、棉籽，油价也稳定，去年我们的经营也有利润，所以准备在樊城、沙市买进黄豆、棉籽。五、面粉很不容易买到，因为各厂都没有多少存货，存货销得很好。去年我们曾从厂里分得一万袋面粉，可因为市场急需，又被厂家作价反购回去了。①

---

① 中国人民银行上海市分行金融研究室编：《金城银行史料》，上海人民出版社 1983 年版，第 581 页。

汉口金城如此，各地金城同样，比如汉口金城、郑州金城、广州金城都按照总处指示大量收购倒卖物资，获利不少。不过也有例外。郑州金城经理金颂萄，1937 年 10 月 6 日写信给周作民，提出囤集棉花的理由说，今年陕西、河南两省产棉约在 280 万担以上，但国家正处在全面抗战时期，外销内用，差不多都陷入停顿，像棉花这样国家重要的贸易商品，我们应当极力设法救济，使其有利于战时经济，有利于增强国家实力。这是一封很重要的信，反映中日经济作战的一个重要战场就是抢购战略物资，所以特全文引用如下。

窃查本年陕、豫两省棉产数量，据最近切实之估计，其总数约在 280 万担以上，较之去年虽无增加，但其总值金额为数亦将在 1 亿国币左右。际兹国家全面抗战时期，外销内用几均陷于停顿之际，似此国家贸易重要商品极应合力设法救济，俾期有济于战时经济而利国本。

按我行年来致力于国家产棉，以金融而言，在乡有各地棉农之各项贷款辅助生产，在城有各埠棉商之抵押放款调剂资金；以贸易言，有附业通成公司遍设各大商埠为产销之媒介，常时有此既成之机构服务社会，战时似更宜充分利用以效忠国家。昭（人名：金昭）等有鉴于此，窃以为当此巨量棉产收成之际，宜由通城公司以适当价格收集相当数量。

兹谨将鄙见所及胪陈于下：

一、棉花为国际贸易重要之商品，目前因受不能外销内用之影响，价格必有相当之跌落，此时购进囤集，将来战时终了，必能得价售脱，既维棉价而亦可救民生。二、棉花打成机包以后，既不易变质，尤便于储存，如就西北各产地择安全地点分别存储，纵有军事亦不易波及。三、战争持久，货币不免贬值，如以一部资力购棉为实物之准备，则准备确实，又有相当利益之希望。四、四行贴放委员会现正广集押品，尽量揽做，倘愿接受四行放款储押囤集，则自身仅以二成备垫即可购巨大数量。①

不难看出，郑州金城经理金颂萄这番见解有六点意思：一、棉花是国家重要商品，必须高度重视；二、维持棉价，拯救民生；三、政府和民众应当齐心合力做好棉花运销存储；四、做好棉花运销存储有助于增强抗战经济和国家实力；五、做好棉花运销存储是支持抗战，报效国家的实际行动；五、购存棉花，抵制货币贬值；六、做好棉花运销存储有很好的经济效益。

这番话高瞻远瞩，醍醐灌醒，极具远见卓识，充分体现银行家效忠国家，积极投身经济抗日，体恤民情，求真务实的精神，值得点赞。

---

① 中国人民银行上海市分行金融研究室编：《金城银行史料》，上海人民出版社 1983 年版，第 583 页。

冒险去港买外汇

囤集物资的同时，周作民投身经济抗日的另一个手段是储存外汇。八一三抗战爆发不久，他在汉口曾对汉口金城副理徐国懋指示抢购外汇，并派他打前站，先去香港探路看行情。去香港购外汇很麻烦，要从内地带现钞过去，因为战争已经打起来了，内地往香港汇款不安全，又因为是悄悄购买外汇，带现金方便得多，何况买了外汇要及时带回内地，不能从账上走，都得派人去具体做。徐国懋奉命套购外汇，第一次亲自带两大皮箱法币前往香港，在香港金城的帮助下，成功地购回数万美元。周作民闻讯十分高兴，打电报嘉奖徐国懋，要他继续这样做，同时打电报给香港金城人员，要他们积极配合内地来套购外汇的同事，随时提供信息，还要保证来港人员和资金的安全。

徐国懋时年30来岁，江苏镇江人，毕业于南京金陵大学、美国约翰霍金斯大学，政治学博士，回国曾任金陵女子大学教授、南京中央政治学校教授、全国经济委员会专员室主任，1936年任汉口金城银行副经理至今一年，血气方刚，跃跃欲试，受此鼓舞，信心倍增，又亲自第二次带现钞去香港成功套汇。这是一次充满惊险的旅行，给徐国懋留下终生难忘的记忆。徐国懋回忆说：

> 装运现钞飞港套购外汇，我做了开路先锋，先带了两大皮箱的现钞飞港，由港行派员在飞机场照料。第一次的汇价约每一元港币合一元零二三分法币。每次运现的数额可套进美汇几万元。我个人跑过两次，随后凡是我知道的朋友飞港，也事先办好联系，托他们把装钞的皮箱带港。先后用这样方法在港积累了美汇几十万元，确数我记忆不清。这是金城在抗战时期囤集物资、套购外汇的开端。①

大陆银行钱庄，还有机关团体个人都去香港套购外币，致使香港外汇价涨，没有盈利。金城银行便直接去英国伦敦购买纯金、美元、美国企业股票，还在菲律宾首都马尼拉成立友联投资公司，派吴蕴斋、徐国懋去主持，掩护暗账进出。

徐国懋因开辟这条套汇通道为金城银行解决大问题，受到周作民青睐，1938年任菲律宾友联投资公司经理，1941年任重庆金城银行经理，兼大成酒

---

① 中国人民银行上海市分行金融研究室编：《金城银行史料》，上海人民出版社1983年版，第575页。

精厂常务董事，重庆缆车公司常务董事，民生实业公司董事，渝鑫钢铁厂董事，美国教会援华委员会主席，全国学生救济委员会主席，金陵大学、大夏大学、福建协和大学校董，抗战胜利后任上海金城分行总行经理，1949 年任金城银行总经理。这是后话。

第三章

打破封锁

一　猪鬃出口

商贩控告古耕虞

1937年8月11日，淞沪会战爆发前夕，重庆民生公司一艘满载货物的轮船拉响汽笛，缓缓驶进上海黄浦江，准备靠岸。这时，如晴天霹雳，船长突然接到重庆十万火急电报："立即返航，不准靠岸卸货，不准装运返程棉纱，不准停留上海。"发报人是重庆民生公司总经理卢作孚。船长大惑不解，为什么"三不准"呢？

这艘船在8月初从重庆出发前夕，卢作孚就担心日军在上海有军事行动，犹豫着想取消航班，但经不住货物客户再三请求，勉强下令起航。班船出发后，卢作孚密切关注上海战事，不断有消息说日军即将攻打上海，考虑再三，万不得已，毅然给船长发出这封电报。船长不敢犹豫，立即驾船驶离黄浦江返回重庆。

航班返回的消息传到重庆，令众客户惶恐不安。古耕虞是重庆古青记山货行老板，有大批猪鬃在这条船上，正按照合同运往上海交给出口商，得知消息急得跺脚，现在怎么办？违约如何处罚？要是长江被封锁今后出口生意怎么做？当晚，古耕虞和重庆猪鬃商开会，一致认为前景不妙，长江出口要成问题，得另想办法。大家商量了很久，最后同意古耕虞的主意，赶快把猪鬃装箱装船，取得提单，向中国银行办理结汇，抓到现钱再说。重庆的猪鬃出口业务向来由中国银行办理外汇结算，因为商家卓有信誉，货物只要装箱上船拿到提货单等同交货，就可以向中国银行办理结算。

两天后，卢作孚一语成谶，淞沪会战打响，上海长江航线应声中断。重庆这时的经济局面本来就很混乱，鸦片统销风波，滥炒公债风波，提存挤兑风波，证券交割风波，前波未平，后波又起，弄得风声鹤唳，怨声载道。重庆行营代主任贺国光闻讯大惊，责成行营第二厅长叶元龙尽快平息风波，并要求中央、中国、交通、农民四大银行拨放贷款，维持经济。8 月 15 日，叶元龙召开重庆工商界代表会议。古耕虞说："重庆猪鬃出口已成问题，长江出不去，外贸合同执行不了，猪鬃积压，价格大跌，每担已从 900 元跌到 380 元还站不住。为了维持猪鬃外贸，赚取外汇，支持抗战，我向当局提出三项建议。"古耕虞的三项建议如下：

> 第一，海关登陆。海关是管海的，战争期间中国已经没有海了，应该从陆上来管出口。只要出口不中断，人心就能比较稳定。第二，由行营下令按战时法令征用一部分新卡车，华西公司就有 20 辆，再拨一部分公路局的车辆，组成车队，运送出口物资。目前，出口还可经由粤汉铁路，但要预防粤汉路也会中断，要利用重庆——昆明间的军用公路。这条公路原是用来打共产党的，现在没有内战了，应该作为由昆明出口到海防的通道。第三，恢复出口商与国外的通信，要求军事机关不要扣留和检查我们的密码电报。[①]

重庆行营和四川省政府正为外贸受阻着急，接到古耕虞的建议后十分重视，报经最高当局同意，允许内地出口商品经粤汉铁路、滇越铁路从陆路输出，要财政部和总税务司补办手续，同时决定成立四川省贸易局，叶元龙任局长，何北衡、吴晋航为副局长，重点从事四川外贸出口，务必打破敌人海关封锁，保持外贸畅通，赚取外汇，争取国际援助。

古耕虞是重庆最大的猪鬃商。他和重庆的猪鬃商便组织一批军车和民用卡车，以国民政府军事委员会名义，装运一部分猪鬃去昆明，经过数千公里长途跋涉，抵达昆明，再经过滇越铁路，成功将猪鬃运到越南海防交付出口商，为抗战打通了陆路外贸通道。

这是一件非常重要的事情。随着抗战深入，日军占领了中国沿海的所有海关，隔断了国际社会援助中国抗战物资的通道，迫使中国重新寻求对外通道。

---

① 陶纯：《古耕虞》，解放军出版社 1995 年版，第 64 页。

古耕虞的这次成功为中国重新寻求对外通道提供了成功借鉴。

这时，发生了中小猪鬃商贩控告古耕虞事件。

重庆猪鬃质量在全国来说属于上等，而且因为四川地方大、人口多，又有养猪的传统习惯，所以猪鬃产量特别大，加上重庆有较强的猪鬃加工能力，以致古耕虞古青记出产的虎牌猪鬃畅销美国、欧洲，成为中国猪鬃第一品牌，因而古耕虞在重庆猪鬃业有绝对发言权。抗战全面爆发，长江航运中断，猪鬃外贸改走陆路，又是古耕虞一马当先，他更成了重庆猪鬃的主宰者。这一来出现一个新问题，就是猪鬃的收购价一降再降。前面介绍了猪鬃的价格，八一三抗战前每担900元，此后一路下跌到380元，致使中间商亏得一塌糊涂，他们强烈要求提高收购价无果，只好反过来压更小的猪鬃收购商贩。猪鬃收购在几十个县进行，蹲在重庆的是大收购商，蹲在县里的是中收购商，蹲在乡镇的是走村串乡的小商贩。猪鬃价格大跌的最直接受害者就是广大小商贩和养猪户。

于是，这些中小商贩便联合起来要求古耕虞提高收购价。古耕虞回答，我向政府保证的是在380元上不再跌价，高于380元我不收。中小商贩拗不过他，只好向国民政府立法院控告古耕虞，说他垄断猪鬃行业，操纵打压市价，盘剥商贩，大发国难财。

立法院接了状子很棘手。一方面，抗战爆发，国家急需外汇，古耕虞在水路受阻情况下开辟陆路外贸，是得到重庆行营批准的，而且为国家换取大笔外汇，功不可没。还有一层原因，最近美国、英国对重庆猪鬃特别感兴趣，在与中国贸易代表陈光甫谈判时，特别提到重庆古青记的虎牌猪鬃，而陈光甫对政府的一个重要建议是组织大后方桐油、猪鬃、牛羊皮出口美国，换取美国贷款。另一方面，中小猪鬃商贩的诉状不无道理。抗战爆发，不少不法商人趁机违法乱纪，大发国难财，如不依法惩处，势将破坏抗战经济。于是，经过认真研究，立法院请本院经济组长、经济学家马寅初出面调停。

马寅初，浙江嵊州人，时年55岁，毕业于天津北洋大学、美国耶鲁大学、美国哥伦比亚大学，经济学博士，回国后历任北京大学经济系教授兼系主任、教务长，中国银行总司券，国民政府立法院经济委员会委员长、财政委员会委员长，抗战爆发，随立法院来到重庆。

马寅初接到这宗案子十分为难，因为中小商户的利益应该照顾，要求古耕虞尽量提高收购价格，让他们得以维持下去，也是有道理的；可古耕虞的猪鬃是美国人和英国人喜欢的出口商品，能为国家换回宝贵的外汇和军用物资，是对日经济作战的有力武器，只能加强不能削弱。为此，马寅初先找中小商户，把他们的意见收集起来，然后找古耕虞，说了中小商户的意见，听取古耕虞的意见。经过马寅初的两边撮合，为了抗战，古耕虞愿意提高一些收购价，中小商户答应收回诉状，于是握手言和。古耕虞有了广大中小商户的支持，把重庆及周边的大批猪鬃，通过滇越铁路陆续出口，为中国换得最急需的外汇，从国际市场上购回最急需的军事物资，为打破日本对华经济战封锁，粉碎日本经济侵略作出了贡献。

难道要吃古青记

陈光甫是上海银行的总经理，抗战爆发，被国民政府聘为全国贸易调整委员会主任。调整委员会负责国家进出口贸易管制，督促国营民营外贸企业发展，重点之一是组织国内的猪鬃、牛羊皮出口，给予资金、运输协助和亏损补助，以换取外汇，打破日本经济封锁。

上任伊始，陈光甫第一个想到的人是重庆的古耕虞。古耕虞所产虎牌猪鬃畅销欧美，符合国家给予资金、运输和亏损补助条件的企业，而古耕虞所在重庆，既是抗战陪都又是大西南最重要的畜产品出口基地，必须高度重视。

来重庆前，陈光甫在上海召开贸易、运输业会议，要求大家紧急动员起来，共同应付日本侵略战争，精诚团结，共渡难关，并在会议结束后制定出台《贸易调整大纲》，经批准执行。根据大纲，陈光甫组建全国国货运销管理处，主要职责是，动员和组织上海商家将所存货物立即运往内地，加工后销往国外赚取外汇，换购抗战急需军事物资。同时，陈光甫根据大纲，设立外贸专项基金，对全国有条件出口茶叶、矿石、桐油、猪鬃等企业实行资金垫付和津贴。其中包括重庆，而且是重点，因为随着抗战发展，临海临江地区有可能失陷，重庆将崛起成为大后方外贸中心。

重庆地处长江与嘉陵江交汇处，是西南水陆交通枢纽、长江上游第一大商埠。四川所产猪鬃、肠衣、牛羊皮、桐油、生丝、药材等外销物资均以重庆为转运中枢，沿长江东下，经上海出口海外。抗战爆发，川江受阻，重庆进出口货值大幅下降，出口商业陷于停滞状态。比如桐油，由重庆经汉口改道走粤汉铁路运往香港仅1000吨，而全市积压高达9000吨；川北积滞蚕丝约2000担；内江的蔗糖严重滞销，价格暴跌，重庆的同裕、富有、全旭、东升等大糖号负债累累，纷纷请求政府救济。

1937年9～10月间，陈光甫从上海来重庆，向重庆朋友打听重庆山货行和古耕虞的情况。重庆银行界的潘昌猷、康心如、杨粲三告诉陈光甫，我们也做山货也做猪鬃，但猪鬃大王是古耕虞，全川大部分猪鬃都捏在他手里。陈光甫便由他们介绍，通过重庆山货公会联系上古耕虞，希望前去古府拜访。

古耕虞接到通知有些兀然。他并不认识陈光甫，只知道他是大名鼎鼎的上海银行总经理，还知道他在管理全国贸易调整，除此之外一概不知。他心里咯噔一下，政府打的什么主意？难道要吃掉古青记？

陈光甫如约见到古耕虞，一番应酬后，开门见山，说眼前抗战局势，担心上海失陷只是时间问题，而首都南京近在咫尺，同样危在旦夕。这也正是古耕虞担心之事，自然提出他最关心的外贸问题，问陈光甫这外贸还做不做、怎么做，又提起前不久，重庆行营批准他组织一批猪鬃走陆路去昆明出口的事，问贸易调整委员会支不支持陆路出口。

陈光甫作了一番解释，然后调转话题说起重庆猪鬃。其实他已了解清楚，重庆猪鬃业原有的几十家字号行庄，目前已纷纷倒闭关门，只剩下古青记、鼎瑞、祥记、和祥四家，另外还有几家银行也在兼做，但古耕虞的古青记一支独大，出口猪鬃占重庆70%，举足轻重。

猪鬃为什么成为出口宠物？猪鬃用来制作刷子，不卷曲，不缠绕，不折断，耐高温，和平时期是建筑工业的必需品，战争时期是油漆兵舰、飞机、军用车辆和清刷大炮炮筒的工具，被列入军用品。美国、英国是世界上最大的猪鬃消耗国。中国的猪鬃质量好，产量大，深受各国欢迎，是世界为数不多的主要猪鬃出口大国。抗战以前，中国70%的出口猪鬃运往美国，30%运往伦敦。抗战爆发，日军封锁中国沿海地区，中国猪鬃出口大受影响，美国猪鬃市场发生鬃荒，大批外贸商人赶往中国收购猪鬃，但猪鬃出口运输受阻，致使国际猪鬃价格飞涨。

陈光甫告诉古耕虞，为了抗战，贸易调整委员会准备支持西南做外贸，换取更多外汇，或者有可能以这些出口物品为抵押，向美国、英国、苏联取得贷款，用以维持抗战金融局面。古耕虞听得很认真，希望从中得知这位中央大员光顾寒舍的原因，但听了一会，似乎只有笼而统之的意见，不免有些担心他究竟想干什么。

陈光甫征求古耕虞的意见。古耕虞避重就轻，不谈外贸物资如何，只谈外贸运输，把自己前不久在重庆行营召开的会上的意见重复一遍：第一，海关登陆，在内地办理出口事宜；第二，组织重庆到昆明的陆路出口；第三，恢复出口商与国外的通讯。

陈光甫说："兄弟支持耕虞兄这些意见。这是目前最稳妥的一条对外运输线。外贸物资的对外运输，我们贸易调整委员会已有安排，一定保证内地，特别是保证西南出口物资顺利便捷运送出国。不过现在问题的焦点还不在此，而在很多外贸商人因为突发战争惊慌失措，不战自溃，或者因为长江被封锁，粤汉铁路不安全，被迫放弃出口生意，这都是很不利于抗战的。兄弟在上海多次召开会议大声疾呼，我们需要全方位抗战，军事抗战，政治抗战，经济抗战，还有外贸抗战，缺一不可。我们做外贸的商人必须在抗日救亡的旗帜下勇敢承担起外贸的重任，力争出口更多的外贸物资，换取更多外汇，购买回来更多的抗战急需的军事物资，支持我们军队抗战到底。"

古耕虞颔首说："兄弟完全赞同陈主任光甫兄的主张，也愿意在陈君领导下继续做好外贸出口生意，为抗战尽绵薄之力，只是还请光甫兄明示，大驾光临，需要在下具体做些什么？"陈光甫说："古掌柜，有件事一直闷在心里不好开口。"古耕虞说："不妨直言。"陈光甫说："兄弟离开上海时，到中国银行去看过贝淞荪先生。他知道兄弟来渝，特意要兄弟代为向你问好，还对你多有美言。贝先生对你很关心啊。有人说你是贝先生的女婿，兄弟也好奇，请问你是贝淞荪的女婿吗？"古耕虞哈哈笑说："怪兄弟没作介绍。兄弟的太太叫王崇德，祖籍四川。兄弟想与贝淞荪先生扯上关系也不够格啊。"

会面结束，陈光甫走出古公馆暗自一笑。他确实欲言又止，还有话没对古耕虞说，因为这话太敏感，涉及古耕虞的切身利益，在没有作好充分准备之前属于绝对机密。过了几天，对重庆的主要山货商，包括兼做山货的几家银行，了如指掌后，陈光甫便与四川、重庆当局一起召开外贸会议，与会者有陈光甫、四川省建设厅长何北衡、重庆市山货业同业公会理事长石荣廷、中国银行重庆分行经理徐广迟、古青记掌柜古耕虞，鼎瑞记、祥记、和祥记和几家银行的代购部，几家大一点的加工厂、货栈的负责人，济济一堂。抗战爆发，人心惶惶，大家都非常关心国家是何主张。

陈光甫主持会议并作主旨发言。他先介绍了抗战局势，接着说了贸易调整委员会制定的《贸易调整大纲》主要精神，说了上海工商界精诚团结，组织货物运往内地加工出口的情况，然后话题一转说：“兄弟来重庆学到很多东西，也结识不少有识之士，深感重庆、四川工商人士积极投身抗日救亡运动，发展生产，支持抗战的极大热情和爱国救国的赤胆忠心，特表示充分钦佩。下面，兄弟代表贸易调整委员会说一件大事。”

与会者鸦雀无声，洗耳恭听。

陈光甫说：“为了支持抗战，维持外贸局面，争取四川山货多出口多赚外汇，贸易调整委员会与四川省建设厅、重庆建设局商量决定，以在座诸君为主，组建四川畜产贸易公司，统一四川山货外贸。贸易委员会将按规定予以运输、办理手续等多方面支持和出口津贴。希望商界民众共同努力，做大做强四川山货外贸，为抗战赚取更多外汇，为中国军队提供更多更好的军事物资，坚决打败日本侵略者!”

与会者报以热烈掌声。古耕虞边拍手边想，原来如此。前几天陈光甫登门拜访后，古耕虞的确有许多猜疑，陈光甫千里迢迢来重庆肯定负有重大使命，但他欲言又止，三缄其口，说明这件事非常重要，是什么事呢？现在才明白，原来是组建四川畜产贸易公司。他马上有了新的顾虑，此公司为何物？难道要吃古青记？

陈光甫讲完，四川省建设厅长何北衡、重庆山货公会理事长石荣廷、中国银行重庆分行经理徐广迟等人先后发言，自然支持这事。陈光甫请古耕虞发言。古耕虞说：“陈主任的意思兄弟明白，不就是组织起来搞出口猪鬃吗？只要对国家有利对抗战有利，兄弟没有意见，愿唯陈主任、何厅长马首是瞻。”

其他人发言提出很多问题，比如几家银行，只是兼职做猪鬃，是否需要参加畜产公司？又比如中间商代表和加工场代表，我们呢？抗日救亡大家有份，没有我们参与猪鬃收不起来、加工不出来，怎么出口？会场人声鼎沸，议论纷纷。古耕虞也有问题，公司要是成立了，我的古青记怎么办？家父和我经营了这么多年，如今名满纽约伦敦，总不能说丢就丢吧？可忍了又忍没有开口。

陈光甫说："组建四川畜产贸易股份公司，基本办法有这么三条：1. 考虑由政府投资，民商入股，官商合办；2. 继续使用古青记的虎牌猪鬃商标；3. 组建筹委会，古耕虞任主任，今后就是总经理，邀请猪鬃同业各界知名人士为委员，负责拿出具体组建办法，报批执行。"

事情就这么初步定了下来。会议结束后，陈光甫、何北衡、石荣廷、徐广迟等人又和古耕虞单独说了好一会儿。古耕虞回到家，觉得还有个大问题没有提出来，那就是官股投资多少？是官商控股还是民商控股？古耕虞想，要是官商控股，政府派个人来管我，还把我的古青记和虎牌拿去作招牌，古家几十年创下的家业不是毁于一旦吗？

过了几天，筹委会也开过几次会，组建公司的具体办法也逐步浮出水面。古耕虞拿了办法去见陈光甫。陈光甫是政府大员，住在下半城林森路重庆行营招待所。古耕虞在秘书带领下，沿花径逶迤而进。陈光甫此次来渝不单组建四川畜产公司，还要筹建大后方外贸出口基地，短短几天，在大西南几个大城市飞来飞去，昨晚才回重庆，便安排今天会见。陈光甫看了古耕虞的办法，"四川畜产股份公司不接受官股，由四川山货业同行业投资"，暗自好笑，说："这条好，兄弟完全同意，还要谢谢耕虞兄为政府节省投资。"

古耕虞深感意外，反问道："陈兄同意四川畜产股份公司不接受官股？那……兄弟代表全川猪鬃同人感谢陈兄！"陈光甫说："且慢感谢，还有个条件，你做公司总经理，我给你派个董事长。"古耕虞说："一切听凭陈主任安排。"

剩下来的事情就简单了，四川畜产公司股份定为法币50万元，由重庆仅有的四家猪鬃商认购，银行就不参加了，自然是古耕虞扛大头，其他三家多少认购一点，表示"全行业投资"。至于谁来当川畜公司董事长，古耕虞的意见是，第一得没有股权，第二能够帮助公司调解各种社会矛盾，第三是四川人。陈光甫同意他的意见，最后确定的是重庆和成银行总经理吴晋航。

川畜公司组建后，有了政府的支持，出口猪鬃的实力更强大。1938 年春，古耕虞在汉口、重庆、昆明先后收购了15000 箱猪鬃。这时日本已封锁滇越铁路，不能再往昆明运。古耕虞便冒险把猪鬃用轮船从重庆运到武汉，在武汉装火车走粤汉线去广州，再走陆路运抵香港，成功地卖出这批猪鬃。

二　日商毁约

嘉陵厂胎死腹中

抗战爆发，日本强化对华经济侵略，除了前面介绍的抢购物资、抢占工厂、走私金银、套购法币外，还有个手段是技术封锁，即日本政府不准日本企业卖技术、机器给中国，就是战前签订了合同的也不执行，给中国带来极大的经济损失。比如重庆嘉陵纱厂就因此胎死腹中，损失巨大。这是日本对华经济作战的一个实例。

抗战前，金城银行在四川只设有一个机构即重庆办事处，因为业务不多，级别低，隶属武汉金城，与上海总处不挨边。金城渝办也不是无所作为，与重庆民生公司就有较好的合作，其中就有联合筹办嘉陵纱厂的计划。金城银行怎么想起在重庆筹办嘉陵纱厂呢？这是卢作孚的主意。

抗战前几年，重庆民生公司准备大肆扩张，雄踞川江，收购了几十条船，还雄心勃勃准备走出川江，开辟长江中下游航线，于是计划发行公司债券100万元，向重庆几家川资银行筹资。这几家银行考虑民生扩张太快，害怕还款困难，犹豫不决。川盐董事长吴受彤与民生卢作孚一向友好，这次也退避三舍。

卢作孚见本地银行不支持，转而乘船去武汉找一个人帮忙。这人是卢作孚的同乡、金城武汉分行经理王灵毅。王灵毅熟悉四川情况，知道卢作孚这些年统一川江航运的事。从1930年开始，卢作孚开始统一川江航运，先后挤走美国捷江船务公司、英国太古轮船公司、日本日清轮船公司，收买四川军阀刘湘、刘文辉的轮船公司，到此刻已拥有轮船42只、吨位16884吨、员工2836人、有股本120万元、资产730万元，经营川江航运业务的61%。

王灵毅相信卢作孚走出川江的计划一定能实现，决定助他一臂之力。他没有批准贷款100万元的权力，就替卢作孚写了封介绍信，是写给金城银行总经理周作民的，要卢作孚去上海找周作民。卢作孚凭借这封信和自己发行债券的充分理由，不但赢得周作民的大力支持，圆满解决债券发行难题，还与周作民成为事业上的朋友。嘉陵纱厂的事就是这时由卢作孚向周作民提出来的。

七七事变前，民生公司与金城银行合办重庆嘉陵纱厂的事进行得很顺利，投资人、办厂地点、办厂合同、购买日本纺织机协议等都一一落实，并且从6月6日开始，投资人的资金就陆续到位。嘉陵纱厂的全名叫四川嘉陵纺织公司，计划总资本为150万元。其中金城银行投资75万元，民生公司投资37.5万元，四川美丰银行投资25万元，兴业银行投资12.5万元。这些资金按协议要求，都在7月7日这天全部存入上海金城银行嘉陵纱厂账户。

这个日子与七七事变纯属巧合，也为历史提供一个例证，中国是在毫无准备、猝不及防的情况下遭受日本侵略的。七七事变给这个酝酿已久、正艰难起步的工厂蒙上一层阴影，令卢作孚、周作民忧心忡忡。果然，一年后，嘉陵纱厂通过上海三井洋行所订、日本丰田自动织机制作所生产的纺织机，被丰田单方毁约，破坏了整个嘉陵纱厂的建设，致使嘉陵纱厂股东无法申述，无法获得赔偿，遭受沉重损失。

事情是这样的。

1938年9月，卢作孚在重庆接到一封上海寄来的急信，急忙拆开浏览，顿时皱眉蹙额，脱口而言："怎么会这样?"他接连把信连同附件读了几遍，的确是这么回事，不禁"啪"的一声把信拍在桌上，起身走到窗前，望着不远处正紧张施工的嘉陵纱厂场地喟然长叹："生不逢时啊!"

这封信是民生公司驻上海办事处负责人寄来的，随信附着上海三井洋行用中文写给卢作孚的信。三井洋行的信说，因此次战事的原因，嘉陵纱厂与三井洋行所订日本纺织机器合同全部正式解约。这不啻投向卢作孚的一颗手雷，将卢作孚对日本纺机到来的苦苦期盼化为灰烬。自从去年七七事变日收到嘉陵纱厂所有股东股金以来，卢作孚与三井洋行签订购买日本纺机合同、支付巨额定金后，365天，望眼欲穿，虽一再催问，日本纺机却迟迟不见。卢作孚心里一直忐忑不安，总希望战事归战事，生意归生意，但这个梦终于破裂，嘉陵纱厂危险了。

嘉陵纱厂筹备的事，周作民远在上海鞭长莫及，只能从资金上予以保证，具体事务全权委托在渝卢作孚，叫重庆金城戴自牧从旁协助。而卢作孚鉴于这事随抗战发展而越发凸显重要，事关国计民生，大后方稳定，维持抗战经济，义不容辞，也就把这事承担起来。但日本人背信弃义，先是一拖再拖，再是百般敷衍，最后是单方毁约，让卢作孚措手不及。卢作孚考虑良久，提笔给重庆金城戴自牧写了一封信。这封信现存于金城银行档案。全信如下：

> 嘉陵纱厂前向丰田自动织机制作所订购之纺织机13440锭，顷上海民生公司转来三井洋行原函一件，略谓因此次事变不能制造，除已交之排气开启纡子机一部外，其余全部正式解约，至交存之定洋计日币101199元2角5分，因其国内汇兑管理，现在不能汇沪，仍在丰田，俟将来重新订约时，可将该款充作新约定洋云云。兹将原函抄上，敬祈察阅。除弟已电上海民生公司速商诚孚童润夫君应付外，希兄即电作民兄催诚孚处理为荷。1938年9月3日。①

从这封信可以窥视当时中日商界情况：1. 七七事变后，中日商界仍有往来，日商交付给华商的排气开启纡子机即是一例；2. 日本不准国内汇钱给中国，实行金融封锁；3. 日商以为这仗打不了多久日本就会取胜，所以说将来重新定约时，中方定金可以充作新约定金；4. 日本政府不准本国制造商替中国生产机器。

戴自牧接到卢作孚的信及转来的三井洋行的信惊愕不已，虽说因战事嘉陵纱厂岌岌可危，但只要没有解除合约，终究还有希望，何况已有排气开启纡子机交付，说不定随后机械会慢慢到来，现在看信，大失所望，失落之情比卢作孚有过之而无不及。因为此刻武汉战事危急，武汉分行原经理王灵毅调任天津金城经理，戴自牧接任，正移师重庆经营西南，嘉陵纱厂正是他新官上任第一炮。用他的话说，嘉陵纱厂是金城与西南事业的第一次握手，只能做好不能做坏，现在却被日本人坑了。

于是，在一番商量之后，戴自牧亲自给上海诚孚公司童润夫打去长途电话，得知三井洋行确实要与嘉陵纱厂解除和约，而且蛮不讲理，说不能向敌国输送机械、输送资金，气得脸色发白，才知道这事不像信中那么客气，已经涉及中日两国外交纠纷。而中日两国正在打仗，哪里还有工夫处理外交？戴自牧不服输，放下这个电话，打出另一个电话，找到重庆国民政府经济部对外司一位朋友，把这事简单说了，咨询这位朋友意见。这位朋友叫他别折腾了，日本货肯定来不了，另外找卖家吧。

戴自牧便考虑有哪些卖家，打开电话簿一一翻看，倒是有好多家，多是英国、美国的洋行，在上海的居多，重庆新近也迁来几家，便叫来几个手下，要

---

① 中国人民银行上海市分行金融研究室编：《金城银行史料》，上海人民出版社1983年版，第742页。

他们赶紧与这些洋行联系购买纺织机。

经过一番联系，洋行的答复不理想，有的停业了，有的改行了，有的正在往重庆迁，而重庆的几家洋行刚到重庆，百废待兴，自顾不暇。只有一家美国洋行、一家英国洋行答应试试，但都心存疑虑，留了尾巴，不知日本人会不会横加干涉？戴自牧不断给周作民写信求援，希望把嘉陵纱厂办起来。现在存有戴自牧给周作民的两封信，转载如下：

1938年9月19日：

关于嘉陵厂事，迭经函陈，谅蒙鉴及。此时已办至今日，自以积极进行为宜，况为我行与西南握手之第一事业，无论有何困难，必须使其成就。现与此方洽谈，重新推进，亦颇有眉目。故任有何艰难，终必须办理成功。前后所陈各项办法，如蒙赐准，则循此推进完成，似亦非甚难之事。兹附呈与作孚兄商谈后，作孚兄所整理之必要事项五条，奉乞赐阅。所拟似均可行，与前次分别奉陈者，并无出入。

1938年9月30日：

嘉陵厂事，前经迭次函陈，计蒙赐察。作孚所拟数条办法，不知钧座意旨如何。前陈购买棉花运川之事，如武汉吃紧，则此事是否能办理如意，殊属问题，但如愈紧，则鄂川花价相差益大，能办若干，得利可想。故在沙市棉花以自办为主，以嘉陵为辅。但嘉陵之款是否应先购存美金一部，以防外汇再缩。窃察大势，倘如武汉有事，外汇必至再缩。可知为嘉陵计，先购一部美金，亦是一种办法。此层此间诸人有此意思，不知钧座以为如何？此函到后，务乞将所陈嘉陵各件，分别电示，以便进行。①

不难看出，戴自牧与周作民对嘉陵厂的态度有所不同，戴自牧积极主动，力求办成，百折不挠，周作民却消极被动，一拖再拖，原因不外乎对抗战大局的看法和对金城全局与金城重庆关系的看法不同。

1938年9月，武汉会战已进入最后关头，武汉四大纱厂已全迁重庆，且重建复工。相比之下，筹建中的嘉陵纱厂不过一万多纱锭，不可与四大纱厂相提并论，还可能发生与四大纱厂争原料、争销路、争资金诸问题。这是周作民的看法，因此失去往日对嘉陵纱厂的兴趣。

再说，周作民并不看重重庆金城。抗战爆发，周作民不愿来重庆，原因是他说的两句话。一句说："我何尝不想去内地呢？假使我去了，上海的摊子蕴

① 中国人民银行上海市分行金融研究室编：《金城银行史料》，上海人民出版社1983年版，第742页。

斋应付得了吗？在上海我们有这样大的账面，必须好好安排，不能一走了之。”二句说：“今后金城的生命线在外汇。”不难看出，周作民在抗战期间的两大重点，一是死守上海，一是外汇立行，就决定了他不看好重庆。所以，周作民没有把大后方包括重庆作为金城的重要地区，没有把发展内地存贷作为工作重点，自然对筹建嘉陵纱厂报可有可无态度，尽管戴自牧接二连三催促他表态，依然无声。

戴自牧的想法不同。戴自牧入驻重庆，统管西南金城，便把筹建嘉陵纱厂视作第一大投资，也是巩固他地位的重要砝码，志在必得。在他看来，重庆是大后方金融中心，占领重庆，居高一呼，四方响应，经营西南就不成问题。至于外汇立行，至于上海，不是戴自牧关心的事。这样看来，一是抗战爆发，日本人撕毁合约，二是金城内部意见分歧，使嘉陵纱厂危在旦夕。

到这年 10 月，因为如上原因，嘉陵纱厂已露出气息奄奄之相，因为有股东提出，既然重新向英美购买纱机，不如重新规划工厂，干脆把新纱厂设在上海算了；又有股东提出，我们出的钱放在金城银行都一年多了，除去交定金、购置工厂用地，就这么摆着，资金凝滞未免可惜，不如取出来买美金做外汇。周作民负责嘉陵纱厂资金的事。既然股东都有这个意思，周作民便遵照大家的意思，用股东缴的法币，买了 10 万元美金存上海金城。

事情拖到 1939 年春夏，战事越发紧张，原先答应试一试的美、英洋行，明确回话说，如果实在需要购买纺织机，你们自己去英国、美国提货，恕不代办运输，因为日军已封锁中国全部海上通道，他们也无可奈何。戴自牧一听头都大了，自己怎么去美国、英国提货？这事拖不下去了。第一大股东金城银行周作民出来说话，还是商量结束的事吧。大家都被拖烦了，包括戴自牧，只好都同意。周作民责成戴自牧负责结束事项，要他在重庆与卢作孚、康心如等人商量着办。

戴自牧没有再坚持的理由，只好见风转篷，经过与卢作孚等人反复商量，达成基本意见。卢作孚曾负责预定机械、购置工厂用地、联系重庆股东，责任重大。1939 年 8 月 4 日，他写信给戴自牧，说了自己结束嘉陵纱厂的意见。这封信说：“自牧兄：江电悉。纱厂已商心如（康心如）同意，嘉陵纱厂暂将十万美金及六十三万汇划，分别就申退交各投资事业自行保存，地皮及机器仍留作该厂资产，俟将来时局转好，再行开办，到不能开办时再处理剩余财产，正式解散。请商作民先生。弟作孚。”

周作民接到这个意见，以嘉陵纱厂筹备委员会主任身份征求上海股东意见，获得赞同，即做出暂行结束嘉陵纱厂决定，并制定《嘉陵纺织公司股东商决结束事宜处理资金及资产办法》。办法曰：

按查本公司所收股本金额为国币150万元，由各股东分认缴足，除其收付款项另列详单外，余存款项，计为美金十万元、汇划六十七万五千五百二十六元九角六分，仍应按各股东缴付股款成分分别退还各股东自行保存。所有资产，如预定机器定洋及购置地亩物料，原由民生公司经办，仍请其暂代保管，并编制财产目录分交各股东存执备查，一俟将来或重行开办或处理解散时，续商办理。①

嘉陵纱厂至此胎死腹中。

酒精厂亏盈有因

随着抗战局势逐步恶化，日军对华经济封锁越发严厉，中国出口出不去，国际物资进不来，致使中国严重缺乏急需的抗战物资，其中仅汽油一项，就给中国带来极大的困难。为此，政府号召企业大力生产酒精来替代汽油，粉碎敌人的经济进攻。金城银行闻风而动，创办大成化学工业公司和金川实业公司生产酒精，积极加入对日经济作战。

大成公司原来不是金城银行的，创办人是湖南湘潭人杨公庶。1931年九一八事变爆发，杨公庶感到自己在天津汉沽的渤海公司很不安全，便想另外找安全地方办工厂。他去南京找蒋介石询问。蒋介石告诉杨公庶，北方不稳，打仗是早晚的事，而一旦打不赢就只能大踏步后撤。杨公庶便不敢在北方办厂。过些日子，重庆大学向全国招聘教务处长，杨公庶应聘，被聘为教务长，举家来到重庆。

到重庆不久，经过充分调查，作为德国化学博士的杨公庶结合自己所学专业，办了一家酒精厂，想生产能取代汽油的能源酒精。世界先进国家在1902年就开始用纯酒精作汽车汽油。杨公庶在柏林大学的实验室做过这种实验。过些日子抗战爆发，国民政府迁渝，重庆成为抗战临时首都。日军封锁中国所有海上运输通道，大后方物资极度缺乏。政府号召自力更生建工厂。杨公庶就找朋友合资，买下重庆大学一个简陋的小校办厂，略加整修，添置设备，取名叫

① 中国人民银行上海市分行金融研究室编：《金城银行史料》，上海人民出版社1983年版，第743页。

大成化学制品公司，并辞去重庆大学教务长工作，自任总经理。

大成公司办起来，技术没问题，产品有市场，不足的是周转资金。杨公庶找到中国运输公司总经理陈延炯投资，大成越办越好。这时，大后方生产酒精的民营工厂有300家，年产酒精1200多万加仑，加上十几家国营大厂，月产代用汽油2万加仑，对于缓解汽油不足，支持抗战，维持经济，发挥了重要作用。

中国运输公司资金也十分紧张，不能及时拨付酒精款。大成公司流动资金严重不足，需要银行贷款。杨公庶找的银行就是金城银行，联系人是徐国懋。这时金城重庆办事处已升格为重庆分行，经理就是徐国懋。徐国懋回忆这时的情况说：

在投资事业中，比较成功的是大成公司。大成原是杨公庶创办的，集合了几个私人的资金，但为数不多，因资金周转不够，随后由陈延炯（号地球）主管的西南公路局参加。大成的主要业务是制造酒精。西南公路局需要酒精，数量很大，但资金不够，付款不能及时。杨公庶和我是老朋友，也常进城来向我通融。我曾帮过几次忙，不过我对杨说，到处求人不是办法，金城帮几次忙可以做到，但是长期帮忙，大数额的帮忙则很困难。①

杨公庶和徐国懋几经商量后，决定邀请金城银行投资大成。这正是徐国懋的想法。武汉金城的资金人员迁来重庆后，重庆金城随着大批内迁单位人员来渝而大有发展，特别是存款剧增，手里有了三五百万的沉淀资金，正急需找项目投资。同时大成的主产品酒精有广阔市场，有助于打破日本经济封锁，是政府鼓励发展的产品，便愿意投资，但条件是中国运输公司退出。

杨公庶很为难，但迫于形势，只好去找陈延炯实话实说。陈延炯家大业大不在乎这点小事，答应退出。于是大成接纳金城90万元入股，并得到随时提供贷款的保证。徐国懋回忆说：

经协商，他愿意进一步与金城合作，请金城参加投资。我提出条件，金城和杨合作没有问题，但不愿政府机关参加，纠缠不清。杨于是说服陈地球把公路局的股额收回，另一方面扩大大成的资本，杨代表十分之一，金城十分之九。大成改组后，戴自牧任董事长，杨公庶为总经理。此后大成不拘要用多大款项，全数由金城供给，不但资金周转充裕，而且也囤集了不少原料。有时金城一面借钱给大成收购原料，另一面又以大成所收购的原料再向中央银行做转抵押。在不到四

① 中国人民银行上海市分行金融研究室编：《金城银行史料》，上海人民出版社1983年版，第743页。

年时间，到抗战胜利，总结大成的情况，除固定资产，例如厂房、机器设备及其他生财不计外，仅仅外汇一项就多了五十万美金。①

除此之外，重庆金城还投资金川酒精厂。金川酒精厂在重庆长江上游200公里处的泸州。泸州是世界级白酒产业基地，所产高粱酒非常适宜造酒精。金城银行看好金川酒精厂，投资远大于大成，1940年投58万元，1941年投42万元，1943年投428万元，总计投资528万元，而对大成的投资总额只有366万元。

泸州金川酒精厂的董事长戴自牧、总经理周建侯常驻重庆，具体事务由副理王恩东负责。王恩东的父亲叫王章祜，是前清两淮盐运使。王恩东与金城总经理周作民关系特好。周作民给他特殊使命，替周作民联络四川省主席张群。王恩东与张群是同乡。王恩东每次去张群府上，遇见男工女佣都发红包。有鉴于此，戴自牧、周建侯越发不管金川的事。这样一来，金川酒精厂的经营出现倒挂，效益多而盈余少，后来到抗战胜利扎总账，竟然没有盈利。当事人徐国懋回忆说：

金川公司全由重庆金城投资，在泸州设立了一个酒精厂，规模比大成还大。它的资金也完全依靠金城银行，条件和大成一样。公司的董事长是戴自牧，经理周建侯，副经理王恩东。戴和周向不问事，完全由王恩东主持，而王这个人管理不善，公私不分，以致在抗战胜利轧总账时，公司竟未获得什么盈余。

当事人、金城银行总经理秘书处主任徐左良回忆说：

据曾任金城南京办事处主任、抗战期间曾任金城重庆区管辖行副经理的王恩东说过，在抗战中，周作民曾嘱他对张群特别负联络之责。王恩东是四川华阳人，与张群为同乡，又有世交，所以很熟。抗战期间，金城在四川泸县办过一个金川酒精厂，由王恩东主管。这个厂生产和营业都相当发达，而每年的盈余并不很多，据说有一部分盈余用在联络交际上面。其中包括对当时所谓达官贵人送礼等用费。金城对于张群有无特别点缀，外人不得而知，但听说王恩东到张宅去，对于男女佣工的赏钱都手面很大，一来就是几百元，所以张宅的人很欢迎他，一去就可以登堂入室，可以窥见当时一斑情况。②

金川酒精厂总投资高达528万元，几年做下来，照上面二位回忆，并没有什么盈余，确是咄咄怪事，恐怕不能单用联络张群或管理不善作托词，但究竟为何？没有依据不作胡猜。

插两件周作民与张群交往的后事。

---

①② 中国人民银行上海市分行金融研究室编：《金城银行史料》，上海人民出版社1983年版，第744页。

1946年9月9日，张群带着妻子和医生董秉奇从南京来到上海，准备第二天坐飞机去美国治病。吴鼎昌来上海见张群，转送蒋介石的亲笔信和三万元美金。周作民晚饭后去拜访张群，聊到11时告别，临走时，给送出来的张群的妻子一笔钱，做张群的旅费和医药费。这笔钱有多少？周作民在当天的日记里写道："到行为岳兄筹措川资及医药等费，计美金汇票十万、现钞一万，面交其夫人手收。"

1948年，张群投桃报李。那年9月，蒋经国到上海督导发行金圆券，通知周作民到乐义饭店谈话，要他交代私人有多少外汇，并不准他离开上海。周作民吓得天天换地方睡觉，立即叫徐国懋马上去南京向张群求救。张群此刻任行政院长，出面找蒋介石汇报上海情况，帮周作民疏通。周作民第二次派人来求救时，张群疏通已见成效，带话叫周作民放心好了。周作民这才酣然入睡。不久，周作民搭美国飞机离开上海到广州，转车去香港，脱离蒋经国控制。这是后事。

开煤矿五战三败

抗战爆发前后，中国煤炭年产量达2000万吨，主要产地在黄河以北。抗战爆发，日军控制中国大部分煤矿，大后方煤炭生产远远不能满足军需民用。国民政府开始注重开发新煤矿，整理旧煤矿。经济部为此制定系列政策，比如生产奖励部分有："1. 制定战时领办煤矿办法，允许民间经有关主管机构批准后，可先行开采，再行转经济部发给执照；2. 由工矿调整处贷助资金，以供煤矿拆迁或兴建；3. 由工矿调整处优先供应器材；4. 凡在煤矿井下作业的工人以及技术人员，均准暂予缓服兵役。"①

金城银行据此投巨资开发大后方煤矿。

抗战期间，金城投资的煤矿有：复兴煤矿60万元、恒丰煤矿公司974万余元、东林煤矿300万元、湘江煤矿公司27万余元、成都燃料公司600万元，总计投资煤矿项目5个、1962万余元。金城此举不可谓不响应政府号召，然而投资煤矿并非易事，与投资其他工商业相比，困难更多，风险更大，以致金城在上述5个投资项目中竟有3个失败，不可谓不为抗战作牺牲。金城投资煤

① 李平生：《烽火映方舟——抗战时期大后方经济》，广西师范大学出版社1995年版，第155页。

矿失败的3个项目是成都燃料公司灌县煤矿、恒丰煤矿公司、复兴煤矿厂。

当事人徐国懋回忆说：

> 金城在后方也投资几个煤矿，如成都燃料、恒丰堂及复兴煤矿。这些投资事业都是金城的包袱，不但没有盈利，而且亏累很多。成都燃料公司主要经营成都附近灌县的一个煤矿，金城投资约占三分之一以上，随后由于借款垫款的增加，该矿的人事和经营重心逐渐转移归金城管理。该矿失败的原因，一则是矿层很薄，质量又差，二则运输困难，成本很高，但最主要的是经营管理不善。直到解放后公私合营前，该矿是长期亏本。恒丰堂煤矿（即恒丰盐煤公司）是由金城和久大合办的，地点在四川自流井。这个企业也办得不好，金城也投下去不少的钱。复兴煤矿是金城和隆昌余蕴兰家合办的，原来是由余家独家投资，随后金城参加。这个事业也没成功，金城也遭受不少的损失。①

不难看出，金城投资煤矿到最后自己经营煤矿是万不得已之举，因为“由于借款垫款的增加”，使金城投资危在旦夕，不得不挺身而出上一线，自然造成“最主要的是经营管理不善”，结果是“亏累很多”“办得不好”“也没成功”“遭受不少损失”，让人唏嘘。这3个项目的总投资为1634万余元，损失怕以数百万元计。

抗战期间金城银行投资经营工商业有三条可说：一是服务抗战，维持经济，银行责无旁贷；二是服从抗战，艰苦卓绝，利国利民利己；三是隔行如隔山，勉为其难，为抗战作牺牲虽败犹荣。

华昌矿不死不活

抗战期间，银行业以服务抗战为己任，唯政府政策马首是瞻。金城银行如此，重庆银行亦然。

接着讲重庆银行经营煤矿的故事。事情得从1939年春季的一天说起。这天重庆银行总经理潘昌猷府上来了一帮客人。这帮客人带来一件珍贵礼品，因为礼品太大，不好进客厅，便摆放在院子里，上面搭着蓝布，看上去方方正正一大块，不知何物。潘昌猷被请到院子，见到客人。客人叫周道隆，是四川犍为县五通桥华昌煤矿的工程师。

周工程师指着礼品说：“潘先生，这是敝矿挖出来的一件宝贝。别的人我不敢给他们看，怕他们你争我抢收不了场，但要请潘先生看看。潘先生见多识

① 中国人民银行上海市分行金融研究室编：《金城银行史料》，上海人民出版社1983年版，第750页。

广，目光如炬，一定识货。”说罢，他几步走过去，揭开那东西上面的蓝布，露出一块一立方公尺大小的黑黢黢、亮闪闪的物件。

抗战爆发以来，潘昌猷因为滥炒公债、参与鸦片统购统销遭到系列失败而下自责诏书后，一直想重整旗鼓，改变形象，多少为抗战做点事情，便留意政府政策，发现政府鼓励民商开采煤矿，由政府提供贷款、供应器材，不觉一振，认为这倒不失为一桩生意，从此喜欢打听煤矿的事。前不久，潘府管家告诉他，有个煤矿要转手，煤矿在哪里，煤炭质量如何，效益如何，口吐莲花，说了一通。潘昌猷听了说好，有机会去看看。不等潘昌猷去，人家主动上门。

潘昌猷背着手，踱着方步，围着这东西看了几圈，皱着眉头说：“莫不是你们矿里挖出来的煤坨坨？”周工程师笑说：“我说目光如炬不是？报告潘先生，这正是我们华昌煤矿挖出来的煤炭。请潘先生细看，好黑好亮，好东西啊！偌大个四川哪处寻去？”潘昌猷问：“是吗？好在哪里？你讲讲。”周工程师便指着煤块讲，真密度如何，视密度如何，空隙率如何，堆密度又如何，最后说：“现在华昌煤矿停业很久了，希望潘先生投资开发，一定赚钱。”

潘昌猷心里并没有煤炭好坏标准，听了也不懂，听完了，叫潘府请来的几个熟悉煤炭的先生发表意见。他们交口称赞，说这样好的煤炭几十年不见。经过几次商量，又派人去了两趟犍为，又反复讨价还价，潘昌猷最后决定由重庆银行花 6300 元买下华昌煤矿。

周工程师说的不假，华昌煤矿的煤炭的确不错，但周工程师急于促成这事，也有私自的理由，因为前面的矿主停业后，他和一批员工无事可做，没有收入，生活困难，都想早日寻得新矿主开工做事挣钱。周工程师见潘昌猷买下煤矿十分高兴，可等了几个月，只听楼梯响，不见人下来，不见开工动静，有些着急，害怕潘昌猷却步不前，就找人去鼓动潘昌猷。他所找之人叫梁其玉，是潘昌猷的远房亲戚，犍为五通桥人。梁其玉去重庆潘府作客。潘昌猷问他华昌煤矿的事。他说犍为盐场闹煤荒，四处抢购煤炭。

犍为盐场是四川四大盐场之一，发迹于明代，兴盛于清朝，所产犍盐，质量好数量大，除供应四川，还远销云南、贵州、湖北。《犍为县志》记载说：“五通桥盐泉大旺，日需煤数十万斤，水运陆负，日活数万人。”

潘昌猷听了，派人去找经济部熟人打探内部消息，得到的回答是，经济部正准备采取两项措施鼓励煤炭开采，一是提高煤价，二是由四联总处给予贷款。四联总处是中央、中国、交通、农民四大国家银行组建的最高金融机构，由它贷款当然不错。于是潘昌猷决定马上上马，拨付100万元作开办费，正式成立华昌煤矿公司，总部设在四川省犍为县竹根滩，自任董事长，史维新任总经理，周道隆任厂长兼总工程师，马上办理立案复工手续，克日开工。

重庆银行就这么开始直接经营华昌煤矿，与金城先投资后接手经营略有不同，可见潘昌猷办事豪爽的风格。华昌煤矿开工不久，犍为盐场闹煤荒事不幸被言中，果真闹起煤荒来，而经济部的两项鼓励开采煤矿的措施也顺利出台，煤价提高了，开采煤矿企业请贷必准。潘昌猷大喜过望，逢人就说："我说煤炭有搞头嘛你们不信，现在如何?"

华昌煤矿总经理史维新是潘昌猷的侄女婿，来到犍为五通桥，踌躇满志，决心大干一场。他和厂长兼总工周道隆联手共进，短时间完成恢复生产，开始源源不断出煤，供应犍为盐场，缓解犍为盐场煤荒，自已效益也不错。随着产煤量增加，出现新问题，运输跟不上，大量煤炭堆积如山，不能满足外面急需煤炭的需求。史维新和周道隆十分着急，可修公路修铁路不能一蹴而就，需要大笔钱和大把时间，远水救不了近火，眼前问题怎么解决?

事情捅到潘昌猷那里，潘昌猷大为恼火，不就具体问题说事，反问史维新，你当初怎么没想到运输的事？史维新气呼呼顶他几句。潘昌猷正好说气话："你不干给我走人!"史维新拍屁股就走。史维新不是没有本事。他离开潘昌猷后，去了四川威远煤矿做了总经理，干得好，成为著名煤炭专家。

潘昌猷撵走史维新，请傅友周做总经理，拨款70万元，修建接通外面的铁路，开凿河流，发掘新坑道。傅友周（1886－1965）不是简单人物，重庆市人，1909年毕业于上海复旦公学，1910年考取官费，留学美国科罗拉多大学，1914年毕业后回国，曾任四川省长官署代理实业科长、天津南开大学教授，1926年回到重庆，任重庆商埠督办公署工务处长、重庆市公务局局长，主持修建了拆城墙修马路工程，是重庆有名的工程师。

傅友周经过一番努力，华昌煤矿的对外通道打通了，煤炭产量提高了，原以为煤炭自然畅通无阻，运销各地，谁知又出新问题，买他们煤炭的人不多，销量萎缩。潘昌猷派人做调查，明白了，是遇到了强有力的竞争对手，大部分煤炭市场都被人家抢占了。这个对手是同处犍为县的嘉阳煤矿。

嘉阳煤矿就是抗战迁来大后方的大名鼎鼎的河南中福煤矿。抗战爆发，

1937年底，中外合资河南中福煤矿在孙越崎领导下成功渡过黄河，将2500吨机器设备材料和1100名管理人员、技术人员迁到武汉。不久，武汉战事紧张起来，政府动员再迁，中福煤矿不知往哪里迁。经济部长翁文灏把卢作孚介绍给孙越崎。孙越崎与卢作孚达成协议，合办重庆天府煤矿。孙越崎便在卢作孚帮助下，将中福公司迁到重庆北碚。1938年5月1日，中福公司同天府公司正式合作，成立天府矿业股份有限公司，卢作孚为董事长，孙越崎任总经理。

根据《乐山日报》记者代世和采访调查，河南中福煤矿从焦作迁到内地，先迁湖南湘潭，再迁重庆，在重庆成立嘉阳煤矿公司总部，在乐山犍为县设矿厂办事处。我所写中福煤矿与卢作孚天府煤矿合作的事没错。要补充的是，中福煤矿迁到重庆后，一部分机器设备与卢作孚的天府煤矿合作，组建天府矿业公司，一部分迁往乐山犍为，组建嘉阳煤矿。嘉阳煤矿是大后方很重要的煤矿，由经济部长翁文灏亲自兼任嘉阳煤矿董事长，孙越崎任总经理，老矿长汤子珍任矿长。迁到乐山犍为的是中福煤矿的主要部分。

中福煤矿是中英合资企业，拥有先进的大型采煤设备和先进的管理办法，加之有经济部长的背景，犍为盐场也属经济部管，规定犍为盐场优先购买嘉阳煤，若有不够，再向市场购买。潘昌猷从上面打听到这些消息，才知道华昌煤矿原来矿主停产的真正原因，不禁暗暗叫苦。潘昌猷的哥哥潘文华是四川本地军人，与经济部素无往来，无从干涉，何况此刻正在前线指挥作战，也无暇顾及。潘昌猷不死心，心想，不打开经济部的路子，华昌煤矿没法干，便厚着脸皮去找经济部长翁文灏，恳请经济部对嘉阳与华昌一视同仁。翁文灏以中福是国营企业，理当优先保障为由解释。潘昌猷愤愤不平，怒而不言。

投资华昌煤矿的风险落到重庆银行头上，后面的日子怎么维持，成了潘昌猷一块心病。潘昌猷投进去100多万元，不甘心小打小闹，便心生一计，再找经济部长翁文灏，不说煤炭销路，只说按照经济部扶持民商开采煤矿优惠政策，前来申请一笔贷款，愿用华昌煤矿作抵押。这是正事，不好再敷衍，也为了鼓励民办煤矿，翁文灏遂批准贷款。煤矿贷款享受政策优惠，利息极低，低于通货膨胀率。潘昌猷便拿了贷款干别的事，到期归还贷款再续贷，长年享受煤矿优惠，于是再也无心经营华昌煤矿，只是少少地生产一些煤作应付。拿潘昌猷的话来说是："华昌煤矿不死不活最好。"

当事人石体元、刘选琛、赵世厚回忆说：

四联总处的工矿事业贷款，利息和偿还期都远远优厚于一般贷款。如1944年，潘昌猷用华昌公司出票，四川省银行承兑，便向四联总处借款3450万元，其中还有两年偿还的长期贷款，在法币不断贬值的情况下，占了极大的便宜。所以，潘对这个年年蚀本的华昌公司并不关门，当然也不认真开采。直到1948年，由于华昌欠了国民政府巨额预煤，潘便将整个厂矿作价抵充，因为这时再背上这个包袱已经十分不划算了。潘还曾向东林、仁民、江合、华安等煤矿投有资本。后来他把这些股票都卖掉了。①

这里提到的“政府预煤”，自然是抗战期间鼓励发展煤矿工业政策的产物，政府给予优惠，也强行征收煤炭，实行煤炭统制，用于维持抗战经济。这也反映了国民政府煤炭统制政策。抗战爆发，包括煤矿在内的燃料，国民政府成立专门的燃料管理处进行管理，且隶属军委会，行政院另设机构管液体燃料，可见煤炭对抗战之重要。国民政府迁渝，成立经济部，燃料管理处划归其管辖，对煤炭统制作了大量工作，没有丝毫放松。

潘昌猷投资华昌煤矿正是响应政府大力发展煤炭生产号召的实际行动，至于后来遇到的困难及采取的对策，也是为了维持华昌煤矿生产、生存，从侧面反映出抗战期间开办煤矿的艰难。总体而言，重庆银行开办煤矿符合抗战需要，为维护大后方煤炭市场作出了贡献。

三　秘密走私

湖北银行抢购粮

日军攻占武汉后，抗战进入相持阶段。随着汪伪政权的建立，沦陷区和国统区一分为二，泾渭分明，中间是战区。中国政府为打击日伪政权经济，组织官商民商共同参与走私沦陷区物资，用以满足国统区经济需求，同时打击日伪经济。同样，日伪政权派人来国统区走私物资，破坏国统区经济。这是抗日战争相持阶段新的斗争形式——秘密经济战。

什么叫经济战？山东大学教授李平生指出：

---

① 中国民主建国会重庆市委员会、重庆市工商联合会文史资料工作委员会编：《重庆五家著名银行》，西南师范大学出版社1989年版，第197页。

所谓经济战，从消极的方面来说，就是要维持并发展本国或后方地区的生产，确保人力、物力、财力的充足供应和运用得当；从积极的方面来说，就是要尽量地消耗敌人的一切资源，瓦解敌人的生产，窒息敌人的经济，使之发生根本的动摇。①

当时贸易走私的大致情况是这样的。进入国统区的物资主要是：纸烟、布匹、糖、西药、鸦片、化妆品、高丽参、针织品、煤油、洋蜡、火柴、颜料、墨水笔等。进入沦陷区的主要物资是：桐油、茶叶、生丝、粮食、棉花、苎麻、羽毛、油类、草纸、木材、铜元、法币等。

双方的走私据点，北部是洛阳、蚌埠，华中是长江沿岸大中城市，南部是汕头、广州、北海，东南是福建、皖南、浙江的大中城市。双方的走私路线是，从内地到走私据点，再运到两军战线中间区的乡镇，再运往各自内地。

抗战爆发不久，国民政府陆续出台系列严禁走私政策，比如《食粮资敌治罪暂行条例》《国民经济绝交办法》《禁运资敌物品条例》《查禁敌货条例》等。1939 年 3 月，经济部颁发《游击区棉烟之减种与禁运办法》，要求游击区各地方当局尽量减少种植棉花、烟草，只要本地够用就行了，以免走私资敌。

这些政策是对日经济作战的指导思想和政策规定，在一定程度上打击了日伪经济，但犹如一把双刃剑，对自身经济也造成很大破坏，效果不佳。1938 年，日伪政权向国统区出入口的走私高达 3.2 亿元。蒋介石为此忧心忡忡，说："我们目前经济上最大的困难，就是因为走私不能禁绝，一切进出口货物之不能统制，尤其是仇货之得以侵入内地，伪币之潜在战区推行，完全由于我们缉私的机构不能健全，亦即是由于各级财政、经济、交通人员忽视本身职责之所至。"②

1939 年，国民政府开始调整政策，放宽进出口内运的禁令，将禁止进口物资限于奢侈品和半奢侈品，修改 1938 年制定的《查禁敌货条例》，甚至实施"训练勇敢有为青年深入战地，以政治、经济力量吸收战区人力物资为我所用""战区抢购物资尤当不计盈亏"，成立经济作战部等原则、措施，以适应抗战需要，更积极主动地与日本进行秘密经济战。

经济战的主要阵地之一是银行。抗战爆发，银行从战区撤往后方，安定之后立即积极投入经济抗战，比如遏制上海外汇黑市、化解重庆提存风潮、扩大

① 李平生：《烽火映方舟——抗战时期大后方经济》，广西师范大学出版社 1995 年版，第 261 页。

② 同上，第 268 页。

西南营业机构、撤迁控股工厂等。爱国实业家以搬迁工厂到大后方重建复工支持抗战。爱国文艺家以组建战地演出队，深入农村集镇，宣传抗日，支持抗战。爱国银行家发挥所长，抢购物资，充实抗战资源，维持抗战经济秩序，同样为抗战作出重大贡献。

湖北省银行成立于1928年，经1935年法币改革，货币统一，外汇安定，营业机构增加，到1937年下期，与1929年相比，存款5600万元，增长3倍，辅币发行1100万元，增长61倍，资本500万元，增长3倍。

抗战爆发，湖北银行积极投身维持抗战经济工作。1938年1月，上海、南京先后沦陷，日军围攻武汉，湖北多地出现经济恐慌，特别是粮食。鄂西一带粮食减产，粮价飞涨，军民用粮出现问题。湖北省银行根据湖北省政府安排，负责办理鄂西地区储粮工作。当时，中国大量军队集中到武汉外围，保证部队粮食供应是湖北省政府义不容辞的责任，所以要求湖北银行在鄂西储粮，支持前线作战。

湖北银行的行长叫南夔。他经营银行的理念是健全银行组织，广泛吸收游资，扶助工农生产。接到省府命令，南夔行长即派出多支小分队前往武汉、沙市大量采购大米，陆续分别运往长阳、五峰、巴东、秭归各地存储，作为战时储备粮，以保证战争急需。此事因事情重大，时间紧迫，省府一时无法凑到资金，便要求湖北银行先行垫付。为政府垫资是银行的职责，为抗战垫资更是银行的光荣，所以湖北银行毫无怨言，全力支持，立即从各处紧急调来资金，满足粮食采购需要。这时第五战区、第九战区在湖北作战，也要求湖北银行贷款代办储备军粮。湖北银行答应照办。有鉴于此，为了完成省府和两个战区的筹粮任务，湖北省银行立即组建信托部，为其配置500万元资本，要他们到湖北各地、四川、湖南等地抢购粮食，广泛建立粮站，做好粮食运储调拨工作，务必满足部队作战需要，坚决打好这场对日经济战。

当事人徐匡涛、何有藻回忆说：

> 1939年春，该行受九战区委托，贷款250万元，在鄂西、鄂中各县以及川湘两省，分途采购稻谷齐米，同时在秭归、巴东、长阳、利川、宜恩各地修建粮食仓库40余座，以备军粮储存之需。1939年5月，该行认拨五战区购粮委员会周转资金126万元，在郧县、均县、郧西等县购储粮食，以备军用。①

---

① 徐匡涛、何有藻：《回忆湖北省银行》，载于《湖北省文史资料》1987年第3辑，第37页。

随着战争局势的逐步恶化，湖北省需要更多的储备粮食。省政府责成湖北银行扩大储备粮食范围，粮食收购地扩大到嘉鱼、蒲圻、钟祥、应城、当阳、松滋各县。湖北银行已有采购储备粮食的经验，立即到产粮区抢购大米，分别运往上述县储藏。

在抗战最艰苦时期，储备的粮食在关键时候发挥出巨大的作用。1938 年秋，嘉鱼、蒲圻等县面临日军攻占的危险，岌岌可危。政府组织机关团体学校转移，而疏散民众最急需的是粮食。当地政府找到湖北银行行长南夔商量，请他批准动用部分储备粮。南夔调查发现他们的确非常急需一批粮食，否则民众没有吃的没法转移，于是便与地方联合请示省政府，请求将储藏在本地的粮食卖给机关团体，无偿发给难民，帮助他们疏散。省政府批准同意。湖北银行和当地政府立即抢在沦陷前，将这批储备粮配售给民众。逃难民众有了粮食，有的带着粮食转移，有的用粮食租借逃难交通工具，有的用于偿还债务，纷纷踏上逃难之路。这批储备粮起到了帮助民众转移，安抚民心的巨大作用。广大难民纷纷表示，不管走到哪里我们都抗战到底。

湖北各地对储备粮的处理各有不同。松滋县、当阳县的储备粮，根据省政府安排，因为战事吃紧，储藏在当地已不安全，提前转移到更往西一些的秭归、巴东两县。湖北银行据此马上组织转移，顺利完成省政府命令。不难看出，银行在战时除了维持抗战金融市场，组织资金服务抗战，还肩负了政府安排的其他工作，甚至连粮食转移这类属于政府粮食、交通部门的事也做，充分说明银行一切服从抗战。

转移到秭归、巴东的储备粮同样发挥了巨大作用。随着战事推进，武汉、沙市、宜昌相继沦陷，大批难民涌往秭归、巴东，致使秭归、巴东人满为患，粮食紧张，粮价飞涨，人心惶惶。省政府下令开仓放粮。湖北银行将这批粮食平价逐步投入市场，致使粮价回落，民心稳定。秭归、巴东两县的储备粮一直供应到 1940 年 8 月才配售完毕。

湖北盛产桐油，抗战前就是出口换汇物资。湖北银行过去每年都收购桐油，派人深入产区，及时为桐油收购提供融通资金，提供押放款，以对抗外商强买强卖。抗战爆发，他们继续支持桐油收购出口。1938 年，鄂西 13 个桐油盛产县都得到湖北银行的专项贷款支持。湖北银行还着力培植鄂西各县发展桐油生产，贷款支持农民广种桐树，成立桐油运输合作社，设立榨坊，并负责收购桐油。1939～1941年，湖北银行在鄂西共计收购桐油18万担，转送湖北桐油公司出口。湖北银行的做法既为农民增加了收入，又为国家换来外汇，自己的贷款业务也得以发展，为维持抗战经济，稳定社会，稳定人心作出积极贡献。

湖北银行还大力支持茶叶生产。鄂南的茶叶很有名，历来是国家外贸出口的品牌。抗战爆发，鄂西茶叶生产一度受到影响。湖北银行从维持抗战经济出发，在宜都设立茶叶管理处，向茶农和茶商提供贷款，支持他们生产和销售茶叶。1939年，湖北银行共计发放茶叶贷款46万元，制成红茶上千箱，交中国茶叶公司转运销售。在随后的1940年到1941年，湖北银行再贷出茶叶款90万元，制成红茶5000箱，交中茶公司销售。这些贷款有力地促进了鄂西茶叶生产。

湖北是中国重要的棉花生产基地。抗战爆发后，日本和汪伪政权发动对华经济战，大力抢购棉花、纱布，破坏国统区经济。湖北银行响应国民政府号召，针锋相对，与日伪抢购棉花。1938年武汉失陷后，湖北银行利用自身优势，大量抢购棉花、土布，运往重庆、万县、恩施，一方面满足大后方需要，一方面作为湖北自身储备。1940年，湖北银行将存放在四川万县的棉花调往鄂西、鄂北各地销售，解决当地棉花紧缺矛盾；将存放在恩施的土布供给湖北公教员工、学生、警察、团体做制作衣服之用，还把多余的棉花、土布在重庆、万县销售，将销售所得，再往产棉区、产布区进行收购，以满足城乡民众生活必须，活跃农村市场，平抑物价，维持抗战经济。

湖北银行根据政府平价物资供应处的需要，派人去省内外大量采购食盐、布匹、毛巾、鞋袜、肥皂等，按政府平价处规定的价格销售，或者按农民需要，与农民交换食用油、木柴、土特产等，再转手供应城市居民。

当事人徐匡涛、何有藻回忆说：

> 该行协助对日抗战方面，主要是扶助生产，抢购食物，物物交换，掌握了一定数量的生活必需物资，充实了一些抗战资源。同时，办理凭证分配，管制消费，平抑物价，保证了本省后方人民的生活，加强了抗战胜利的信念。这些工作主要是通过该行贷款2.4亿元的湖北省平价物品供应处和该行全部分支机构共同努力实现的。①

① 徐匡涛、何有藻：《回忆湖北省银行》，载于《湖北省文史资料》1987年第3辑，第36页。

湖北银行的这些做法是国民政府对日经济作战的重要组成部分，是国统区各省各地对日经济作战的一个缩影。这是一条对日作战的秘密战线，用资金筑成阵线，用粮食、棉纱、桐油、茶叶做枪炮，银行人员是前线战士，作战方式是秘密的经济活动，作战目标是维持中国战时经济秩序，支援我军抗日作战，搅乱日伪区经济，破坏日伪军作战。

重庆银行走私布

湖北银行抢购战略物资，是在湖北境内的公开买卖。除此之外，银行还有一条秘密经济战线，那就是冒着危险，悄悄去沦陷区购买战略物资运回国统区，叫经济走私。

重庆银行（前身叫重庆市民银行），上文介绍了，是一家地方银行，总经理叫潘昌猷，是著名川军将领潘文华的弟弟。潘昌猷在重庆、四川很吃得开，不但是重庆银行总经理，还是四川省银行董事长。不过此公运气不佳，在抗战前夕因为炒公债大发横财，差不多赚了 500 万元，舍不得卖，还想更上一层楼，可惜抗战突如其来，公债应声下落，且一发不可收拾，引起重庆证券交易所交割风波，进而引发重庆金融风波，其所赚不但全部亏掉，反而血本无归。好在此公的哥哥潘文华在抗战前线做集团军总司令，他凭一纸“罪已诏”自我检讨渡过难关，继续做他的重庆银行总经理，也寄希望将功折罪。

抗战前，1932 年，重庆市民银行（1934 年改成为重庆银行）在上海设有一个办事处，经理叫邵继皋。抗战爆发，邵继皋无事可做，要求撤回重庆。潘昌猷分析形势，觉得上海即或失陷还是中国的经济中心，一定有生意可做，便不同意邵继皋撤回重庆的要求，回信说，你不用回来，留在上海看情形，没业务也没关系。果然，1938 年上海沦陷后，意外出现“孤岛繁荣”景象，工商金融都呈现一时繁荣。潘昌猷见上海办事处大有可为，就把办事处扩大为分行，派朱芝菲做经理、吴明刚做会计主任，另派两个行员、一个工友，要他们立即出发去上海。朱芝菲等四人便从重庆出发，走北路出川，先到成都，再翻秦岭到西安，过风陵渡，到郑州，坐陇海铁路火车去上海，耗时三个月。

重庆银行上海分行一经开张，便在潘昌猷遥控下，其他业务不着急慢慢来，当务之急是炒作法币，赚钱作资本。法币是国民政府 1935 年发行的全国统一货币，有外汇作准备，与外汇汇率挂钩，是坚挺的。上海已沦陷，市面流通多种伪币，币值不稳，信誉不佳。上海分行便利用法币、伪币之差，在上海大力吸收伪币存款，给予存款人较市面利率略高利息，吸引存户踊跃存款，再将伪币照汇价换算成法币待用。

潘昌猷见上海分行存款增加，渐有积蓄，便打主意要用这些钱在重庆做点什么，就叫上海分行经理朱芝菲汇些钱到重庆。朱芝菲接到调钱指令觉得不好办，一是要用伪币换成法币，上海也流通法币，不是日伪当局的意思，是民间自发流通，都是从国统区流转过去的，流通量不大，物以稀为贵，兑换是要吃点亏的；二是怎么汇？上海与重庆早已断汇，要么经过香港中转，要么携带现金走私。朱芝菲想尽办法，通过走私商贩调了一小部分法币送到重庆。

潘昌猷于心不甘，心想，有钱不用，白支付利息，太不划算，但具体怎么做一时也没有主意。这时，国民政府对敌战区走私的政策很严厉，派出经济稽查队四处游弋，抓着违法乱纪者一律重罚。潘昌猷不敢从上海走私法币和物资。他想来想去，想到了香港，要是从上海买了紧俏商品，不是穿过战线走私回重庆，而是先去香港，再通过越南海防到昆明到重庆，不就解决违法不违法的问题了吗？眉梢一动，喜上心来。

潘昌猷打电报给上海分行经理朱芝菲，说上海物价低且丰富，重庆物价高且稀缺，你用手里的钱买些大后方紧缺商品，走香港、海防、昆明到重庆，应当有赚头。朱芝菲遵照执行，在上海买了 2 万件布匹、5000 件棉纱、几十圈钢丝绳，总计十几万元的货物，按照潘昌猷的安排，派人押送离开上海去香港。货物上了路，潘昌猷在重庆着急，天天扳着指头算日子。朱芝菲在上海更着急，天天打电话问押送人已到何处，情形如何。这不怪他们不经事，长途贩运的确太艰难，路途遥远不说，日军咄咄逼人的军事进攻叫人不知所措，不知道明天战火会烧到哪里，中国军队又会退守何方，更何况兵荒马乱，土匪游兵猖獗，弄不好连人带货都要出问题。

不过还好，消息来了，这批货已顺利抵达越南海防，不日即可运往昆明。潘昌猷闻讯大喜，叫他们把货发过来。办事人员回电："已接洽法国当局，需付入境税、过境税共计某万元方可放行。"潘昌猷大吃一惊，这不是敲诈勒索吗？又一想，这样的货在重庆是一天一个涨，放一放正好，便回电说："货抵海防，大可不急，多存一天，多赚一元。"过些日子，潘昌猷觉得差不多了，便去电报要海防发货过来。那边的人员便去办手续，就在一切都谈得差不多的时候，突发意外，办事人员被游兵刺死。这怎么办?

当事人石体元、刘选琛、赵世厚回忆说：

> 这批货物到了海防，法国殖民当局除征收关税外，还要外加什么入境税、过境税。舍得出钱的私商把税纳了，就把货物运走了。潘昌猷舍不得花这笔钱。他叫运货的人去向法国殖民当局交涉。法方不理，非要钱不可。潘并不着急，因国内物价天天涨，货物在海防多搁一天，可以多赚些钱，以致这批货物在海防搁了很久。潘派昆明分行经理涂绍宇去交涉。法方向重庆银行索贿，货物即可放行。涂绍宇返回昆明准备携款去取货，行至中途，遇一群散兵强迫要求搭车，遭涂拒绝，散兵便一刺刀将涂刺伤，随即死在医院。涂一死，行贿的线也断了，货物仍不能启运。不久，日军突然进攻海防，货物全部损失。①

不难看出，日方对沦陷区货物的控制非常严格，不允许国民政府来沦陷区采购物资。日本那时已不需要中国的法币，因为法币已经不能自由兑换外汇。国民政府用法币去沦陷区大量采购物资，主要是军用和民生急需物资，一是解决大后方生产不足的经济困难，二是借以破坏日伪经济，破坏日本以战养战计划。

沦陷区走私是对敌秘密经济战的一种手段，由国民政府经济部负责，军统协助。经济部制定若干鼓励、奖励措施，发动广大民商参与，允许民商将贩回的走私物资，或按优惠价卖给政府，或在不超过指定价格的基础上自由出售，赚取合法利润。这样一来，民间商人，甚至机关工厂团体都跃跃欲试。银行可以垫付巨额资金，有经济信息，自然一马当先。不过在日伪军的严控下，去沦陷区走私具有极大的危险性，况且中间隔着战线，交通阻塞，没有特殊关系不可逾越，只好绕道海路，经香港、越南、缅甸，走滇缅公路，或直接从越南陆路回国，再经昆明、贵阳进入大后方。这是一条长达数千公里的非常遥远、非常艰难的路程，令人望而生畏。于此可见维持抗战经济之难。

即或如此，为了抗战，响应政府号召，冒险去沦陷区走私的还是大有人在。重庆川康银行即是一例。上文介绍了，刘航琛是川康银行董事长，1937年9月，利用重庆金融危机，兼并了四川商业银行和重庆平民银行，实力大增，自然不会放过去沦陷区走私的机会。川康银行是贸易老手，1937年8月曾委托民生轮船公司运送500吨桐油去上海，遇到八一三战火，被迫把桐油转

---

① 中国民主建国会重庆市委员会、重庆市工商联合会文史资料工作委员会编：《重庆五家著名银行》，西南师范大学出版社1989年版，第175页。

移到香港、美国，还赚了25万美金。

川康银行有大量存款而没有项目投资，便决定去沦陷区走私，专门成立康记字号，总号设重庆，分号设汉口、万县、成都，主要经营棉纱、棉花、川盐。他们分析，全国四大纱厂已迁来重庆复业，急需大量棉纱，而四川、陕西的棉纱完全不能满足，便决定去湖北收购棉花，运回重庆卖给四大纱厂，又决定去上海走私布匹，运回大后方销售。他们的这两桩生意都以四川万县为集散码头。货物在万县储存到一定数量，装船沿长江而上到重庆、成都，叫走上水。重庆的船下万县不放空，运川盐到湖北、湖南销售，叫川盐济楚。经过一番努力，初见成效，1938年，川康银行康记字号赚了11万元。

1939年，战事出现变化，武汉失守，中日两军成胶着状态。重庆作为抗战大后方中心的作用日见明显，人口增加，工厂增加，经济一度繁荣，市场趋于活跃。这时政府的进出口政策已有调整，放宽进出口内运的禁令，实施“训练勇敢有为青年深入战地，以政治、经济力量吸收战区人力物资为我所用”“战区抢购物资尤当不计盈亏”等措施，鼓励民商积极参与沦陷区走私。于是，川康银行决定加大沦陷区走私力度，组建中懋公司，投资3000万元，以走私生意为主，主要经营布匹、棉纱、百货、颜料、药材。他们从上海购进货物，经香港，转越南海防，再用自己的大卡车走滇缅公路到重庆，连连得手。

川康银行总经理宁芷邨、协理周季悔、重庆行经理衷玉麟、员工孙谦牧是沦陷区走私的当事人。他们回忆其中的一次走私情况说：

> 1940年，由川康申行经理何继纲代中懋经手，从上海大批进货，运至香港，再转海防进口，单是疋头就有2.5万匹，法国鸡牌颜料也有300箱。为了解决运输困难，中懋还购进卡车10辆，在滇缅路上抢运物资。①

政府对民商走私有严格的要求，不准囤集卖高价。四川美丰银行违反规定，被政府稽查队处罚。1939年，美丰银行成立德丰公司，专做进出口生意。美丰银行总经理康心如的做法与众不同，只对子公司投资50%，其余由子公司自行筹资，主要负责人自然由美丰委派。比如德丰公司的经理康心之是康心如的弟弟。康心如这样做的道理，一是控股子公司，二是充分调动子公司积极

---

① 中国民主建国会重庆市委员会、重庆市工商联合会文史资料工作委员会编：《重庆五家著名银行》，西南师范大学出版社1989年版，第112页。

性，三是减少美丰资金负担和责任负担。

政府对银行的资金控制得很严，规定银行对外投资不得超过本身资本的25%。美丰在投资德丰时，因为开设的子公司多，超过政府限制，就悄悄使用内账上的资金，政府查不到。内账就是银行内部的账，不对外，对外的是外账。

有一次，德丰公司走私购进一批汽车轮胎、电线，藏在仓库里，四处联系买主，准备及时出手。谁知消息泄露，政府经济检查队上门封锁仓库，检查账目，最后以违法囤集为由，强行以官价收购。康心如、康心之兄弟面面相觑，无话可说。事后，两兄弟想，美丰已成经济检查队目标，今后如何做生意？人家都在做，总不至于不做了吧，他们十分苦恼。为此，康心如请杜月笙帮忙疏通。杜月笙给康心如出了个歪主意。康心如就用这个歪主意解决了问题。

杜月笙是什么歪主意呢？康心如回忆说：

> 经济检查队是国民党特务组织，它的后台是军统特务头子戴笠。美丰要想利用子公司经营货物，如果对特务头子不加关照，必然发生问题。那时杜月笙在重庆正极力拉拢金融界，我和他时有接触，曾向他谈及德丰被查封仓库的事。他建议我最好与戴笠说明情况，可利用军统特务机关4月1日举行纪念会，同时设立图书馆的机会，赠送图书，搞好关系。适逢黄礼生藏书几千册正待出售，美丰便购买了这批图书，作为礼品，捐送给戴笠。我还应邀参加了他们的纪念会。此后，德丰继续营业就未被特务骚扰了。①

赊销桐油五百吨

金城银行也积极参加沦陷区走私。它的贸易公司叫通成公司，主要经营纱布、杂粮和煤炭，成立于1920年，资本额为100万元，1940年增加到300万元。通成公司的经营宗旨是“借供社会上之需要，并谋自身之生存”，意思是，凭借提供社会的需要，求得银行自身的生存。社会需要是什么呢？一言以蔽之，就是抗战需要。通成公司的原话是这样说的：

> 通成公司在此战事期间，只能相机营运，借供社会上之需要，并谋自身之生存，然不能即此坐待旷废，故必须趁此机会，完善组织，充实其人力。②

---

① 中国民主建国会重庆市委员会、重庆市工商联合会文史资料工作委员会编：《重庆五家著名银行》，西南师范大学出版社1989年版，第75页。

② 中国人民银行上海市分行金融研究室编：《金城银行史料》，上海人民出版社1983年版，第600页。

通成公司为适应抗战形势需求，把走私沦陷区物资作为重点，全力以赴，把上海、天津等沦陷区的、抗战大后方急需的抗战资源源源不断地运往大后方。1938 年 4 月，通成公司设立广州办事处，把上海、天津的棉纱、布匹大量买来，转运香港、广州，再运到武汉出售，以满足抗战军民需要。通成公司把这叫作“沪汉两埠绕道连贯之计”。后来广州遭日军轰炸，通成公司改变运输路线，在昆明和越南海防设办事处，在重庆设立分公司，在成都、宜宾设立办事处，把从上海、天津抢购来的物资，经香港、海防、昆明，直接运到重庆、成都，形成一条长达万里、横跨南中国的抗战资源地下运输线，为大后方源源不断地送来军民急需物资。

这在抗战关键时刻起了巨大作用，不但大大鼓励广大抗战军民投身抗战的热情和勇气，还极大解决抗战爆发带来的棉纱生产的严重不足问题，为稳定市场，维持抗战经济作出贡献。当时，因为上海、天津、江浙一带的棉纺厂往内地撤迁不及时、不得力，以致大批棉纺厂滞留原地，落入敌手，而大后方却出现衣被紧张局面。武汉会战时期，国统区普遍缺衣少被，而解决办法之一，便是去沦陷区抢购，抢购棉花、棉纱、布匹，运回武汉组织生产，供应市场，较好地克服了抗战初期物资极度短缺问题。

通成公司有了运输线，在沦陷区遍设收购网点。这些网点包括：1. 推销天津北洋纱厂、恒源纱厂纱布，在其附近设立 10 个收购棉花庄。2. 河北设粮棉行 5 处：德州、东光、保定、石庄、邯郸；设纱布批发和门市店 3 处：天津、北京、济南。3. 设立成兴粮行，收购米麦豆饼杂粮。4. 建立通成上海、南京、广州、香港、武汉、重庆等地分公司。5. 建立蚌埠杂粮分庄、无锡杂粮分庄、南京杂粮分庄、苏州丝绸分号、震泽丝绸分号、南京大成绸号等。

有了运输线和运输网络还不够，还需大量资金做周转。这大量资金全部来自金城银行。金城银行利用其在各地建有分支机构的优势，除了通成总公司在办货时可以取得当地金城贷款外，发货运往外地时，可以向金城办理押汇，货物销售后，除归还押汇外，还可以交给金城代为套汇，及早取得放款，以便再做生意。

为此，金城银行在抗战期间向通成公司提供了大量贷款，计：1937 年 549 万余元，1938 年 1136 万余元，1939 年 827 万余元，1940 年 1655 万余元，

1941年1644万余元，1942年1092万余元，1943年2932万余元，1944年4140万余元，1945年6月4140万余元，总计12298万余元。①

有了运输线、收购网点和持续不断的资金，通成公司抢购抗战资源越做越大，越做越好。

1938年通成公司营业报告说：

> 1938年所营之棉粮煤三类业务，论煤，则以华北沦陷，失其来源；论粮，则以内地交通梗阻，无法传输；论棉，则昔以沪埠为集散枢纽，今复困于窘境。然不能束手无为，于是万不得已，先就棉纱一类，除在本埠随时适应需求，稳慎营运外，趁内地货稀价高之际，借海道别谋出路……汉分公司，随武汉失陷而退入重庆，但其大半年中，棉纱及什粮营业之范围遍及两湖各地及川东、豫南，故其成绩也颇可观……至若津分公司，其棉业部则以津埠处境特殊，尚能照常营业，乃于推销国营北洋、恒源两厂纱布之外，复于产棉区域，分设十庄收棉……本年纱布、棉花盈利之收入，亦超以往之记录。②

不难看出，通成公司在日寇猖狂进犯下，发扬“不能束手无为”精神，实行“万不得已”办法，显然秉承的是通成公司“借供社会上之需要，并谋自身之生存”的宗旨。“不能束手无为”，体现了通成公司国难当头，匹夫有责的精神；“于是万不得已”，彰显通成公司权变智慧，进而达到火中取栗；“成绩也颇可观”，表现通成公司生生不息的进取能力。

通成公司在抗战艰难岁月，凭借自己构建的运输线、收购网和大量资金，构筑起一条经济抗战大动脉，将沦陷区大量抗战资源收购起来，不远万里，源源不断地运往大后方，满足大后方军需民用，为维持抗战经济，稳定后方社会，支援前线作战作出贡献，是中国对日经济作战的重要组成部分。

通成公司做生意其实有极大的风险。这里讲一个赊销500吨桐油给英国商人的故事。

抗战爆发，武汉金城经理戴自牧见武汉业务大受影响，报经周作民同意，前往重庆发展。重庆金城业务不错，储户存款有640万元，除掉放款，还有180万元头寸没法安置。戴自牧便叫汉口金城副理徐国懋想法放款。这时汉口瑞记英国洋行经理马克正需要资金，便委托手下买办蒋沛霖，让他的儿子、汉口金城员工蒋铭盘联系徐国懋。徐国懋知道瑞记的根底，是老牌进出口商人，

---

① 中国人民银行上海市分行金融研究室编：《金城银行史料》，上海人民出版社1983年版，第610页。
② 同上，第604页。

一口答应。金城便与瑞记扯上关系。过了些日子，四川桐油跌得一塌糊涂，原来每担四五十元，现在 17 元却没人收。马克的瑞记洋行趁机大量吃进桐油。戴自牧手里有 100 多万元头寸，也吩咐徐国懋买了大批桐油囤集武汉。

谁知随着战事进一步恶化，马克和戴自牧手里的大批桐油运不出去。马克立即打电报给瑞记的收购商——美国一家进出口大公司，并通过它，由美国国务院向日本政府提出强烈抗议，希望日本立即停止这种违反国际贸易法的行为，允许美国商人在长江上自由运输。日本不愿得罪美国人，答应对美国在长江上的船只放行。

徐国懋得知这个消息，马上去拜访马克，请求马克把金城的 500 吨桐油代为运到上海出口美国。马克在说了一大堆困难之后说："不是不可以考虑，只是这得采用一系列弄虚作假的手法，我们瑞记会因此蒙受损失，如果徐先生愿意支付一笔赔偿金，在下乐于效劳。不过你得想好了，我在卖掉你的桐油，回到中国来后，才能把货款付给你。你愿意吗?"徐国懋愕然一惊，这得冒多大的风险啊？要是马克黄鹤一去不复返怎么办？便说："赔偿金的事可以考虑，但货款……你能不能先付，或者先付一半?"马克说："不行，这是一次冒险行为，也许我们的货都将葬身江底。不过请你放心，我回美国卖了货就回来付款给你。你要是不相信我可以不找我。"

徐国懋不敢答应，立即电报请示在重庆的戴自牧。戴自牧也非常犹豫，可考虑再三，无路可走，眼看日军就要攻占武汉，总不能把货送给日本人，于是咬着牙签字同意。徐国懋便和马克达成协议，瑞记洋行把金城在汉口的 500 吨桐油代为运到上海出口美国，金城愿意将这批桐油出口所获净利润的 50% 作为赔偿金付给瑞记洋行；金城同意瑞记洋行卖掉货后支付货款。

马克把金城的 500 吨桐油运走后，武汉不久即失陷。徐国懋及武汉金城的人员撤退到重庆。戴自牧和徐国懋再也没有接到马克的任何消息，非常着急。金城总经理周作民非常关心这笔货款的安全，多次催问。戴自牧和徐国懋无言以答。

事情的结果是，马克将瑞记洋行的桐油和汉口金城的桐油，统一以瑞记名义出口到美国，完成交易，收到货款，回到重庆，扣除金城卖出桐油的所有费用，再扣除金城应得净利润的 50%，归还给金城 12 万美金，并提供一切原始凭证。戴自牧、徐国懋悬在心里几个月的石头才应声落下。

四　黑市外汇

千万英镑被套走

在大撤退的浪潮中，银行界与全国民众一样积极投身抗日救亡运动，坚守岗位，恪尽职守，誓死不与日寇合作，为支持抗战，维持抗战金融局面作出重大贡献，但抗战形势却步步趋险，令人担忧。

此时国民政府在军事上节节败退。1937 年 11 月 5 日，日军 3 个师团在 80 余艘军舰配合下登陆杭州金山卫，分兵两路进攻上海。11 月 8 日，太原失守。11 月 12 日，上海失守。南京近在咫尺，岌岌可危。1937 年 10 月 29 日，蒋介石在国防最高会议上作题为《国府迁都重庆与抗战前途》讲话，正式提出酝酿已久的国民政府西迁重庆的事情。国民政府据此作出决定，外交部、财政部、内政部及全部金融机构立即迁往武汉，交通部、实业部迁长沙，其余各部迁重庆。11 月 11 日，蒋介石拜会国民政府主席林森，会商国民政府迁渝事，并做出国民政府迁渝安排。第二天，上海失陷当天，国防最高会议正式宣布国民政府迁都重庆。

当晚，月色朦胧，国民政府主席林森率文官处、主计处、参军处部分官员，在蒋介石及众多官员的依依惜别中，登上“永绥号”军舰离开南京，溯江西上去了重庆。紧随其后的是由实业家、文艺家、银行家、教育家、科学家、政府官员带领的银行、工矿、学校、报馆、博物馆、研究所、机关、团体组成的浩浩荡荡的西迁大军。

按照国防最高会议决议，从 1937 年 11 月开始，国民党中央、国民政府机关及金融机构陆续迁往武汉。交通银行奉财政部令由总行改为总管理处，撤往武汉。中国银行董事长宋子文、交通银行董事长胡笔江、浙江兴业银行总经理徐新六搭乘“阿拉密司号”法国轮船离开上海前往香港。这时孔祥熙已从国外回来，1938 年 1 月来到武汉就任行政院长。此时，国民政府党政军要人差不多都来到武汉。

根据抗战形势需要，国民党于 1938 年 3 月在武汉召开全国临时会议，通过《抗战建国纲领》，对抗战经济工作提出八条要求：一、以军事为中心，实行计划经济；二、全力发展农村经济；三、开发矿产，建设重工业基础；四、推行战时税制；五、统制银行业务；六、巩固法币，统制外汇，管理进出口；七、整理交通；八、严禁奸商投机，实施物品评价制度。

这是对抗战爆发以来对日经济战作的总结，也是今后对日经济作战的大政方针，具有重要意义。这里涉及银行业的有“统制银行业务，巩固法币，统制外汇，管理进出口”，是抗战时期管理银行业的重大措施，是争取对日经济作战胜利的重要保证。

这次经济战略调整的两个重点是统制外汇和巩固法币，是针对刚成立的日伪中国联合准备银行的。1938 年 3 月 10 日，北平日伪政权组建中国联合准备银行，发行伪币，利用伪币代替法币、排斥法币，影响法币在沦陷区的发行流通和国际地位，发起对华经济作战的又一个重大战役。国民政府针锋相对，于 1938 年 3 月 12 日开始实行外汇统制政策，颁布和实施购买外汇清核规则及清核三条办法，规定换取外汇须向中央银行申请，以防敌伪套取外汇，进而统制外汇，稳定法币汇率，维持法币信用，坚决反击日伪经济进攻，掀起中日金融货币大战的又一个高潮。

中日货币金融大战始于 1931 年九一八事变前后。九一八之前，日本将日元和朝鲜钞票输入中国东北。九一八事变后，日本成立满洲中央银行，发行伪钞，列入日元集团，排挤中国货币。1936 年 11 月 1 日，日本成立冀东银行，发行伪钞，与中国法币争夺市场。1935 年，中国奋起反击，第一个措施是由国家控股中国银行、交通银行，第二个措施是实行币制改革，取缔白银流通，发行纸币，取缔各银行各地滥发钞票，由国家银行发行统一的与英镑、美元挂钩的法币。法币是对日伪经济作战的锐利武器，是对日伪金融作战的坚固堡垒，是抗战最重要的方面军之一。抗战爆发，日本首先挑起中日货币金融战，其标志是 1938 年 7 月 12 日日本五相会议决定：“为了使敌人丧失抗战能力，并推翻中国现中央政府，应设法造成法币崩溃，取得中国在国外的基金，由此在财政上使中国现中央政府自行消灭。”①

日本对华货币金融作战有两个目标。一是把华北纳入日元集团，以利于日本投资，输出国内生产的过剩产品，掠夺战略物资，榨取中国外汇，达到以战

① 陈建智：《抗战战争时期国民政府对日伪的货币金融战》，载于《近代史研究》，中国社会科学出版社 1987 年版，第 2 期，第 48 页。

养战的目的；二是破坏法币，套取外汇，造成中国金融体系崩溃，推翻国民政府，摧毁中国抗战能力。

国民政府采取系列反击措施。日伪中国联合准备银行成立后的第三天，国民政府针锋相对，为防止伪钞破坏外汇市场，颁布《外汇清核办法》，凡是要用外汇的单位，报经中央银行，认可用途正当，才能按规定汇价批准，直接堵住伪钞企图套汇的漏洞。随后，国民政府宣布进一步统制外汇，凡是 1938 年元旦以后的订货，不得再申请外汇。这是针对实情，对 3 月颁布的《外汇清核办法》的修订，目的是严防日伪通过用伪钞购买法币，套取中国外汇。与此同时，国民政府财政部在华北游击区发行地方卷，代替法币使用，但不能购买外汇，即或日伪换购去了，也无法套取中国外汇。

有一利必有一弊。日伪套汇，中国堵住套汇，外汇于是炙手可热，想要外汇的人换不到外汇，只好私下购买，有外汇的人趁机哄抬汇价，正好给不法商人和外商银行提供了炒作外汇的天赐良机，而外汇黑市严重干扰法币汇价，中国要维持法币汇价就必须维持黑市汇价。于是，在诸多方面供需的基础上形成上海外汇黑市。所谓外汇黑市，指的是一些不法奸商不经过国家银行而私自买卖外汇，而那些没有正当理由，不能从中央银行购得外汇的人也在黑市购买，形成官方银行之外的外汇交易市场，致使日伪趁机大量收购法币，在黑市上套购中国外汇，既破坏法币又掏空中国外汇，给中国经济造成极大损失。据国民政府财政部统计，截至 1940 年，报到财政部的有 46 家银行损失 2.5229 亿元，全国金融业损失 4 亿元。

山东大学李平生教授指出：

> 外汇黑市产生以后，外汇市价大幅度地下降。英汇从 1938 年 3 月下旬的 1 先令 2 便士 25 分，降至 8 月初的 8 便士。法币外汇市价的巨跌，影响了中英美三国的共同利益。为此，8 月中旬组成了中英平准基金，暗中共同维护上海黑市汇价，在半年之内稳定在 8 便士左右。该项基金共 1000 英镑，很快被套购一空。为此，又重新组织了中美英三国合作之外汇平准基金。其外汇方针，将原来无条件无原则地维持上黑市的外汇政策，改为有条件有原则地供应。此法较前有所进步，但一来由于基金有限，二来由于法币膨胀，三来由于无法根绝投机商人和敌伪的套取，因而法币的外汇价格最终不能挽回下落的趋势。总体说来，这时期国民党政府既维持法定汇价又维持外汇黑市的政策是不成功的。①

---

① 李平生：《烽火映方舟——抗战时期大后方经济》，广西师范大学出版社 1995 年版，第 24 页。

有关这场经济战的情况，当事人、中央银行稽核处处长李立侠回忆说：

在法币政策实施之初，外汇可按法定汇价在市场上进行无限制买卖。当时法币法定汇价，为每元法币为英金一先令二便士半，市场买卖价格限定在买进一先令二便士七五与卖出一先令二便士二五之间。这就是法币汇价的上限和下限，当汇价达到下限时，中、中、交三行即无限制卖出，其余外币均比照英金计算。在七七事变前，汇价始终是稳定的。在七七事变发生后，抗日战争爆发，国民党政府立即采取金融紧急措施，并与外商银行签订君子协定，采用限制提存办法，避免提取存款，以减少外汇购买力，勉强稳定了一个时期。其后因战事变化，上海、南京相继失守，国民党政府已无力稳定外汇法价，遂于1938年3月12日颁布外汇清核办法，并停止在市场上无限制供给外汇。①

不准在沪购军布

1938年6月，正当中英平准基金与上海外汇黑市鏖战之际，孔祥熙召开全国金融会议，地点在武汉，来自行政院、财政部和全国的金融代表74人与会，落实《抗战建国纲领》有关金融工作，并根据实际情况制定金融抗战措施，主要措施有，鼓励输出业务，继续收集金银，增设地方金融机构，提倡节俭，鼓励日用品之生产，增加农业放款，继续贷给信用借款，训练金融人才等。这些措施无疑对调整中国经济，抵御日本侵略，应对抗战局面，维持抗战经济起了重要作用。

全国金融会议之后，经济形势仍然不容乐观。国民政府为了维持法币汇价和外汇黑市，十分吃力，但凡上海经济发生风吹草动，也忧心忡忡，害怕引起汇市混乱。那时宋子文在香港，孔祥熙在重庆，宋子文就经常通过电报与孔祥熙联系。宋子文是中国银行董事长。孔祥熙是财政部长，是宋子文的上司。宋子文以前做过财政部长，又仗着是孔祥熙的舅哥，常常直言不讳。孔祥熙也不计较，但不该听的照驳无误。

不准开设海外分行

1939年2月，宋子文在香港接待了不少内地银行的人，有广东省银行、广西省银行、福建省银行的，都是前来打探如何在香港或去海外设立分支机构的事，问他们何以如此，回答说，可以直接吸收外汇啊，便引起深思。宋心

---

① 寿充一、寿乐英编：《中央银行史话》，中国文史出版社1987年版，第24页。

想，要是大家一窝蜂去海外办银行抢外汇，中国银行在海外的机构必遭遇自己人的激烈竞争，而外汇便会分散流入各个银行手里，势必冲击国家外汇统制，必须立即制止。1939 年 1 月 27 日，宋子文给在重庆的孔祥熙发去电报说明此事，询问财政部是怎么回事，希望制止。孔祥熙立即答复说：

> 查各省银行在海外设立分行，除粤省行在新设立分行经部准予试办外，闽省行呈请到部，及经驳复，桂省行拟在新埠筹设分行，尚无所闻。兹为集中侨汇、稳定汇市起见，自应规定统一办法，以资管理。1. 各省银行在香港或海外各地一律不准设立分行。2. 本办法施行前，各省银行在香港或海外呈奉本部核准已设分行经营侨汇业务者，应予中国银行取得联系，所有吸收侨汇行市并应照中国银行规定办理，不得歧异。3. 各省行吸收侨汇应照原水单转售中国银行，同时由中国银行付还国币，仍由中国银行并案转售于中央银行，以一汇政。4、省银行违反易款之规定，一经查明属实，由财政部予以惩处。特先电征同意，即希查酌见复，以便通行遵照。①

由此看出国民政府对外汇统制和维持法币汇价的决心。

暂停中央信托局采购

1939 年 2 月，接近年关，宋子文对上海越发不放心，专门派人去上海驻守调查，重点是外汇黑市。这几个调查专员都是老上海银行的人，在上海住了几天，发现外汇黑市交易起伏很大，不正常，立即给宋子文发电汇报。宋子文一看他们提供的情报吓了一跳，果真有汇价大跌迹象，再一看原因，据说是重庆客在上海集中采购大批物资，忙马上去电，要调查专员务必弄清楚是什么样的重庆客。很快有了回电，是中央信托局的人。宋子文暗自着急。中央信托局成立于 1935 年 10 月，是中央银行的附设机构，总局设上海，接受中央银行和财政部双重领导，理事长是孔祥熙，主要理事有孔令侃，就是孔祥熙的儿子，1938 年迁重庆，主要业务是为政府对外采购军事物资。

宋子文心想，又是孔令侃捣乱，突然在上海花巨资采购物资，犹如投下一颗重磅炸弹，上海经济不乱套才怪。他想发电请孔祥熙注意，又担心这就是孔祥熙的主意，一时没了主张。抗战爆发以来，宋子文一直在香港遥控上海金融，以前外汇黑市多次出现大跌风波，都是他在香港指挥抛售外汇，一一平息。这次怎么办？宋子文想了想，国事为重，立即给孔祥熙发去一封急电，说

---

① 郑会欣：《民国政要的私密档案》，中华书局 2014 年版，第 203 页。

明上海汇市骚动异常，是中央信托局在沪集中大量采购的原因，请加注意。孔祥熙接到电报，15日复电说：

> 沪汇滞软，恐因废历年关用款较多，未必全因中信局购付货款之故。仍盼有中、交两行会同汇丰合理维持。至中信局在沪购货详情，已电令据实呈复，并饬暂为停止也。①

宋子文接到电报长出一口气。

印度商人在中缅边界收购法币

抗战爆发以来，宋子文和孔祥熙一直存在种种矛盾，特别是上海八一三抗战之后，孔祥熙那时还在欧洲寻求国际援助，上海金融一大堆事亟待解决，蒋介石便委托宋子文在上海就近全权处置。于是宋子文组建四行联合承兑处，负责解决广大机关事业工厂内迁经费兑现问题，帮助他们抢在上海沦陷前迁出上海。这个四行联合处就是后来在抗战时期成为全国金融指挥中心的四联总处。宋子文立下一大功，成了抗战初期的金融领袖。孔祥熙回国后，一见这局面直摇头，担心自己的财政部长位置不保，立即改组四联处。先是由他以财政部长身份兼主席，因为有贪天之功之嫌不服众，宋子文也不买账，便再改组，请蒋介石兼任主席，他兼副主席，负责实际工作，大家才不好再说话。宋子文只好退避三舍，但心里的疙瘩没解开。

上海失守后，孔祥熙随国民政府到武汉，宋子文到了香港。孔祥熙多次请宋子文赴汉共事，但宋子文都以种种缘由婉言推却。一个财政部长，一个最大的国家银行——中国银行董事长，在抗战关键时刻各奔东西，互不理睬，实在说不过去。后来在蒋介石干涉下，宋子文来到武汉，算是给了孔祥熙面子。可不久武汉战事吃紧，在汉国民政府机关全部迁往重庆，孔祥熙带着财政部自然一马当先，可宋子文却不愿去重庆，于是以掌控外汇离不开香港为由，从武汉去了香港，和孔祥熙又分道扬镳。好在二人的工作关系实在太紧密，谁也离不开谁，于是频繁的电报往来成了他们的重要工作。

就在宋子文发电报给孔祥熙，说中信局在上海集中大批采购之事后的第二天，2月14日，宋子文的电报又到了孔祥熙手里，当然不是啰唆前面那件事，而是报告一些重要情报，令孔祥熙比接到昨天宋子文的电报还要着急。

宋子文在电报上说了两件急事。一是上海、天津的法币储存情况。上海存

---

① 郑会欣：《民国政要的私密档案》，中华书局2014年版，第204页。

有1.5亿元，分别存在四行联合办事处4500万元，外资汇丰银行、麦加利银行、花旗银行9500万元，华资银行1000万元。天津存有2000万元，分别存在中国、交通银行700万元，外资银行1300万元。二是宋子文刚接到中国银行仰光分行的紧急电报，说是最近有不少印度商人在中缅边界低价收买法币，运到仰光高价卖出，致使仰光法币汇价不稳，仰光中行为维持法币汇价，只好大量买进法币。宋子文说，香港也有类似情况，中国银行曾在两天内购进140万元法币，才勉强维持住法币汇价，说明内地有大量法币偷运到香港。宋子文分析说，既然印度、香港商人炒卖法币有利可图，我们越买进他们的赚头就越大，是恶性循环，将严重影响法币前途，必须严加制止，特别是海关要加强管理，决不允许走私法币，必要时可降低出口携带外汇数目。孔祥熙看了这封电报感到头痛，法币走私已超出财政部管理范围，得报最高当局。

不准在上海采购军服布料

孔祥熙也有事求宋子文。这年5月，孔祥熙接到军政部军需署报告，说本年度购买夏季军服需要布匹115万匹，要求行政院、财政部将购置军服款汇到上海采购。孔祥熙身兼行政院副院长，看了报告认为是例行公事，提笔就要批准同意，可笔尖刚要落纸突然停住，皱眉一想，前不久宋子文因为中信局在上海大量采购物资影响汇价才提了意见，现在要是再将这笔巨款汇到上海采购军布，不是重蹈覆辙吗？宋子文一定要责怪自己，便放下笔，将军政部报告推在一边。

经过两天考虑，孔祥熙的意见出来了。现在已是5月，夏季即将到来，夏季军服布料购置乃当务之急，应立即实施，但如果全部军服布料都在上海采购，势必影响上海物价波动，特别是影响外汇市场，不利于上海经济稳定，所以军政部此次采购可以分别在上海、内地或美国进行，不能集中到上海一地。

军政部军需署接到行政院批复意见，立即按其指示多方联系采购军服布料的事，但经过一番努力，效果不好，仅在上海以外联系到55万匹军布料，且价格远高于上海，因此，其余60万匹布料还得去上海采购。军需署又说，他们已经与上海怡和洋行谈妥价格、质量、品种，希望批准。

孔祥熙看了报告，再三考虑，只能这样了，但一想到这笔巨款要是到了上海，即或先汇至香港，也将引起汇市波动，招来宋子文埋怨，又迟迟下不了笔，最后还是决定拨款去香港。他给宋子文发去一封电报说：

查现时已入夏，此项布匹待用至急，自应迅予订购。唯照目前情形，巨款汇港，极易牵动汇市，应请迅向怡和商明，该款汇港后勿即向市结购外汇，以免影响。①

孔祥熙如此良苦用心，可见国民政府维持法币汇价之艰难。

伪币发行很失败

尽管国民政府一片苦心维持法币汇价，效果却不理想，如山东大学李平生教授说“这时期国民党政府既维持法定汇价又维持外汇黑市的政策是不成功的”。中英平准基金失败即是一例。

香港中文大学教授郑欣会指出：

在宋子文的努力和斡旋下，中英平准基金虽然于1939年3月10日宣布成立，但1000万英镑的基金并不能挡住日伪及投机商人的套汇。据伪中国联合准备银行承认，自1939年3月中英平准基金委员会成立至当年年底，该行“已吸收英币195万余磅、美金380余万元，连同集中全部出口货时所增设之外汇断里汇款，可用之外币，亦有相当之数额。”②

中英平准基金成立不到3个月，1000万英镑即消耗殆尽，大部分被日伪套走。国民政府被迫在1939年6月7日宣布停售外汇，不再维持原有的8便士兑换1法币的汇率，大幅降低法币汇价，予日伪套购法币以迎头痛击，并以此为契机向日伪货币发起新的攻势。

与此同时，国民政府强化了维持法币的力度。当法币价值在沦陷区受到影响时，中国银行、交通银行在宋子文指挥下，立即转向收购法币，开放津、沪法币兑换，借此紧缩市面，提高法币信用，促使法币价位回升，伪钞跌落。另外，国民政府严厉打击日伪钞票流通，制定发布了《取缔敌伪钞票办法》，不准任何地方、任何人吸收使用转运收藏敌伪钞票，一经查获，按《惩治汉奸条例》论罪，并严令中、中、交、农四行，平、津、沪银行公会转各行，务必严守立场，拒绝敌伪钞票，由四行随时检查督促，凡私自收受伪钞者严惩不贷。

如此种种，中国货币大战成果累累，致使伪币发行困难并大幅贬值。比如，1939年5月初，用伪联银券兑换法币，每1000元要贴水430元以上，就

---

① 郑会欣：《民国政要的私密档案》，中华书局2014年版，第206页。

② 同上，第216页。

是1000元联银券兑换570元法币，以致联银券信用低下，被百姓叫作坏票子。又比如，宋子文1939年5月28日写给孔祥熙的信中说：

津沪汇水已平，华北汇款亦渐减少，伪券仍比津法币低20%。敌伪在北方统制出口，原定伪币价格一先令二便士，收效甚微，嗣将进出口对结改为八便士计算，以进口货有远近期关系，仍不能做大宗交易。闻最近此类对结价格已跌至六便士八七五。日金在沪价价格每元跌至法币九角。其故由于敌在占领区滥发军用及日金券，敌货出售均系此种军用卷，纷纷以之调换日金，再在沪售出变现。闻此项政策以影响敌国内经济不安状态。①

最典型的例子是伪华兴商业银行发行华兴券失败。

伪华兴商业银行成立于1939年5月，行址在上海，资本金5000万元，伪维新政府拨付半数，其余由日本兴业、台湾、朝鲜、三菱、住友、三井等6家日商银行认缴足额，伪维新政府头子梁鸿志任总裁，日人鹫尾矶一任副总裁。

伪华兴商业银行发行的华兴券以法币作准备，并与之等价流通，以便于掠夺物资，套取外汇，但不久因为上文所讲，为迎击日伪套汇，法币自动大幅贬值，迫使华兴券脱离法币汇价水准，单独订立汇价，但由于它并无外汇储备，虽然伪政府一再规定官吏薪给、人民纳税均须使用华兴券，但因为法币在华中有很大的势力，华兴券的发行额仅在五六百万元左右，与伪联银券每年动辄发行数亿元相比，华兴券的发行归于失败。

山东大学李平生教授指出：

综观这一阶段货币金融战，双方的斗争日趋激烈。敌寇依仗其军事上的优势，不断从正面发起强大的货币金融攻势，而国民党政府由于军事上的失利，因而在货币金融战中处于防御状态。敌寇虽然套取了大量外汇，并用伪钞和军用票掠夺了大批战略物资，但伪钞的发行并不成功。因此，敌寇企图破坏国民党政府货币金融体系的战略任务并未达到，而国民党政府为稳定货币金融体制，不惜血本维持外汇黑市比价，结果使1000万英镑的外汇平准基金在不到三个月的时间里即告罄。这一措施同样不能认为是成功之举。②

法币牵制日伪币

日伪非但未能破坏国民政府的货币金融体制，反而出现一个古今中外奇

① 郑会欣：《民国政要的私密档案》，中华书局2014年版，第211页。

② 李平生：《烽火映方舟——抗战时期大后方经济》，广西师范大学出版社1995年版，第282页。

观，中国法币成功牵制住了日伪货币，用日伪维新政府财政部的话来说是："今以华中区域人民财产寄托于敌对政权之下，而现地政府转不能负维持保护之责，古今中外无此办法。"①

这确实是一件令日伪财政当局羞愧的事。

抗战爆发，中日间随即爆发货币金融大战，如前所述，在维持法币汇价、控制上海外汇黑市、外汇管制、进出口管制、货币发行、抢购物资诸方面展开了尖锐激烈的斗争。中日伪三方在这场斗争中互有胜负，但中方在货币战上却大有斩获，不但有效地抵抗住了日伪货币的猖狂进攻，成功地捍卫住中国法币的坚挺，而且使中国法币成为牵制日伪货币的重要筹码，创造了一个货币奇迹。

先看法币与伪华兴券的斗争。

如前所述，华兴券是伪华兴商业银行 1939 年发行的货币。日本曾对华兴商业银行及其发行的华兴券抱有很高期望，称之为"事实上将远在一般所谓中央银行之上"，并宣布"华兴商业银行决定对于新钞无限制的随时供给外币"，但不久，伴随其不成功的发行，华兴券的性质发生异变，变成一种是货而不是货币的东西。

这话是伪维新政府财政部自己说的。1940 年 1 月，伪维新政府财政部说："人民持有华兴券者皆待价而沽，视为货而不视为币。"②这是怎么回事呢？华兴券发行之初，主要用于进出口贸易，直接与英镑挂钩，与法币同价，后来脱离法币，与美元挂钩，但发行量一直不大，发行一年才发行 600 万元，原因之一就是老百姓不把华兴券当货币，换句话说就是不买账。

伪维新政府财政部对此大惑不解，派人做调查发现，沦陷区的百姓还是以法币来衡量所有的物价，还是愿意持有法币来做买卖，对于华兴券也可以用，但仅仅作为兑换法币用，并不愿意直接用华兴券买卖东西。伪维新政府财政部认为，这就是华兴券在"推行上不免发生莫大之障碍"，所以推行不开，于是"一切误会缘此而生"。

沦陷区百姓除了用华兴券兑换法币之外，后来又用华兴券来做钞作生意。因为华兴券脱离法币，与法币的价格就时有变化，一般百姓就利用这个差价，

---

①② 孔庆国、张生：《抗战时期法币的特殊角色述论》，载于《民国档案》2003 年第 4 期，第 89 页。

外汇涨的时候用法币买华兴券，外汇降的时候，用华兴券换回法币，以此获得利润，完全把华兴券作为投机票券，不愿长期持有。

不但百姓这样做，连沦陷区的机关也如法炮制。他们每月发薪金领了华兴券及军票，马上去兑换成法币保存，因为法币方便一般的生活开支，大家都收法币而不愿意收华兴券。伪维新政府财政部发现这种情况，明明知道自己的货币受国民政府法币牵制也无可奈何，只能感叹说“古今中外无此办法。”

再看法币与日元的斗争。

国民党中央调查统计局派有人员长住上海，调查掌握日元动向，发现日本对外汇控制很严，严到不准在沪日元回流日本，而希望日元流向上海，因为当时上海是远东唯一的国际金融中心，日元有机会在沪兑换成外汇，而回流到日本就没有这个机会了。

当时流到上海的日元很多，原因是上海是日本人到中国的主要上岸地，还有个原因是东北、华北的日元涌向上海，希望在沪兑换成外汇。这样一来，在沪日元相当充沛，而市场对日元的需求则相当疲弱，于是造成日元过剩。

国民党中统局是专门从事各种情报收集研究的专家。他们的驻沪机构发现这个现象后进行跟踪调查，企图找到造成这个情况的原因，以针锋相对，提出攻击日元的办法。经过调查，他们有了一个惊人的发现，造成在沪日元疲弱的不是中国人而是日本人。1940 年 6 月 26 日，中统局交出《关于研究法币与日伪钞之关系的报告》。其中涉及日元部分说：

> 日本限制日钞流回，每人携带不得超过 200 元，而在上海之日本银行收受日钞汇回本国，亦受同样限制。且即使能将日钞携回国内，在日本亦无购买外汇之自由。在此两重障碍之下，流集上海之日钞，无形中有类似日本在国外不付本息之一种债券。日商在华中售货收入日钞，既不能直接用以购买外汇，除限定之数额外，亦不能携回国或汇回本国。彼为购买外汇，只有将收得之日钞先售成法币。事实上，存有巨数日钞之日人如拟寄款回国，亦应先将日钞变成法币。盖日本银行对于收受日钞汇回本国虽严格限制，但对于照官价收受法币汇回本国，不严格限制，因彼收入法币可以转结外汇也。……如上之两种情形，使在上海及在华中其他地带售货之日商不乐于接受日钞。彼所要求者乃为法币。①

不难看出，日本为了套取中国外汇，不惜压迫日元，鼓励法币，通过法币套汇，因此不得不以法币为兑换价调整日元，成为日元攻击法币的一种作战方

① 孔庆国、张生：《抗战时期法币的特殊角色述论》，载于《民国档案》2003 年第 4 期，第 90 页。

式，目的是套取中国的外汇。中国法币因此成为牵制日元的重要筹码，倒成法币反击日元的武器。南京大学硕士孔庆国、副教授张生指出：

> 日元供应和需求失衡，以及法币与英美外汇的紧密联系，所造成的日元在中国依托于法币的现象，对日军军用票、伪满钞、伪华北联钞、伪蒙疆钞等日元附属货币来说，同样存在。也就是说，日元及其附属货币的运转基础竟然都是日本曾极其蔑视的法币。
>
> 法币在相当长的时间里成为日伪货币运行的基础，使日本方面虽一面积极图谋灭亡重庆国民政府，另一方面却不得不对其所发行的货币加以维持。①

法币成为牵制日伪钞票的筹码，成为日伪钞票运转的基础。中国维持法币，日伪政权也维持法币。这在古今中外敌对国家战争时期绝无仅有，是中国对日伪经济作战的骄人战绩，成为世界货币史佳话。

---

① 孔庆国、张生：《抗战时期法币的特殊角色述论》，载于《民国档案》2003 年第 4 期，第 91 页。

第四章

迁往后方

一　抗战迁渝

交行重庆买房记

日军围攻武汉，抗战局势进一步恶化。滞留武汉的机关团体人员陆续前往大后方，其中大批金融单位陆续迁到重庆打铜街及附近的曹家巷，加上若干本地银行钱庄，这儿成为中国金融华尔街，重庆成为抗战金融中心。

打铜街位于重庆城东边，宽 8 米，长 400 米，坡度 30 度，西高东低，西接大梁子、罗汉寺，东接陕西路、朝天门，东西贯通上下半城，历来是重庆热闹繁华的地方。清朝年间，这儿是重庆打铜业聚集之地，街道两旁连此接彼地有百十家打铜铺，打铜声昼夜可闻，灶膛火经年不歇，人来客往，络绎不绝，直到民国繁荣依旧不减，1921 年重庆第一批路灯就安装于此。

上海失守前，交通银行总行改为总管理处，奉命从上海迁武汉。董事长胡笔江留在上海坚持，直到上海失守才去香港。总经理唐寿民带队到武汉，负责交行各地分支机构撤退工作，并积极谋划在西南各地设立分支机构。交行撤退非常艰苦，买不到火车票，火车都用于军事运输了，甚至买不到汽车票，因为撤退、转移、逃难的人太多，一票难求，方便一点的交通工具是向老乡租借的木船，但不能通达，于是最可靠的便是步行。从上海、江浙撤到武汉有 1500 余里，路途遥远，坐船走路得几十天。撤退的交行员工都有一个坚定的信念，不怕困难，不怕牺牲，到大后方去坚持抗战。这里面有个常熟交行的员工叫李猷，抗战全面爆发后先撤到乡下，日军逼近常熟，再拖儿带女，辗转千里，步行50多天撤到武汉，一路上吃尽千辛万苦，但回到银行投身抗战的决心丝毫不变。

交通银行常熟支行员工李猷回忆说：

> 民国二十六年七月，抗战发生。我正在常熟交通银行服务，随行撤到乡间以后，为避免轰炸，晚上居住乡间，上午则驾小舟到城工作。迨十月间，京沪战事失利，日军渐渐接近常熟，行亦撤退至上海，中途分散。我和内子奉侍先父，带了我的兄弟嘉白，和我的两个儿子和一个女儿，及男女仆各一人，从家乡坐民船至江苏溧阳，过运河登陆，经安徽之宣城、繁昌，渡江至无为，再经庐江、桐城、潜山、太湖、黄梅、武穴，坐轮船而到达汉口。凡徒步走了五十余天，步行横度安徽省。艰苦情形，非可笔墨形容。
>
> 到汉口后，始仍回交通银行工作。读香港报纸，得悉先生已安抵香港，且有近作，遂去函问安，并将我在避寇途中所作和杜甫秦州杂诗五律廿首寄请指教。先生即来函复慰，并赠诗两律。其中两句曰：一冬千里雪，八口万重山，真是写尽了我全家跋涉流离的情况。迨二十七年夏季，交行总处赴川办公，当局体念我老父在堂，入川不易，遂调派我到香港工作，遂经粤汉路到达九龙。①

从李猷回忆中得知，交行总处是1938年夏季迁往重庆办公的，是从武汉调了一些员工去重庆的。交通银行总处那时已迁香港，由总经理唐寿民带队，但留了包括李猷在内的分支机构员工。交行常务董事钱新之在上海失守后来到香港，和杜月笙参加中国红十字会的抗日活动，还从事国家赈济委员会的工作，并以此协助政府与沦陷区的沟通、策应事务。

到香港不久，交通银行总处接到财政部命令，要他们马上将总处迁往重庆。总经理唐寿民不愿去重庆，认为重庆偏于西南一隅没有发展，还是留港好，既可遥控上海，也可在港开展业务。董事长胡笔江和常董钱新之认为应当服从部令。经过协商，唐寿民不好固执己见，委婉提出自己身体有病，想在香港治疗一段时间再说，请钱新之负责迁渝事宜。

钱新之，名永铭，生于上海，时年53岁，脸瘦，大鼻，浓眉大眼炯炯有神，就读天津北洋大学、日本神户高等商业学校，学习财经及银行学，回国后历任南京高等商业学校教员，辛亥革命时期上海都督府财政部任事，北京农工商部会计课长，中华捷运公司经理，交通银行北京总行秘书、上海分行经理，

---

① 李猷：《追忆先师杨云史先生》，载于台湾《传记文学》1967年10月号。

上海银行公会会长，交通银行总行协理，盐业、金城、中南、大陆四行储蓄会副主任及四行联合准备库主任，南京国民政府财政部次长，浙江省政府委员兼财政厅长，中央银行理事，交通银行常务董事，中兴煤矿公司总经理，驻法国公使。

钱新之接过交行总处内迁重庆之事，经过一番研究，拿出一套方案，提交董事会讨论通过，便大刀阔斧干起来。这时抗战局势十分紧张，国民政府主席林森已率队去了重庆，国民政府随即在重庆正式对外办公，而日军正大举进犯西北、华中。财政部要求交行总处立即迁渝工作，维持金融大局。

钱新之先派两位干将去重庆做准备工作，一位是稽核处长张朔宜，一位是设计处副处长徐景薇，给他们的任务是筹备总处迁渝事宜。张朔宜、徐景薇来到重庆，找到银行同仁介绍，联系上已在重庆设有机构的中央银行、中国银行、中国农民银行，弄清在渝设立机构的手续，便向财政部递交开办申请。第二件大事是寻找银行用房。钱新之给他们的指示是，事情紧迫，时不我待，先不考虑建大楼，你们去了重庆，看哪儿有比较新的好楼房，租买都行，先找个落脚点，够总处、分行使用就行，今后再说建楼事。

这时，1937 年底左右，先知先觉的外地人已大批涌来重庆，政府机构、团体、工厂、学校、文艺单位、报馆，纷纷捷足先登，占据市区比较好的地方。重庆是山城，平地少，坡地多，可出租的好房子不多。张朔宜、徐景薇四处寻找没有结果。银行行址的选择有些苛刻，要选在闹市中心，要有宽敞的营业厅、牢固的金库，还要豪华出众。二人只好找重庆银行同仁介绍。

说来也巧，地处闹市中心的打铜街上正好有一幢刚修好不久的大楼要出卖。二人听说了急忙赶来查看。这是一幢具有浓郁巴洛克风格的八楼一底的建筑，位于打铜街 14 号。大楼正面设计有精美的柱座、柱帽、门座、窗套、挑台栏杆、花牛腿石料。大门是三樘带拱形腰窗的木制玻璃大门。门上有四根爱奥立尼克式高大的从二楼到四楼的柱头，非常壮观。因为地基不宽，大门距马路的空间有限，但还是建了进大门的 15 级宽敞的台阶，平添几分气派。台阶两侧有圆形花坛，基础石砌挡墙上有精致的铁花栅栏，梯道两旁装有花饰灯亭，使整个大门显得豪华优雅，让人仿佛置身海外。

张朔宜、徐景薇看了大为惊讶，面面相觑，重庆怎么有这样漂亮雄伟的欧式建筑啊？一打听才知道，这座漂亮有余而威严不足的建筑是由加拿大建筑师倍克设计的一座豪华大饭店，建成于去年1936年，还没开张，因抗战爆发，投资人放弃开饭店计划转而出卖。

张朔宜、徐景薇进屋逐层细看，发现这幢建筑虽说不是为银行设计，但用石头砌成的地下一层可以充作金库，平街一层原来设计的是服务总台，有宽敞的休息厅，撤掉服务台，大厅可以充作营业厅，至于其他房间嘛，改作办公室应当没有大问题，于是暗暗高兴。他们再与大楼主人联系谈价，因为主人急于脱手，离开重庆，几经商量，有了一个比较合理的卖价。

消息传到香港，钱新之大为满意，董事长胡笔江、总经理唐寿民也有买的意思，便委托钱新之去重庆看了作最后决定。钱新之觉得，还是总经理唐寿民去重庆看了最后拍板好。唐寿民说，还是劳新之兄大驾辛苦一趟吧，弟这身体在香港就打不起精神，哪里经得起坐船坐车旅途劳顿。那时日军已封锁粤汉路，从香港去重庆得先到越南海防转昆明，再从昆明飞重庆，转一个大圈。胡笔江与钱新之面面相觑。

钱新之便带着几个助手启程去重庆。离开香港，先乘船到越南海防，再坐车去昆明，再从昆明乘飞机去重庆，一路不辞辛劳，钱新之等人顺利来到重庆，见到张朔宜、徐景薇，听了他们的汇报，亲自去打铜街看了大楼，的确不错，当场便拍板买下。

钱新之在重庆一边组织人布置新行址，添置办公用具、生活用具，改造地下室为金库、服务总台为营业厅，一边打电报给香港，要胡笔江、唐寿民安排总处各部室除留港人员外，一律迁重庆，一边跑重庆开业手续，忙得不亦乐乎。

香港总处胡笔江、唐寿民经过研究，同意钱新之的意见，除了在港建立总管理处驻港办事机构所需人员外，各部处室人员都去重庆，滞留武汉的人员也一并去重庆。香港人员便开始有组织地向重庆转移。按照董事会分工，董事长胡笔江留港管理驻港机构，总经理唐寿民去重庆负责全面工作。唐寿民迟迟不肯动身。胡笔江问他去重庆的事。他说钱新之很能干，重庆的事就交给他负责吧。胡笔江问他作何打算。他说我身体不好，在港待一段时间再说。

唐寿民最终没去重庆，因此留下祸根。钱新之去了重庆，因此飞黄腾达。此皆阴差阳错，命中注定。

1938年1月10日，交通银行重庆支行正式开业，地点在打铜街14号。与此同时，交行总管理处也在重庆正式对外办公，地点就在交行重庆支行楼上。从此，为适应抗战需要，交行以重庆为中心，大量扩大在西南、西北营业分支机构。在1937年到1939年两年中，交行在从华北、华中、中南地区撤退行处共38个的同时，在西南、西北地区及越南增设分支机构35处，成为大后方金融抗战主力军。

央行冒险收公债

中央银行早在1935年就在重庆设立分行，至抗战全面爆发，总行也迁来重庆，地点在打铜街附近的道门口9号。中央银行总行来渝不久，重庆爆发提存挤兑风潮，便受重庆行营指派负责妥善解决。中央银行那时的实力不如中国银行，但它有两个长处，一是中央银行的总裁是财政部长孔祥熙；二是在职责上有发行钞票、统筹外汇、代理国库、汇解军政款、调剂金融市场的权力。

中央银行接到指派，答应全力化解危机，但问题非常麻烦。第一个问题，因抗战爆发，统一公债暴跌，重庆各行庄除亏损惨重外，还握有3500万元左右的四川善后公债和建设公债，而其中1200万元公债已抵押出去，到期必须赎回，否则重庆金融全面崩盘。重庆银行业公会主席、盐业银行董事长吴受彤和重庆钱庄业公会主席王伯康只好去求四川省财政厅长刘航琛。刘航琛受四川省主席刘湘委托专门来重庆解决这事，责无旁贷，何况银行手里捏的是财政厅发行的四川省公债，财政厅也有责任和义务帮助，就以省厅名义向重庆中央银行求援。

重庆中央银行与重庆行营、四川省财政厅、重庆中国银行、重庆农民银行等多方商量，一致认为必须维持重庆金融市场，否则将严重影响抗战大后方建设，最后决定，中央、中国、农民三行借款200万元，由需款各行庄以善后公债、建设公债各半担保。这是一个冒险举动，因为抗战局势吉凶未卜，一旦有个万一，借钱行庄无力还款，数以千万元的四川省公债便是一堆废纸，分文不值，损失便得由银行承担。重庆中央银行负责人说，中央银行是国家银行，维持抗战金融是中央银行义不容辞的责任，哪怕承担再大牺牲也心甘情愿。

重庆的银行钱庄得到这个消息非常高兴，不但可以拿到急需的资金，应付7月底比期，还把积压贬值的四川省公债用将出去，便立即前往办理贷款手续，如数领到现金，用于对付来势汹汹的提存挤兑。

过了7月，抗战形势越发紧张，而重庆经济危机虽有和缓但挤兑依旧，现金仍紧，尤其到了8月初，重庆利济财团因为7月底期票700万元不能如期兑现，被迫宣布延期，严重威胁7家银行安危，还因利济财团的期票大部分已经转到重庆各行庄手中，一损俱损，危及全市银钱业，致使全市银行从15日至19日停业5天，再度拉响重庆金融危机警报。

在这关键时刻，重庆中央银行再度伸出援手，为挽救渝市金融，答应银钱两业公会请求，以四川省公债和特货（鸦片）各半为抵押，联合中国、农民两行向渝市需款行庄借款500万元。四川省财政厅长刘航琛从禁烟总局提出1500担烟土，向农民银行抵押借款，兑回部分期票，剩余部分则由持票人以七成期票、三成现金向禁烟总局收回烟土自销。到1937年11月底，抗战时期重庆第一次金融危机化险为夷。

顺便介绍一下重庆中央银行金库。

2013年，国家文物局把“重庆抗战金融机构旧址群”列为全国重点文物保护名单，其中就有中央银行旧址。因为年代久远，建于相同年代的交通银行大楼、美丰银行大楼、川盐银行大楼尚且健在，唯独不见中央银行大楼身影。雁过留影，中央银行大楼无论如何该留下蛛丝马迹。借着全国第七批重点文物公布之际，重庆日报记者专程前往打铜街、陕西路、道门口、曹家巷打探，在重庆文物局的人指点下，几经辛苦，终于揭开中央银行大楼的神秘面纱。70多年后的今天，中央银行旧址是重庆市商委招待所，一幢十分普通的大楼，但走进这幢大楼的地下室，目睹当年中央银行坚固无比的金库，令人肃然起敬。地下金库分为两层，每层300平方米，铁门厚度有60厘米，里面为空心，外面用玻璃封住，像一个小酒柜，里面有三个圆状铁盘，分别连接着若干条铁杆，门体背面的圆状扳手与内部的铁杆相通，用于设置密码，门很重，几个成年男性无法推动，需要几把钥匙同时插入才能打开。

读完这段新闻报道，依稀听到70年前金库大门洞开的声音；看到金库堆码整齐的钞票、金条、银锭；看到这些资金运出去，制造枪炮弹药，运到前线打鬼子，保家卫国；投入经济建设，构筑稳定的抗战大后方；投入外汇市场，稳定法币，抢购沦陷区军事物资，破坏日伪经济，反击日伪经济进攻，油然生出感恩银行的万千感慨。

金城经营大西南

随着中央党部、行政院和最高党政军负责人驻扎武汉，从南京撤下来的大批军队在武汉外围森严壁垒。日军攻占南京后积蓄力量，枕戈待旦。武汉暂时相对稳定。最高当局在武汉召开系列会议，总结问题，制定对策，以利再战。

七七事变爆发不久，财政部长孔祥熙因为出国去欧美寻求援助，上海银行的事情便由中国银行董事长、中央银行常务董事宋子文主持。宋子文的身份比较特殊，过去跟随孙中山担任过重要职务，又是蒋介石夫人宋美龄的哥哥，财政部长不在，银行界自然以他马首是瞻。1937 年 10 月孔祥熙回国，三个月后南京政府改组，孔祥熙出任行政院院长兼财政部长，还兼着中央银行总裁，权力更大，自然对宋子文形成挤压。一山不容二虎，宋子文便带中国银行高层迁往香港，设立中国银行总驻港处，还拉上交通银行高层与其同驻香港，间接表示与孔祥熙控制的四行总处不予合作。孔祥熙明白，但碍于情面，他是蒋介石夫人宋美龄的姐夫，与宋子文是郎舅亲戚，不好翻脸，就想了个办法，请蒋介石做四行总处主席，自己退而做常务副主席，打着蒋介石的招牌负责实际，宋子文便不好扯皮了。

金城银行总经理周作民这时也来到武汉，他做事诡秘，人事关系复杂，特别是与很多日本人往来依旧，并因为上海日本人写给他手下的一封信，引起中统局关注。周作民本来不想来武汉。上海失守前，他有事从上海到南京，那时沪宁客车已经停驶，是坐了专车去的。在南京办事耽搁几天，准备回上海，发现南京去上海的火车已经完全中断，无奈之下，决定绕道回上海，计划乘船去武汉，再去广州、香港返沪，便来到武汉。到了武汉，熟人朋友多，免不了有所应酬，周作民便在汉逗留了些日子。事情就发生在周作民留汉期间。

再说中统局。中统的前身是 1927 年由 CC 系分子组成的国民党中央组织部党务调查科，1937 年并入军事委员会调查统计局第一处，处长是徐恩曾。1938 年 3 月，军事委员会以调查统计局第一处为基础，成立国民党中央执委会调查统计局，副局长徐恩曾主持局务，便是中统。

这一天，徐恩曾带人来到金城银行武汉分行，找到副经理徐国懋。徐国懋与徐恩曾都毕业于美国大学，都是留美学生组织仁社成员，彼此很熟。徐国懋虽说与徐恩曾熟悉，但因为徐恩曾的特工背景，彼此有隔阂，所以见徐恩曾大驾光临，心里咯噔一下，以为他找麻烦来了。

前不久，周作民给他布置了一项重要而秘密的任务，要他试探性地铩运资金去香港套购外汇。徐国懋当时就有些担心，问周作民：“当局刚宣布统制外汇，一定严防死守，出了问题怎么办?”周作民说：“抗战爆发，银行存放业务大受影响，特别是刚刚结束的国民党全国临时会议和全国金融会议，统制银行业务，统制外汇，都统制了，银行还怎么维持？我看法币难以维持，外汇是金城的生命线，再有风险也要试试。”徐国懋便按照周作民的吩咐，提了两大箱子法币，乘飞机去香港换回数万美金。

徐国懋做贼心虚，以为徐恩曾为这事而来，正在胡思乱想，谁知徐恩曾开口就问：“戴自牧呢？我找他。”徐国懋悬在心上的石头应声落下，不找我就好，但陡然又生警惕，戴自牧是武汉金城副理，负责西南业务，抗战爆发以来，在重庆进行套购外汇、黄金，抢购商品，囤集货物，大受周作民赞赏，周作民正准备派他去重庆建分行，未必是他露了马脚？便回答：“自牧不在，办事去了。风风火火的，你有啥急事找他啊?”徐恩曾左右看看，压低声音说：“同你谈也一样。自牧平日和哪些人来往?”徐国懋又是一惊，不像是银行业务上的事啊，戴自牧犯事啦？不由有些紧张，说：“你怀疑他与日本人的关系？不至于吧，他往来的朋友我都认识，就是有几个日本人，也只是他在日本读大学的同学而已。”

徐恩曾说：“实话告诉你吧。我们昨天在邮政局检查到寄给戴自牧的一份可疑信件，拆开看是个日本人从上海寄来的，说什么他在上海做的工作差不多了，不久要回日本。你问问戴自牧，这个日本人是什么人、做的什么工作，叫他抽空来我办公室一趟。都什么时候了，还和日本人鬼混，说不清楚要吃亏的。”

徐国懋后来回忆说：

> 戴回行后，我把徐恩曾来谈的经过告诉他。他对我说：“这有啥子关系呢？张群叫老总（周作民）和这个日本人联系，遇事要他写信给我，由我转达。我不过是个传话人而已。”戴自牧见了徐恩曾，后来就无下文了。①

张群当时是中央政治会议秘书长，蒋介石的亲信。周作民在中日之间传话的事就是张群安排的。抗战胜利后，周作民因此被军统抓捕，也是张群出面帮

① 文昊编：《金融大亨》，中国文史出版社2013年版，第287页。

他渡过难关。所以，戴自牧这样说是有道理的。不过就周作民个人而言，抗战期间在中日间游弋，不能说没有苟且私心。别的不说，只说他自己承认的一件事。全面抗战八年，周作民完全有机会去重庆或香港而没有去，都留在了上海，以致到了抗战胜利日，重庆来的接收大员不理他，军统要抓他，日子很难过。他曾感叹而言："我要是当初去了重庆哪有这些事啊！"他当初与日本人多有往来，或许就有脚踏两只船的意思。

当事人徐国懋回忆说：

> 在抗战期间，如果愿意到后方去，他是可以去的，当时他不愿意。回忆 1937 年，沪宁客车已经停驶，他曾特地乘专车到南京。当他要折回上海时，火车已经不通，不得已改乘轮船到武汉，再飞香港，绕道返沪。他可留在武汉，或跟随国民党政府去重庆，当时他不愿意。他说："金城在北方有王灵毅、杨济成主持，以他俩的能力应付华北局面，问题不大，但是上海金城账面最大，环境最复杂，吴蕴斋应付不了，何况金城还有庞大的投资事业，不能没有我照料。"他回上海后，由于和日本人及汉奸的联系，金城和其他有关企业的确没有遇到风险。①

1935 年，与中央银行前后迁入重庆的还有金城银行、上海银行。在重庆民众心目中，金城比上海早到。这是误解，实际是上海银行早到一步。开初，上海银行派来重庆的行员不多，也没有设立对外营业门面，只做放款类的柜台后面的生意。金城随后于 1936 年 5 月 28 日在重庆开设办事处，但下车伊始，动力十足，在陕西路上开设营业铺面，大做吸收存款宣传，一下子名满山城，抢了上海银行风头。

金城银行进驻重庆，看中重庆是西南的金融中心。金城银行在其《西南各省金融产业交通概况调查》中说："西南之金融中心为重庆。川、滇、黔、桂四省省会成都、昆明、贵阳、桂林各银行亦均已计划筹设。"② 重庆金城建于 1936 年 5 月。成都金城建于 1937 年 11 月。昆明金城建于 1938 年 5 月。贵阳金城建于 1938 年 10 月。桂林金城建于 1942 年 3 月。

1936 年重庆金城开办后，因为有重庆民生公司总经理卢作孚大力帮助，又是外地来渝的第一家商业银行，所以效益不错，经营一年，大赚其钱，修起著名的重庆金城别墅。金城别墅位于重庆渝中区两路口菜市场正街 5 号，由三栋三层小楼合围而成独立院落，大门石墙上刻着"金城别墅"四字，走进院

---

① 文昊编：《金融大亨》，中国文史出版社 2013 年版，第 289 页。

② 中国人民银行上海市分行金融研究室编：《金城银行史料》，上海人民出版社 1983 年版，第685 页。

子，三栋小楼依序编为1、2、3号，楼房内部设计独特，壁炉、壁橱、卫生间一应俱全。1号楼地下建有金库，依石壁而凿，三面不留缝隙，库门处有石壁流水积成的水凼，需蹚水入库。水凼外设有岗楼，有保安长年值守。

金城别墅最初都是员工宿舍。1938年10月27日武汉沦陷后，金城汉行员工撤到重庆，被安排住金城别墅。后来重庆金城升格为分行，管辖西南各地金城机构，金城别墅改变用途，1号楼是招待所，2号楼驻协理和襄理，3号楼住总经理戴自牧。

修建银行宿舍并非金城银行独有。抗战时期，重庆不少银行都为员工建有类似宿舍。重庆川盐银行，建在重庆保安路191号的川盐一里，是一个青石板铺成的狭长的大院，对着建有两排共15栋、每栋三层楼的中式风格的青砖宿舍。重庆聚兴诚银行建在上清寺的聚兴村，类似川盐一里，由10幢三层小楼围成的院落。这些银行宿舍与重庆为数众多的简易吊脚楼相比不知好了多少，让人垂涎。银行这样做，一是提高员工福利，二是投资房地产，三是彰显实力。当事人、重庆金城副理洪衡石回忆说：

> 我记得1936年5月到重庆去设行的时候，不但在业务开展上卢作孚很出力，就是连租房子等事也都要靠卢的帮助。重庆行初开门时是办事处，主任张佑贤本是汉行同事，是银团派往民生公司的总稽核，所以双方联系很密切。重庆称金城为下江银行，资力要比川帮银行大一些。实际上，在金城之先，上海银行已先去，但上海银行的做法与金城不同。他们只派很少数人去，好像不设门面，所以不为人所注意。金城去后，在陕西街营业。陕西街是重庆商业繁盛的地方，行房比较宽大，所以金城可算是下江商业银行到重庆去的第一家，一开门业务就很好。我记得1938年武汉沦陷，汉行大部分人员撤到重庆的时候，重庆两路口的金城别墅已造好，而这所房子就是以重庆办事处赚的钱造的。①

重庆金城的发展，起于1938年初夏武汉金城经理戴自牧来重庆。戴自牧，1906年生于重庆江北，是重庆聚兴诚银行创始人杨文光的女婿。金城入川前，1935年前，武汉金城兼有开拓西南业务责任，经理是王毅灵，副理是戴自牧。王毅灵留学日本，做过财政部钱币司科长，1935年底调天津金城做经理。戴自牧升任汉行经理。1936年初，戴自牧鉴于日本肆无忌惮的侵略行径，担心一旦爆发战争，武汉与北平、上海相比是后方，与四川相比则是前线，何况四川乃天府之国，重庆为西南金融中心，大有可为，便派下属张佑贤、洪衡石去

① 中国人民银行上海市分行金融研究室编：《金城银行史料》，上海人民出版社1983年版，第685页。

重庆筹建办事处。张佑贤还有个身份，金城在民生公司投资大，是金城派往民生公司的总稽核。1936 年 5 月，张佑贤、洪衡石来到重庆，找到民生总经理卢作孚，说了此番建立重庆金城之事，希望得到帮助。卢作孚投桃报李，自然鼎力相助。

时任金城汉行副理徐国懋回忆说：

> 抗战开始，戴自牧目睹汉口发展有限，而且迟早会沦陷，于是他飞往重庆，扩大渝处的组织和业务，并把汉行的资金，包括外汇在内，陆续调往，充实力量，促使后方几个行处的业务大有发展。这固然是由于重庆成为后方经济中心，又值通货膨胀，法币贬值，业务容易展开，复有吴鼎昌、钱新之、卢作孚等的照顾，很多地方得到便利。①

这三位人物可不简单。吴鼎昌任贵州省主席、金城银行常务董事。钱新之任交通银行董事长兼总经理、金城银行常务董事。卢作孚是交通部常务次长，兼军事委员会水陆运输委员会主任。重庆金城有他们帮助自然风生水起，兴旺发达。

戴自牧谋划重庆有四招。第一招是扩大金城在重庆和西南各地的营业机构，抢占先机。金城在重庆原来只有一个办事处，戴自牧来重庆后，陆续在重庆建起重庆分行、民族路办事处、两路口办事处、沙坪坝办事处、重庆信托分部五个机构，同时四面出击，陆续在西南各主要城市建起若干分支机构，有成都支行，自流井、乐山、泸县、威远、寄庄办事处，贵阳支行，昆明支行，桂林支行等。

戴自牧的第二招是大量吸收存款。1937 年下半年，重庆金城的日子不好过，到 1938 年，重庆金城的日子就好过多了，原因是随国民政府迁来重庆的公私机关、工商企业、学校团体越来越多，迁来的人也越来越多，重庆人口由战前的 35 万猛增到 1938 年的五六十万，因此水涨船高，重庆金城银行的存款大幅增加。

金城重庆办事处主任张佑贤写信给周作民说：

> 渝处自中央政府迁来后，各公私机关开立往来颇多，故存款总额已略近 500 万元，除放款及与汉行往来外，现有头寸尚余 160 余万元。蓉处存款总额闻已超过 100 万元，内以有固定性质者为多，大约不至有多大变动。②

---

① 中国人民银行上海市分行金融研究室编：《金城银行史料》，上海人民出版社 1983 年版，第 686 页。

② 同上，第 697 页。

重庆金城除在本地吸收存款外，武汉分行因战事原因逐步收缩，戴自牧近水楼台先得月，便从武汉往重庆调资金。这也是重庆金城资金大增的原因之一。重庆、成都的情况较好。贵阳、昆明的情况不容乐观。戴自牧便准备去昆明、贵阳看看。这时，1938 年 9 月 19 日，他突然接到香港周作民要他去香港见面的电报，即出发去香港，出发前给周作民写了一封信，介绍昆明、贵阳的情况。

昆明的情况两点：一、原计划办一个仓库，实际情况如何，需去昆明做实地调查，弄清当地的富滇银行为什么不在昆明建仓库，再作最后决定；二、昆明支行的存款所有增加，但大部分来自西南联大和外地来昆人员，这种存款不可能长久，要是局势有变，或许又做转移，而昆明本身的底子并不厚实，不及长沙，云南不及湖南，将采取渐进态度发展昆明业务。至于贵阳，戴自牧介绍说，“不过为设转账之机关，业务此时更谈不到”，将来西南事业重心仍恐在四川。

戴自牧的第三招是多设门店，积极放款。重庆金城的主要竞争对手是上海银行，就针锋相对地与它竞争。它放款讲办事程序，金城就精简程序，尽可能满足客户需求。它不开营业铺面，金城就克服困难找最好地段开铺面。当事人、汉口金城副理、随戴自牧来重庆的徐国懋回忆说：

> 戴自牧在我任职期间，有关渝行的一切事务，都能放手让我去做，放款数额不拘大小，都由我决定，事后向他陈报。金城在后方的竞争对象是上海银行。该行许多顾客有时要求方便时，上海银行经理限于权限，不能立即答应，有误时机，而金城却能超前一步，给他们种种方便，满足他们的需求，主动争取他们与金城往来，因此有许多大户，特别是教会和外国人的来往，先后至上海行移来金城。①

重庆金城在铺面开设上不计成本，在原有陕西街门面被日机炸毁后，先迁上清寺高家庄，因为地处城边业务极少，又借民生公司陕西街营业所暂时营业，同时抓紧抢修陕西街自己的门面，并专门挖掘了防空洞，很快搬回原址营业。同时，他们还在民权路成立办事处，在小梁子成立信托部，在沙坪坝设办事处，很快占领重庆营业要地，比上海银行业务好了不少。

戴自牧的第四招是购置房地产。到 1938 年夏季，武汉战时告急，沦陷区迁汉的机关团体学校厂矿再度西迁，大部分迁至重庆及周边地区。这是继

---

① 中国人民银行上海市分行金融研究室编：《金城银行史料》，上海人民出版社 1983 年版，第 686 页。

1937 年底 1938 年初第一波西迁浪潮的第二波，声势更大，涉及面更广，使重庆成为抗战大后方门类最齐全、规模最大的工业区，成为中国抗战的政治、经济、文化、金融中心。伴随而来的是重庆房地产成为最紧俏的物资之一。戴自牧便买下多处房地产，有中国银行对面的铺面，约 8 丈余，深约 19 丈，价 6 万余元，用于出租，月租 600 元；两路口住宅地皮 300 余方，买成每方 60 元，现值百元，拟建住宅出租，估计租价有二分多月息。

戴自牧来到香港见到周作民。周作民告诉他，西南金城的事就全力拜托他了，自己的重心在北平、上海、香港，要他如何如何，作了一番布置。戴自牧自此接过西南金城大权，与在沦陷区的周作民各自为政，开始谋划金城西南发展。

二　豫丰西迁

在中央银行、交通银行、金城银行等组成的抗战迁渝金融大部队中，还有一位重要成员中国银行。抗战爆发后，中国银行一方面组织华北分支机构大撤退，将 400 万元银元转移到武汉，再去重庆；一方面组织质押在手的工厂的转移，将数万吨机械设备材料运出华北，转向大后方。与其他银行相比，中国银行的责任更重大。比如，中国银行天津分行接管着郑州豫丰纱厂，属于政府重点动员迁移工厂，必须迁往重庆，于是天津中行在迁移资金账册、转移机构的同时，肩负起迁移豫丰纱厂的重任，引出一段抗战史上著名的豫丰纱厂内迁重庆的故事。

政府有令迁豫丰

1936 年 9 月，中行已掌控豫丰纱厂 90% 以上股权。豫丰召开临时股东会，选举中国银行天津分行总经理卞白眉为董事长。卞白眉委任束云章做豫丰纱厂总经理。束云章接手豫丰不久，抗战爆发，日军攻打郑州，豫丰纱厂危在旦夕。1937 年 11 月，政府派人前来动员豫丰纱厂迁往内地。工厂还在研究，部分工人和家属闹开花，不愿背井离乡，反对和阻挠内迁。当地政府也不赞同，豫丰一走，与豫丰配套的工厂和商店面临关闭，地方收入减少。束云章十分为难，考虑要是迁移豫丰，万吨机械设备，数千员工，谈何容易？也就迟迟没有动作。

1938 年 2 月，国民政府工矿调整委员会发来通知，要豫丰负责人到武汉商量迁移的事。束云章走不开，派经理潘仰山前往。到了武汉，工矿调整委员会武汉办事处主任林继庸主持召开纱厂迁移会，传达政府指令：涉及军事和重大民生的工厂必须内迁。会后，林继庸找潘仰山谈话，问："豫丰什么时候内迁？"潘仰山回答："还没决定。"林继庸气得拍桌子发脾气说："怎么还没决定？去年 11 月我就派陈世桢去郑州劝说你们内迁，现在日军已经打到郑州城外，竟然还推三阻四，要把豫丰留给敌人吗？"潘仰山无话可答。林继庸给潘仰山讲了战争局势，宣布了工矿调整委员会关于豫丰必须马上搬迁的命令，并给豫丰制定了迁往重庆的目标和迁移路线，还为他们联系了交通工具，要求潘仰山立即返回郑州，报告董事会，马上开始内迁，不准以任何理由滞留，否则将以违反动员法处理。

豫丰纱厂这才下决心内迁。于是全厂总动员，经过两个月的艰苦努力，将 9000 多吨机器设备拆卸装箱，运抵汉口，准备再迁重庆。这时豫丰的主管不服从政府指导，不愿进川，要让工厂前往湖南常德。林继庸接到消息立即找到豫丰主管，再次拍桌子发脾气说："豫丰迁川是政府命令，谁胆敢不执行我用动员法办你！"这才将豫丰纱厂强行迁到重庆。

当事人林继庸回忆说：

民国 26 年 11 月底，工矿调整委员会曾派陈世桢劝导郑州豫丰纱厂拆迁，未成功。27 年 2 月间，工矿调整委员会再度命令郑州豫丰纱厂负责人到汉商酌迁移。该厂于 2 月 19 日奉到命令，即决定拆迁。其时敌军已到达黄河北岸，距郑州仅 10 里。

地方人士复阻挠拆迁。该厂董事长霍宝树，总经理束云章，经理潘仰山，厂长郑彦之，董事张鸣岗、毛翼丰等，苦心应付，委曲求全，始得如愿。即将全厂纱机 56448 锭，并线机 5600 锭，布机 224 台，发电设备共合 3500 千瓦及锅炉机件等，共重 9000 余吨，完全拆卸，分装大小机箱 11.7 万余件。经过两月的努力，始得全数付运。取道平汉路南下，于 4 月底全数运达汉口，即分运沙市、宜昌。

3 月 31 日，该厂负责人霍宝树、潘世经、张鸣岗、毛翼丰等，以地址选择问题邀我讨论，会中大起争辩。当时他们的意见，拟以大部分纱锭迁往湖南常德。我表示反对，并将新近在四周搜集所得关于棉产、气象、运输、纱布、销场等项调查统计，向彼等说明，力主其全数迁川。霍宝树指着我说："林继庸，你扯大炮。”我毫不示弱回答：“霍宝树，我的大炮是要响的，不但要响而且要中的。”我并且表示：“豫丰纱厂迁川是政府决策，如果你敢违背，我可用动员法办你，你赶快把迁湘的念头打消。”经过反复的讨论，大计乃决，随即发动全数继续西上。该厂分得一小部分轮船吨位，并陆续订雇柏木船360余艘为运输工具。①

柏木小船闯三峡

这时束云章在香港。1938年3月，中国银行总处迁港。天津中行随之迁港，成立津行驻港办事处。束云章仍兼津行副理，自然赴港主持工作。6月，武汉外围战事逐渐紧张。豫丰纱厂撤迁出来的9000吨机件已抵达武汉，如前所说，正为何去何从发生分歧。豫丰的几个主管迫于政府命令压力，只有执行入川计划，但有抵触，便以缺乏交通工具为由迟迟不动。

中行董事长宋子文接到消息大为恼火，认为武汉失守只是时间问题，且只有三四个月时间可用，如果豫丰机件不能及时通过武汉，随时有被日军掠去可能，便要求束云章尽快运走在汉豫丰机器。

束云章发电报给在武汉的潘仰山、毛翼丰，要他抓紧时间将机件转运出武汉，决不能把辛辛苦苦撤迁搬运到武汉的机件甩给敌人，并要他们每天向他报告转运进展和问题，还要他们马上派人去重庆打前站，做重建复工准备工作。潘仰山遵命执行，每天向束云章报告转运情况，同时派人去重庆购买工厂用地。

在林继庸的帮助下，潘仰山、毛翼丰将豫丰机件用大船运到湖北宜昌，等候小船进川。宜昌此时是抗战内迁最大的转移站，大批机件、物资在这里堆积如山，而日机经常飞来轰炸，传言日军不日将攻打宜昌，情况万分危急。潘仰山、毛翼丰束手无策，苦恼不已。

林继庸在宜昌指挥工厂内迁，也很着急，一面急电重庆民生公司，赶快多组织轮船跑渝宜航线，一面极力维护宜昌秩序，向驻军要来一个宪兵班，亲自带着四处巡查，发现捣乱者及时弹压。民生公司总经理卢作孚赶来宜昌坐镇指挥，决定先将宜昌人员物资抢运到四川边上的巫山、奉节及万县，再返程到宜昌再接人货，运进四川再说。林继庸去重庆组织木船，组织重庆、川东、川北几十个县的千艘柏木船租给进川货主。

---

① 彤新春：《口述历史辑要丛书——民国经济》，中国大百科全书出版社2010年版，第47页。

豫丰经理潘仰山立即订租400艘柏木船，将豫丰纱厂机器分批装船运往重庆。光有船还不行，川江三峡像是三只拦路虎，凶险峻奇，浪大滩多，稍不注意便有船翻货毁的危险，还得顺利安全通过三峡。林继庸多次随船经过三峡。他回忆说：

> 到巫峡，候洪水退，五昼五暮，巫峡如故。过峡时因壁陡，无容立足，不能上岸，只好随船上驶。夔门、巫峡峭壁千尺，只见一线天，昼难见日，夜难见月。前途三峡阻塞，几疑无路可行。每逢夜间停船，念及艰苦困难，静听江水滔滔，心中充满着我民族冤仇血恨！①

这时正值秋季，长江水位萎缩，三峡水位更低，河床变窄，暗礁凸显，豫丰纱厂的船触礁沉没者多达150余艘，损失5万余纱锭机件、300余台织机。潘仰山、毛翼丰请当地水手、农民下水打捞，但效果不佳。当地农民说，过一两个月来打捞就好了。潘仰山问明原因，过两个月到冬季，水位最低，便于打捞，就听从农民的意见，暂且不动。几个月后，潘仰山派人来打捞，果真都打捞起来，运到重庆加以修葺还能使用。

两厂共争一块地

受束云章派遣，厂长郑彦之先到重庆打前站，主要任务是买地建厂房、建宿舍、办理重建复工手续。郑彦之来到重庆，原以为拿钱买地小事一件，没想到四处碰壁，买不到好一点的地，原因是迁来重庆的机关、学校、工厂、商店实在太多，一地难求。束云章、潘仰山天天打电报催促，首批机器设备某月某日到重庆，厂房建好没有？郑彦之一脸苦笑，还不知道地在何处。

豫丰是政府重点动员内迁工厂，得到工矿调整委员会林继庸特别照顾。不过类似情况很多，上海大鑫钢厂千辛万苦迁来重庆，可以生产造枪造炮最急需的钢铁，即或有特别照顾也受困于一时买不到地。郑彦之去找林继庸和四川迁川工厂用地评估委员会，求爷爷告奶奶，请他们无论如何给块地。林继庸是军委会处长，少将军衔，面对郑彦之的请求犯了难。豫丰是大厂，需要大仓库，占地很宽，而重庆主城是山城，连中国电影制片厂、军统局本部都只能建在陡坡上，便介绍郑彦之去近郊找地。

皇天不负苦心人。经过努力寻找，郑彦之终于找到一块理想的地方，地处

① 彤新春：《口述历史辑要丛书——民国经济》，中国大百科全书出版社2010年版，第44页。

城区通往沙坪坝的半道边上，背靠大山，面朝嘉陵江，沿江铺开的一大块斜坡地，地名叫土弯。事不宜迟，郑彦之赶紧向四川迁川工厂用地评估委员会提出书面用地申请。

四川用地评估委员会开会平衡，发现土弯这块地有两家工厂提出用地申请，就是郑州豫丰和上海大鑫钢厂，都是大厂，都要求大地块，一分为二也不能满足，只好分别替他们另寻土地，可手里没地，事情便悬而不决。

上海大鑫钢厂的总经理叫余铭钰，急得跺脚，急忙跑来对委员会的负责人说："你们这样可不行啊！我们冒着敌人炮火，吃尽千辛万苦，好不容易把工厂从上海迁到重庆，说是重庆已做好迎接我们的准备，重建复工没有问题，现在怎么连地皮的事也定不下来？政府要求我们尽快恢复生产，尽快提供造枪造炮的钢铁，我急得几夜没睡觉。抗战是大家的事，不能光是我们一头着急啊！土弯这地无论如何得给我们！"

经过委员会反复做工作，虽说豫丰在大鑫厂之后申请，但因为豫丰是最高当局钦点的迁渝四大纱厂之一，有重建复工的具体时间要求，耽搁不得，请余铭钰挤一块地给豫丰。余铭钰只好忍痛割爱。豫丰纱厂在重庆近郊土弯连租带购得到326亩土地。郑彦之高兴得手舞足蹈。

年底复工三千锭

1939年4月，豫丰纱厂的全部机器设备运抵重庆。至此，四大纱厂全部迁至重庆，奠定中国抗战大后方棉纺工业基地，成为对日经济作战的重要阵地。这四大纱厂是，豫丰纱厂、裕华纱厂、申新第四纱厂和沙市纱厂。豫丰迁至重庆沙坪坝土弯，裕华迁至重庆南岸窍角沱，申新四厂迁至重庆南岸猫背沱，沙市纱厂迁至重庆李家沱。重庆四大纱厂为抗战作出重大贡献。据不完全统计，1942~1945年，重庆四大纱厂共出产棉纱18万多件，加上迁川初期的产量，共出棉纱25万件，可织布1162万余匹，可平均每年解决5000多万人衣被问题。中国棉纺总公司1945年1月1日公布的《大后方纱厂一览表》统计，重庆四大纱厂的纱锭设备数、开工锭子数、棉纱月产量数，分别占西南三省的62.1%、64.3%、65.5%。

豫丰机器到渝之后，何日重建复工成为新的问题。宋子文在香港接到国民政府指令，要他尽快让豫丰在重庆重建复工，即与在港束云章商量，要他立即去重庆，千方百计落实政府指令，保证年底3000纱锭开工，保证前方抗战将士最基本的衣被之需，加速建成对日经济作战基地。宋子文问："有把握吗?"束云章身体一直不好，不然早就去了重庆。宋子文此问是因从香港去重庆得绕道越南海防、昆明，路途遥远，行程艰难，担心束云章的身体是否吃得消。束云章回答："只要一息尚存，力保3000纱锭年底开工。"

丹阳市政协专委会撰文指出：

> 1939年春，沿海各大口岸均已沦入敌手，以致后方物资不易自海外获得补充，急待自己生产，以资维持，尤以纱布为军民生活所必须。各有关当局以豫丰为华中纱厂之翘楚，早负盛名，机件既已陆续拆迁入川，莫不希望该厂重建之早观厥成。中行董事长宋子文，豫丰董事长卞白眉，期望尤为殷切。先生（束云章）为豫丰之总经理，职责所在，更不容辞。4月，宋、卞二人会商，切望于年底以前，能先装置三千锭开工生产。
>
> 先生为了解实际重建情况，乃于5月某日，取道海防赴重庆，途中历经十余日。此间，先生对重建豫丰人事安排之问题，工务部门与管理部门密切配合加速工厂建设速度之问题，等等，莫不慎密思考。先生到厂之次日，一面听取汇报、实地勘察，一面发表人事命令，督令日夜赶工。①

1939年5月，束云章从香港来到重庆，会同豫丰经理潘仰山、厂长郑彦之等负责人，现场查看地形，研究设计方案，最终确定沿嘉陵江坡地修建梯田式多层建筑，分别用作车间、办公楼、宿舍、仓库、配电房，并在江边修建简易码头，便于原材料和产品从嘉陵江用船进出。

这时已是5月，要完成宋子文年底建成3000纱锭的要求，时间紧任务重。束云章认为，非常时期采用非常方法，便大胆决定采用工程承包方法，将建厂工程分段承包给几个营造公司，要求他们每天组织数千人作业，四个月务必完成土建，同时将机器设备、电路安装分别承包给几个安装社，要求他们在基建施工同时进场作业，年底完成并试车成功，并与他们签订奖惩协议，按期完工者重奖，拖延工期者，除重罚外随时解除合同。

这时，日军频繁轰炸重庆。土弯多次遭到日机轰炸，炸坏部分机件，严重影响豫丰施工。束云章亲自在施工现场督促，鼓励施工人员，为建设抗战大后方不怕流血流汗，并现场拍板给施工队伍发放加班费。

---

① 江苏省政协文史资料委员会、丹阳市政协文史资料委员会编：《实业家束云章》，江苏文史资料第78辑，1994年版，第175页。

经过数月艰苦施工，土弯陡峭的坡地被填成三层平地，最下面一层建仓库、码头，中间层建生产车间，上面层建办公楼、宿舍。束云章要求先建仓库码头，再建车间，最后建宿舍办公楼，尽可能赶在年底开工生产。

在束云章和潘仰山、郑彦之、毛翼丰等人的精心组织下，经过广大工程技术人员和数千工人艰苦卓绝奋斗，1939 年底，重庆豫丰复建工程顺利完成厂房、仓库、码头、办公楼、宿舍建设，完成部分纱锭纱机安装调试。1940 年元旦，重庆豫丰 15000 纱锭正式投产，即日即生产出大批布匹。这些布匹制成军装盖被，随同枪炮弹药装船驶离重庆朝天门码头，沿江东下，直奔抗战前线。束云章按时超额完成宋子文交给他的任务。

三　金融烈士

重庆密电去美国

就在中日展开激烈经济战之际，1938 年 6 月，财政部在汉口召开全国金融会议，财政部长孔祥熙主持会议，全国各地金融界代表 70 余人出席，对抗战爆发以来的金融问题和今后一个时期的金融方针政策做了研究和决定，其中一项重要内容是积极争取国际贷款。

全国金融会议开后两个月，1938 年 8 月初，孔祥熙决定派人去美国洽谈贷款事宜。这是一件大事，必须派遣有能力、有资历、有担当的人才能胜任。孔祥熙思来想去，最后想到浙江兴业银行总经理徐新六，原因有三条：一、徐新六毕业于英国伯明翰大学和英国维多利亚大学，又在巴黎国立政治学院学习国家财政学一年，回国后担任上海租界工部局华方要职，与美、英、法等国财政金融部门要人关系良好，是美国政府财政部长摩根索的好友；二、徐新六是江浙财团的中坚人物，熟悉国际金融业务，能力很强；三、徐新六是银行界抗日态度最坚决的代表之一。

徐新六接到重庆孔祥熙发来的电报，说国民政府准备组织财经代表团去美国争取美元贷款，邀请他作为正式成员参加，顿时皱了眉头，心想，孔院长怎么找上自己了。国家对美谈判财经，官方有宋子文、孔祥熙，抗战前夕孔祥熙不就访问了欧洲吗？民间有陈光甫，1936 年与美国的白银协议不就是陈君去的吗？这次为何叫上自己，还担任首席代表？便踌躇不定。

徐新六，杭州人，时年 48 岁，1921 年进入浙江兴业银行，历任董事会秘书、总办事处书记长、副总经理、常务董事兼总经理，抗战爆发，受财政部长孔祥熙指派，负责维持上海租界内的金融事业，上海失守前夕来到香港。

经过一番打探，徐新六逐渐明白了孔祥熙的意思。这次赴美争取贷款是中国抗战爆发以来的第一次，负有政治意义，说服美国放弃不干涉中日战争的中立态度，支持中国抗日，进而带动西方国家支持中国，改变中国孤军抗日的局面，困难重重，希望不大。孔祥熙或者宋子文理应率团前往，但因为上述原因，这次试探性的接触由民间人士出面更好，于是选中徐新六和陈光甫。陈光甫顾虑重重，有病缠身，迟迟没有答应，徐新六便成为首选。

经过一番深思，国难当头，匹夫有责，徐新六复电重庆，答应前往美国。孔祥熙接到复电很高兴，再电香港，要徐新六尽快来渝会晤商谈，同时要徐新六严格保密，不得有丝毫泄露，严防日本从中破坏。抗战爆发，中国多次请求国际组织调停，也希望美国、英国、法国等强国支持中国抗战，但这些组织和国家在日本的威逼利诱下，保持中立态度，致使中国处于孤军作战境地。孔祥熙的顾虑是，日本如果得知中国代表团赴美谈判贷款，必定强行干涉和破坏。

徐新六接到重庆指示，立即结束手里工作，积极准备对美谈判资料，四处联系赴渝飞机。这时在港的国民政府人员很多，包括立法院长孙科，以及众多机关团体银行人员，比如交通银行董事长兼中南银行总经理胡笔江。这些人不时需要往返港渝，加之做生意的、办实业的、逃难流亡的，港渝飞机一票难求。

徐新六与胡笔江是银行同仁，早有往来，得知他也要去重庆，便邀约结伴而行。胡笔江这次去重庆，是应孔祥熙之邀前去汇报工作。前不久，1938 年 6 月 1 日，财政部在汉口召开全国金融会议，胡笔江、陈光甫、徐新六、唐寿民等与会。胡笔江被任命为行政院金融顾问、全国农产调整委员会常委。会后，胡笔江回香港，孔祥熙去重庆。孔祥熙这次要胡笔江去重庆谈大后方金融建设，交通银行如何落实的问题。

胡笔江 1933 年出任交通银行董事长，按照旧规，总经理负全责。1936 年 4 月，交行实行体制改革，董事长成一把手，整个交行重任压在胡笔江肩上。

胡笔江主持交行全面工作不久，七七事变、八一三淞沪抗战相继爆发。宋子文要交通银行总行留在上海法租界坚持工作。胡笔江一口答应，并就可能发生的牺牲说：“抗战是残酷的，终究要有人作出牺牲。如果这牺牲轮到我，我将毫无畏惧挺身而出，为国捐躯！”

胡笔江得知徐新六也要去重庆，答应与他同道而行，一路上可以好好谈谈银行间合作的事。徐新六几次想征求胡笔江对美国援华的意见，但欲言又止，最终没说出口。胡笔江倒是无话不说，还说从重庆回港后，我们好好合作，把香港办成金融抗战中心。徐新六说好，其实心里在说，香港金融抗战的事就拜托你胡笔江了，我这一去不知何日回来。他已打定主意，这次去美国，不弄到贷款不回来。

二人订购了 1938 年 8 月 24 日去重庆的机票。

踢踏舞星是间谍

湾仔位于香港北岸中央位置，是香港历史上最悠久和最富传统文化特色的地区之一。湾仔皇家夜总会是这个地区最有特色的娱乐场所，每天傍晚彩霞满天，华灯初上，便会从四面八方驶来许多高级轿车，从车上跨出成双成对的俊男靓女，挽手搂腰，鱼贯而入。

最近湾仔皇家夜总会的生意特别好，原因是来了一位踢踏舞星，一位年轻漂亮、人见人爱的女郎。她不仅会跳踢踏舞，节奏明朗，舞姿优美，就是跳起探戈、华尔兹与狐步舞也毫不逊色，更重要的是活泼大方，性情开朗，不拒绝任何一位男士的邀请，哪怕应酬一曲也是肯的。香港很多男士于是趋之若鹜，纷纷前来印证是否属实，甚至心怀不轨。大家称这位踢踏舞星叫百灵鸟。

这天晚上，百灵鸟在湾仔皇家夜总会舞厅大跳一番热舞后，由一位先生搂着腰来到包间休息。这位先生身着西装系着领带，神色严峻，眉宇轩昂，是香港警方高级督察，也是拜倒在百灵鸟裙下的多情王子。他已经得到她的默许，一个月来的殷勤追求初见成效，待会儿一起出去吃夜宵。他知道百灵鸟的规矩，从不和任何男士单飞。她对此解释道：“你是唯一的例外，因为我没吃晚饭，待会恐怕会饥肠辘辘。”

包间的灯光总是半明半暗，头顶上的旋转灯散发着五颜六色的灯光，让人迷糊而兴奋，正是与这种场合最吻合的精神状态。百灵鸟和这位看上去得有

50 岁的高级警官，概莫如此，于是不约而同地相互拥抱亲吻，做起伊甸园中的亚当和夏娃。

当警官得寸进尺之际，百灵鸟豁然起身回避，款款一笑说："这儿冷气太冷，我感冒了没好完不能受凉，想出去一会。"警官自然扫兴，边寻找冷气开关边说："他妈的怎么会这样！对不起我不是说你，是这儿的服务质量太差。要不我们这会儿就出去吃夜宵？"百灵鸟柳眉陡皱说："这不好先生，我们有言在先。"警官一时语塞。百灵鸟说："不过……"警官忙问："小姐的意思？"百灵鸟嘻嘻笑，伸出食指戳一下警官的额头说："贵人好忘性。"警官尴尬一笑，恍然明白，哈哈笑说："不就是飞机时间吗？宝贝，让我告诉你吧。"警官先生于是大胆地一把搂住百灵鸟，像一对卿卿我我的恋人，对她娓娓叙谈开来。

于是徐新六、胡笔江乘飞机去重庆的航班消息暴露无遗。

原来，百灵鸟不是什么踢踏舞星，而是做了日本间谍的投敌变节军统特工陈素贞。陈素贞，又名陈丽琳，到香港后化名苏姬，1918 年生于上海，后随家人迁居南京，在下关圣公会小学、汇文女中读中小学。中学毕业后，她个头高挑，面容漂亮，喜欢交际，能歌善舞，17 岁时被军统招募做情报员，抗战前在军统南京区担任少尉情报员，负责跟踪监视驻宁日本外交人员，参与破获了几个日谍破坏案。南京沦陷后，陈素贞奉军统南京区长钱新民之令，留在难民区收集日寇大屠杀罪证，暴露身份，被日军宪兵队逮捕，变节投敌，后被日本海军情报部门派往香港，手持伪造的上海广慈医院护士长等证件，从事间谍活动。前不久，她的上司、海军少佐山口弘一交给她一项任务，迅速查明徐新六飞返重庆航班情报。于是陈素贞在湾仔皇家夜总会盯上香港某高级警官，几经斡旋，使鱼儿上钩，轻而易举完成任务。

日军为什么要窃取徐新六飞渝航班情报呢？

日本获悉，中国可能派遣有徐新六参加的代表团去美国，不清楚干什么，但从胡笔江的银行董事长的身份来猜测，应该与中美金融有关，很可能是去寻求美国贷款。日本认为，对华军事作战大有进展，而对华经济作战收效不大，是个很严重的问题，如果中国获得美国贷款，对华经济作战将更加困难，决不允许，决定坚决阻止。另外，日本还掌握一个重要的情报，徐新六有出任中国外交部长的可能。西安事变发生时，张学良、杨虎城向宋子文提议，由力主抗日的徐新六出任外交部长。宋子文答应推荐。1938 年 6 月，蒋介石表示，要在吴国祯与徐新六二人中，挑选一人做外长。日本反对徐新六做中国外长。

陈素贞将获取的情报转告上司海军少佐山口弘一。

立法院长登机否

陈素贞的情报只是一个渠道，山口弘一还放出多只燕子，寻找这架航班的情报。就在陈素贞情报到达同时，其他情报源源不断而来。其中一条令山口弘一眉飞色舞：国民政府立法院长孙科及其随从也购买了这班飞机的票。他立即转告上级，要求派战斗机击落这架航班。日军情报部非常重视这条情报，立即请求空军支援。

这些活动在绝对保密的电波中悄然进行。

1938 年 8 月 24 日早上，霞光万道。胡笔江、徐新六按时赶到香港启德机场，排队进入通往中航公司桂林号客机通道，与其他客人一样随便聊天，并无异样。然而他们的一举一动正被人监视着，那就是混在候机人群中的陈素贞。她正按上司指令严密监视进入桂林号通道的人，弄清立法院长孙科是否登机，以最后确定行动方案。突然，她发现一个戴墨镜的先生疾步而入，心里咯噔一下，这不就是立法院长孙科吗？她立即悄悄翻看提包里孙科照片，再看走在通道上的那位，越看越像，立即转身走向公用电话处，给山口弘一打电话说："我们等候的客人到了。"

8 时 04 分，桂林号客机缓缓滑向起飞道，在接到可以起飞命令后，慢慢加速驶离地面，飞离香港启德机场，往西直飞重庆。胡笔江对徐新六说："可以摘下墨镜好好睡一觉了。"徐新六说："这你不懂，戴着墨镜正好睡觉。"二人相视一笑，各自靠椅休息。香港到重庆的空中距离为 1200 多公里，要飞两个多小时。他们不能在机上谈公事，也不能暴露身份，最好睡觉。原来戴墨镜的先生不是孙科而是徐新六，而且孙科也不在这架飞机上，他因故在临起飞时取消了这班飞机，改乘晚一点时间的欧亚航空公司飞机去汉口。

桂林号驶离香港启德机场不一会儿，日本空军司令部下达消灭桂林号飞机的命令。五架日军战斗机腾空而起，直扑广东珠江口上空。桂林号飞机飞抵珠江口，驾驶员突然发现前方左右两侧迎面飞来五架飞机，从编队上看，怀疑是军机，顿时着了慌，立即向地面报告。地面指挥塔回答："情况不明，立即返航。”

然而为时已晚。迎面飞来的日本战斗机全速扑来，不等桂林号调头返航，立即轮番向桂林号俯冲扫射。桂林号顿时多处中弹，匆忙逃逸，逃到中山县上空，因伤势过重摇摇欲坠，被迫降落，落在张家边水面上，侥幸软着陆。徐新六和胡笔江大惊失色，慌不择路，立即从机舱爬出来，突然传来日军俯冲轰鸣声和机枪扫射声，正待躲避逃命，一串子弹射穿他们身体。他们来不及呼叫便被打死，鲜血染红水面。

金融作家邢建榕描写此刻情景说：

此时机内人员尚未受伤，但日机再三投弹扫射，“轮回凡二三十之多，企欲将全机搭客杀害”。徐新六和胡笔江夫妇不幸被害。徐年仅48岁，胡也只有58岁。同机遇难者14人，除徐新六和胡笔江夫妇外，尚有立法院院长孙科随员4名、中央储蓄银行经理许某、聚兴诚银行董事长之子杨锡远、财政部秘书王亮浦、柏林大学中文讲师陆懿、归国华侨楼兆南夫妇及其年仅2岁的女儿。现场惨不忍睹。①

作家黎霞描写此刻情景说：

8月24日上午8时04分飞机起飞后，一切正常。8时35分飞至广东珠江口上空，突遭5架日机追逐扫射。机长即用种种方式表示此系民航机，并在云中躲避，但当天云层稀薄，敌机依然穷追不舍，致桂林号翼部中弹起火。机长被迫将飞机降落在中山县附近河面。当时机上人员都未受伤，但当他们从飞机中逃出时，敌机仍在空中盘旋低飞，密集扫射，非置乘客于死地不可。机长逃出飞机，向一小船游去，因水流湍急，被水冲走，上岸后向中山县长报告。消息传出，举国震惊。中外人士急忙奔赴当地救援，遇难者家属也赴中航公司探询。最后查实，机上人员，除两名乘务员和一位楼姓侨胞外，其余全部罹难。有一名两岁儿童全身中弹达数十处。其状惨不忍睹。胡笔江的遗体于26日傍晚在海边寻获，连夜运往石岐棺殓。②

宋子文得知噩耗，立即叫钱昌照去现场。钱昌照时任资源委员会副秘书长，在香港，立即驱车去广东出事现场查看。他在中山县张家边河岸上看到排列着的14具尸体，其中一具秃顶，身上系金属扣皮带，经反复辨认确定是徐新六。

当事人钱昌照回忆说：

抗战期间，要向美国商洽借款。徐那时已经离开兴业银行，当局有意邀他到

---

① 邢建榕：《非常银行家》，东方出版中心2014年版，第69页。

② 许矛、顾关林、姜天鹰主编：《中国十大银行家》，上海人民出版社1997年版，第370页。

中央银行来当副总裁，并请他去美国商洽借款，洽成后再到英国去，他在英国有不少朋友。徐到了香港，我和顾翊群也在香港，一同和宋子文见了面。他第二天由香港飞重庆。那天有两架飞机飞重庆，一架是孙科坐的，一架是徐新六和聚兴诚的小老板等人坐的。我正在宋子文的办公室里谈事时，忽然接到电报，说飞机遭到日本飞机的袭击，不久又接到第二个电报，说飞机被打下，后来又接到第三个电报，说敌机在进行扫射。经派人去察看，并将尸首14具排成一列。我去看时，面目已很难辨认。我看见一个秃顶的头，一根皮带上有一金属扣。我认出了徐新六，面部已看不清。在香港购一棺木运去装殓，然后运到上海。①

拆开信封不忍看

中国交通银行董事长胡笔江、浙江兴业银行董事长兼总经理徐新六为国殉职，牺牲在金融抗战一线，令国人震惊。蒋介石极为震怒，要军统局长戴笠尽快弄清情报泄密真相，严惩失职人员，并代表国民政府电唁其家属："徐新六、胡笔江两先生金融硕彦，功绩卓然。此次因公赴渝，遭寇机围击，为国牺牲，贤才遽殒，愤悼曷极！尚望勉节哀思，继志雪仇，以慰英灵。特电致唁。"

9月4日，国民政府为胡笔江、徐新六举行追悼会。上海、汉口和香港等地下半旗志哀。八路军代表董必武参加追悼会。毛泽东、朱德、彭德怀送花圈挽联。毛泽东在挽联中称胡笔江为"金融巨子"。

徐新六牺牲前一天，8月23日，给胡适写了封信寄出。这封信没能在中国找到胡适，最后几经转折，转到美国华盛顿中国驻美大使馆，递交到新任驻美大使胡适手里，然而徐新六早已为国捐躯，令胡适捧信大哭，一夜无眠。胡适写诗吊念徐新六：

拆开信封不忍看，
信尾写着八月二十三！
密密的两页二十九行字，
我两次三次读不完……
此时当一切一切以国家为前提，
这是信里的一句话。
可怜这封信的墨迹才干，
他的一切献给了国家……
我失去了一个最好的朋友，

---

① 王珏麟：《壮怀激烈徐新六》，载于《中国保险报》2013年8月29日。

这人世丢了一个最可爱的人。

有一日尽一日力，

我们别忘了他的遗言。①

可以安慰在天之灵的是，虽然凶手陈素贞、山口弘一一时逃脱，但5年后还是受到严惩。1943年，山口弘一带着陈素贞潜往广西桂林从事间谍活动，炸毁美国第14航空队汽油库。中、美、英三方反谍人员告破此案。山口弘一拒捕自杀，陈素贞被捕入狱。

四　贷款奇遇

1938年10月23日，武汉失守。为了挽救局势，国民政府一面组织军队作顽强抵抗，一面派员去美国争取经济援助，力争通过获得美国贷款，加强对日经济作战能力，击退日本经济进攻，同时打开国际声援中国抗战的局面，扭转中国孤军奋战局面。

秘密乘坐美专机

前面介绍了，国民政府最初派往美国谈判贷款的是胡笔江、徐新六，因为日本获得这个秘密，阴谋杀害了正准备出行的胡笔江、徐新六，致使这个计划失败。国民政府决定继续派人去美国，选定上海银行总经理陈光甫，为工作方便，于1938年9月17日任命胡适为驻美大使。

赴美谈判贷款是一项十分艰巨的任务。这时美国国会存在着严重的孤立主义倾向，美国商界也力图与日本保持经贸关系，都对声援中国抗战抱怀疑态度。美国总统罗斯福有心支持中国，但碍于美国国会和商界态度，不好直接表态，但授意美国财政部长亨利·摩根索秘密研究援华方案。

亨利·摩根索，时年47岁，毕业于美国菲利普斯埃塞特学院，父亲做过美国驻土耳其大使，1934年出任财政部长。他接到罗斯福总统授意后，开始寻找援助中国的方式，想到一位中国银行家，1936年曾来美国谈判白银协议那位英姿飒爽的中国官员，便在1938年7月访问巴黎时，对中国驻法大使顾

① 邢建榕：《非常银行家》，东方出版中心2014年版，第71页。

维钧说："你们不是有位能干的金融家吗？如果派他来华盛顿，也许我们会找到诸如粮食信用贷款之类的途径。"这位中国官员就是上海银行总经理、军委会贸易调整委员会主任、时年57岁的陈光甫。顾维钧有些好奇，打探摩根索和陈光甫的私人关系，发现摩根索担任美国纽约化学银行董事长的时候，是上海银行的客户，与陈光甫有良好的私交。

中国外交部接到这个口信大为高兴，显然，这是一个明确的信号，美国愿意与中国谈判对华援助，立即作出派陈光甫去美国的决定。陈光甫对此却有所顾虑。前两年他去过美国，领教过美国人傲慢的态度，仿佛中国是穷光蛋，是乞讨去了。财政部长孔祥熙出面找陈光甫谈话，说明陈光甫是美国财政部长摩根索点的将，鼓励他为国服务，争取到4~5个亿的贷款。蒋介石也找陈光甫谈话。盛情难却，陈光甫只好勉为其难，答应去美国。

1938年9月9日，陈光甫率领中国政府代表团离开香港，启程赴美，成员有中国银行业务局长席德懋、矿产商人任嗣达。鉴于胡笔江惨案，美国派出专机和特工在香港迎接，去美途中，安排住宿美军招待所。9月19日，陈光甫一行抵达美国首都华盛顿，住进郊外的美国财政部秘密住所。

不用管他啥外交

第二天，美国财政部长摩根索设宴欢迎陈光甫一行，对陈光甫说："你能到华盛顿来就是一个胜利，说明美中两国是可以交往的朋友，当然肯定还不止这一点，罗斯福总统、赫尔国务卿和我向你们表示，美国愿意帮助贵国摆脱财政困难。"陈光甫、席德懋、任嗣达听了喜形于色，不过也有疑问，仅仅是"摆脱财政困难"，并不涉及中国抗战？摩根索看出他们的心思，接着说："亲爱的陈先生，接下来贵国有任何建议，我们是老朋友了，不妨直言不讳，我将洗耳恭听。当然不是在这会儿，这会儿的任务是消灭盘子里的美味佳肴，OK？"大家哈哈大笑。

陈光甫说："亲爱的摩根索先生，谢谢罗斯福总统、赫尔国务卿和你对我国财政困难所给予的关心，也谢谢你的美味佳肴。不过此刻，我国亿万民众正遭受侵略日军铁蹄蹂躏，就是吃着你的最好的美味佳肴我们也食不甘味。请你原谅。"摩根索说："这我能理解。你是我国请来的朋友，当然可以畅所欲言，只是一路旅途劳顿，今晚是替你们举办接风宴。我们就边吃边谈吧。"

一番应酬后，陈光甫又提起中美贷款一事，而且开门见山，直接说了用中国桐油抵押借款的方法，请摩根索财长考虑。摩根索眼睛一亮，桐油抵押借款，这可是明智之举啊，禁不住笑容满面地说："你的意思是，贵国卖给我国中国桐油，我国向贵国提供贷款？"陈光甫说："对，你出钱，我卖给你桐油，当然秩序得颠倒一下，你先给我钱，我后给你货，我们合伙做一笔买卖。"摩根索说："插一句题外话。中国有两句古诗怎么说的？山重水复疑无路，柳暗花明又一村，对吗？"陈光甫说："你同意桐油抵押贷款？"摩根索说："对，我们就合伙做一笔桐油买卖。"陈光甫说："对，我们合伙做一笔桐油买卖，不用管他什么中美外交、世界外交。"

席德懋、任嗣达和摩根索的两个助手恍然大悟。中美贷款谈判最关键的问题是以什么名义贷款，因为美国有人不愿意得罪日本，不愿意贷款给中国。现在这个问题在不经意间迎刃而解。大家禁不住喜出望外，纷纷说好。

摩根索再次举杯敬酒，并亲自给中国客人一一布菜，最后说："我建议，先生们，今天的工作点到为止，接下来有很多问题要一一讨论，但不在这会儿。事后我的两位助手，怀德先生、劳海先生，会全程陪同你们在美国期间的全部活动，并全程参加美中贷款，不，美中桐油生意谈判。希望你们尽快拿出一份切实可行的、可供我国国会审议的方案。因为事关重大，按照我国程序，必须经国会审议、总统批准才具法律效力，财政部才能执行。"

中美贷款谈判开门见喜。

国务卿出国之机

中美贷款谈判虽然有一个好的开局，但陈光甫不敢掉以轻心，因为美国反对贷款势力十分强大，代表人物是国务卿赫尔。赫尔主持美国国务院，反对美国对华贷款，有两个担心，一是中国取得贷款后会不会放弃抵抗日本，二是日本会不会指责美国报复美国，便以反贸易垄断为由，反对对华贷款，拖延谈论贷款事宜。

陈光甫无法改变赫尔和美国国务院的想法，只好按摩根索的意见，抓紧时间与摩根索的两个助手怀德、劳海制定桐油抵押借款方案。在方案中，陈光甫早有准备，提出桐油贸易的八点意见和桐油运输的三条路线。怀德和劳海觉得他的建议还需专家论证，介绍陈光甫去纽约找美国孚德士古运油专家和汽车工程师。陈光甫等人便来到纽约，找到有关专家，请他们提意见。纽约的专家提了意见，使他们的方案更完整。

中美贷款方案出来后，美国财政部审核同意，指示美国进出口银行办理。1938 年 10 月 24 日，美国进出口银行同意向中国发放 2500 万美元贷款。第二天，10 月 25 日，摩根索邀请陈光甫一行去他家作客，送给他们一份珍贵礼物：宣布同意对华贷款决定。陈光甫等人兴奋不已，紧握摩根索的双手表示感谢。摩根索说："你们或许高兴得太早了，这只是财政部的决定，按照美国程序，最终生效还要经过国务院、国会和总统批准三关。"

接下来，陈光甫和摩根索就如何落实桐油贷款细节展开讨论。按照陈光甫的最新想法，既然是做桐油生意就得像个做生意的样子，中国可以在美国成立一个公司，负责向美国出售桐油和采购美国物资，中国国内设立一个公司，负责收购国内的桐油和出售给中国在美公司，而美国进出口银行的贷款可以带给中国在美公司，而不是贷款给中国政府。摩根索听了连连说好，说这才是商业不是外交，他会把这个主意提交国务院、国会和总统，相信他们会感兴趣。

就在对华贷款方案即将交付美国国务院批准时，中国国内传来广州失守、武汉失守的最新战事消息，在美国引起酣然大波。美国政府怀疑中国是否有抗战到底的决心，怀疑中国能否抵挡住日军的进攻，还说这些疑虑不消除，无法向中国提供贷款。

陈光甫十分着急，立即向摩根索说明中国抗战到底的决心，请他转告罗斯福总统。罗斯福表示，如果中国最高当局能阐明广州与武汉撤退的战略目的和今后抗战的意志，他将乐于批准对华借款。陈光甫马上打电报给孔祥熙说明情况，建议由最高当局发表抗战到底的谈话以正视听。1938 年 10 月 31 日，武汉守后第四天，蒋介石发表《为武汉撤退告全国军民书》，说明以空间换时间的战略意图，发誓绝不投降。

罗斯福便于 11 月 10 日给重庆国民政府发电报说："对于中国人民的勇敢抗战及其苦难遭遇，深表敬佩与同情。"又于 11 月 19 日写信给蒋介石，说明美国政府采取行动的程序：符合美国法律，符合美国人民公意，对可以实行事情的估量，又说美国极度同情中国，切望远东早日得到公正的和平。

虽然如此，罗斯福总统却因为赫尔国务卿反对而迟迟不能批准对华贷款。他指示摩根索说："你得想法说服赫尔。"赫尔不理睬罗斯福总统的意见，固执己见，不同意对华贷款。事情由此搁置。这时，日本在攻占广州、武汉后，11 月初，发表第二次《近卫声明》，宣称要建立日满华三国合作，企图诱逼中国投降。美国政界高层对此十分关注，担心中国倒向日本，或者倒向苏联，开始考虑改变美国战略意图。这时，赫尔恰好去秘鲁利马参加泛美会议，摩根索乘机说服代理国务卿韦尔斯同意了对华贷款。

11 月 30 日，罗斯福总统批准对华贷款方案。12 月 30 日，中美签订《购售桐油合约》，规定：中方在 5 年内向美方出售 22 万吨桐油，而美方则为中国代购 1000 辆卡车，改善滇缅路运输。第二年 2 月 8 日，美国进出口银行与中国设在美国的世界贸易公司签订《桐油借款合同》，规定美国进出口银行在 1939 年 6 月 30 日前给中国贷款 2500 万美元，年息四厘五，期限 5 年。陈光甫圆满完成国家交给他的任务。

随着美国贷款到位，世界贸易公司用这笔钱在美国采购的汽油、润滑油、有线无线材料、桐油运输车、粗布、军用卡车设备及配件等大批中国抗战急需的军事物资，便源源不断地从美国启程，横跨太平洋，运抵中国，加入抗战行列，为中国抗击日本侵略提供了强大的经济力量和巨大的精神力量。中国以坚决抗战的意志和为抗战付出的巨大牺牲敲开美国金援大门。

五　贸易大战

有了美国贷款，中国对日伪经济作战日趋主动。为配合金融货币大战，国民政府修正《查禁敌货条例》，放宽进口物品内运禁令，取消除桐油、茶叶、矿产三项外的统制出口，发动贸易大战，以维持抗战经济，争取抗战胜利。

这些政策的调整，解决了抗战初期对敌经济作战的一些错误，比如一概查禁敌货输入，对敌单纯经济封锁，致使后方物资极度短缺等，改而将禁止进口的物资限于奢侈品和半奢侈品，允许钢铁、化学用品、颜料、电工器材、教育文化用品等 16 类货物自由进口，鼓励公私单位积极开展进出口贸易，甚至支持去敌占区不考虑盈亏地抢购物资，以缓解大后方物资匮乏问题。为此，国民政府一度成立经济作战部，后改为经济会议，统筹安排对敌经济作战的大政方针和具体措施，指挥对敌经济作战。

华北禁止种棉花

1939 年 2 月下旬，宋子文敏锐地发现一个问题，就是天津汇到上海的款子越来越多，1939 年 1 月到 2 月 18 日就有 1000 万元，就叫人做进一步调查分析，发现原因是日伪政权进一步加强了对华北经济的统制，进一步打压法币，并宣布将在 3 月 10 日以后在华北禁用法币，以进一步统制华北进出口贸易。

宋子文油然生出警惕，大量的天津法币汇到上海来干什么？肯定是用于套取外汇，不由得皱了眉头。前面介绍了，日伪通过发行伪钞，大量收购中国法币，利用中国政府维持法币自由兑换外汇的空子，套取外汇，用外汇在国际上购买战略物资。宋子文想到这些，组织专门人进行讨论研究，应当如何化解日伪的货币金融攻势。

经过反复商讨，宋子文有了主意。华北盛产棉花、烟叶、花生等经济作物，历来是中国重要的经济作物基地，所产棉花是天津等纺织厂的重要原料，还向省外输出。抗战爆发，华北沦陷，这些经济作物落入敌手，成为日伪发展生产和重要的出口物资。日伪向中国大后方走私棉花，以换取大量法币用于套汇和购买急需的战略物资。中国大后方需要大量的棉花、棉纱、棉布，自己生产的棉花不能满足需要，就向华北沦陷区走私购进。

宋子文认为，要打破日伪货币金融攻势，一个重要战场是贸易作战，如果破坏掉日伪在华北掠取棉花等经济作物的基础，日伪就不能获取大量法币，自然就会减少汇款到上海套取外汇的金额，从源头上打击套汇。于是，宋子文在 2 月下旬给在重庆孔祥熙发去一封加密电报，提出了自己这种打击日伪套汇的战略。

宋子文在电报中说：

> 迭接敝沪行电称，津汇沪款日见增加，自本年一月起至本月十八日止，已在沪解出津款一千万元，此后恐有增无减等语。查迩来津汇沪款增加原因，由于敌伪统制华北经济渐趋积极，报载三月十日以后，敌伪将行禁用法币，并统制进出口贸易，因此恐此后法币将流入津沪，调取沪汇，政府似宜急谋政策，以防情势日益恶化。兹略陈管见如下：1. 严令华北游击区负责军政当局，禁种禁运棉花、烟叶、花生；2. 严禁游击区物资流入敌伪市场；3. 政府应派员赴各游击区，调查当地生产与贸易情况，规定合理分配运销办法，以防止物产资敌为唯一目标；4. 严禁使用伪币，违者除充公外并予严惩。①

① 郑会欣：《民国政要的私密档案》，中华书局 2014 年版，第 207 页。

宋子文此刻在香港，以中国银行董事长的身份，从上海汇市窥见华北敌伪金融战阴谋，并向重庆提出从源头上打击套汇的措施，难能可贵，反映出他作为中国一流银行家的卓越才干。如果宋子文这个措施得以实施，华北游击区动员广大农民禁种禁运棉花，破坏日伪在华北种植、收购、运送棉花，从源头上大幅削减日伪政权套汇能力，必定是维持汇市福音。

至于孔祥熙接到此电作何反应，因没有资料不敢胡诌，但从孔祥熙处理另一件类似事件的态度，举一反三，可为引据。香港中文大学教授郑会欣指出：

> （1939 年）5 月 24 日，孔即命令："关于江浙丝茧事，已分别电请江、浙两省严切注意，设法阻敌利用，一面并饬贸易委员会协同江苏农民银行暨浙江省银行，将本届茧丝加紧收购利用也。"①

江浙蚕茧类似华北棉花，且江浙、华北同为敌占区，孔祥熙下令"阻敌利用"，自己"加紧收购利用"，是强硬的实施统制经济的作法，与宋子文 1939 年 2 月下旬提出的"禁种禁运棉花、烟叶、花生"，有异曲同工之妙。所以，孔祥熙应该采用了宋子文对华北棉花的建议。如此这般，一南一北，遥相呼应，断了日伪的棉花，抢了日伪的蚕丝，再加上其他游击区四面出击，八方开花，够日伪喝一壶的。

是否进口美国烟

宋子文是美国哈佛大学经济学硕士、哥伦比亚大学博士，抗战前做过国民政府财政部长、中央银行总裁、行政院副院长。英国沙特爵士曾这样描述他：身材中等，强壮文雅，面带东方美，时而沉思，时而虎虎有生气，其一人兼具东西方之优点，为他人所罕有。孔祥熙是美国耶鲁大学研究生院的毕业生，全面抗战前做过广东革命政府财政厅厅长，国民政府实业部部长、财政部长、行政院长、中央银行总裁。

宋子文比孔祥熙小 14 岁，也就是说，1894 年孔祥熙在潞河书院读书并加入基督教时，宋子文才呱呱坠地。不过宋子文自认为后来居上，看不起孔祥熙，当然，他也看不起很多人，甚至包括蒋介石。所以，宋子文与孔祥熙的关系很难一直友好。不久，二人就在要不要进口美国卷烟问题上发生矛盾。

是否进口美国卷烟，不是单一的事，而是围绕国家在外汇十分紧俏的情况

---

① 郑会欣：《民国政要的私密档案》，中华书局 2014 年版，第 210 页。

下，包括卷烟在内的一些物品是否还要保持进口。宋子文的意见是砍掉卷烟类进口，节约外汇。孔祥熙这次不客气，婉转予以否决，不能这样做，这会引起美国反感。

事情是怎样提起的呢？1939 年 5 月，日伪设立华兴银行，发行华兴券，严重扰乱上海金融市场，进口商人纷纷抢着结购外汇，外汇市场遭到猛烈攻击，致使进出口大幅滑坡。据中国银行驻上海机构调查，1939 年 1～4 月，由上海进口的棉花、小麦、面粉、米粮、烟叶、汽车、油类，总数达 5480 万元，约合英镑 470 万镑。其中棉花、小麦、面粉占 53%。同期出口，除蛋品有少数运出外，其余几等于零。如此悬殊的进出口逆差让人惊叹。为此，宋子文在给孔祥熙的电报中说：

> 法币目前所感困难，为进出口不平衡，唯棉、麦为民间需要，国内应战事关系，供不应求，此项进口势难遏制。且棉织品由上海运西南、西北各省供军民需要，数不在少。据报，本年六个月尚须续进棉、麦达英金 500 万镑之数。①

有鉴于此，宋子文提出应付办法，一是考虑是否放弃维持法币，但思前想后，这样做的弊病太大，会导致物价飞涨，经济混乱，更危险的是法币一旦与英镑、美元脱钩，日伪势必使伪币与英美联系，成为国际贸易货币，法币便失去国际交易能力，还得继续维持法币；二是考虑，如果要继续维持法币，必须再向美国争取贷款，请陈光甫在美国再向美国申请桐油抵押贷款 2500 万美元，用作我国购买美国小麦、棉花专款；三是“由财政部令行总税务司，禁止外国烟叶、卷烟、煤油进口”；四是除桐油、茶叶、矿产三项外，取消统制出口。

其中第三条就是宋子文提出来的不要进口美国卷烟的事。宋子文这个意见不过是节省外汇若干意见中的一条，并非特指，只是进口卷烟主要来自美国，这就似乎有所指了，成了不要进口美国卷烟。孔祥熙接到宋子文的建议，暗自好笑，认为是误国之谈，但如何措辞，还是考虑了七八天，在征求了有关部门的意见后，回电宋子文，予两条以否定。

第一条，再向美国桐油抵押借款，用于专买美国棉麦事。孔祥熙回电说：

> 早电陈光甫相机洽办。最近据复，时机尚未成熟。且若订立棉麦借款，即使成功，亦未必于我有利。如粮食在我后方各省原足敷军需民食之用，间有少数地方因运储关系，供需失调，偶感缺乏，而湘赣皖各地更因运输关系，反感粮贱之

---

① 郑会欣：《民国政要的私密档案》，中华书局 2014 年版，第 212 页。

苦，若再加购美麦，既难运入后方，又无法专卖得现，必在江海各地辗转资敌。又美棉系长绒专纺细纱，后方纱细厂甚少，在抗战时期，细纱织品亦非急需，况陕棉已足供给，估计运费更廉。今购美棉，又必急销上海，当地外商纱厂多已复工，华厂亦多受敌资操纵，其为资敌无疑。①

孔祥熙这段话很不客气，连用“辗转资敌”和“资敌无疑”词，大有不但不同意还要兴师问罪之意，可以想象孔祥熙当时皱眉蹙额的样子，这在以往与宋子文的电报交往中实属罕见。第一句说“辗转资敌”，否定宋子文借美款购小麦事，理由是我国缺粮的地方少，粮食多的地方多，你买美国小麦来干啥？于是自问自答“必在江海各地辗转资敌”。这话就严重了。第二句说“资敌无疑”，指的是购买美国棉花，理由是中国用不上美国长绒棉，抗战从简，也不需要长绒专纺细纱，你买来干啥？只有卖到上海去，而上海纱厂都是敌人控制的，于是得出“资敌无疑”的结论。这话同样严重。国民政府高层这样商量国事实属罕见。

第二条，禁止外国卷烟进口。孔祥熙反驳这条时倒不像上述一条理直气壮，一下子变得无可奈何的样子，似乎抿嘴而言，希望宋子文谅解。孔祥熙在电报中说：

第二项拟将舶来烟叶、卷烟、煤油禁止进口，用意固属甚善，唯统制进口，政府以往迭经筹拟办法，终以外交关系未能实施。烟酒等项多是英美产品，此刻若予禁止进口，是否引起反感，不无考虑，且大部分海关已非政府力量控制，伪税则之竟付实施，税款勒存正金银行及海关添用日籍关员之事可资左证。此时政府即使令禁某某等项货物进口，能否生效，实是问题。②

孔祥熙的意思是继续进口英美卷烟。

上述说明，孔祥熙和宋子文在制定金融政策上有合作也有分歧，也说明对日金融战之艰难、中国金融的困难以及严重的贸易逆差，以致财政部长和中国银行董事长要讨论数量不大的卷烟进口类小事。

贩棉大王邓耀南

国民政府放宽进口物资后，湖北棉花便成抢手货，因为这时重庆的四大纱厂缺乏大量棉花，嗷嗷待哺，而四川产棉极少，可以依赖的是陕西棉花，但入

① 郑会欣：《民国政要的私密档案》，中华书局2014年版，第214页。

② 同上，第215页。

川陕棉有限，最希望的自然是湖北棉花通过长江运上来。

这个消息惊动了重庆一个人，他叫邓耀南，时年40多岁，宜昌人，是宜昌有名的经营棉花的邓祥和商号第三代业主。他在茶馆听人说政府现在允许大家贩运棉花了，忙四处打听详情，经确认后的确如此，禁不住喜笑颜开，摩拳擦掌，准备重操旧业。

邓耀南生于1898年（光绪二十四年），幼承家训，勤奋朴实，从小随父学习经商，长大后逐步通晓业务，颇有才干。1931年，当邓家的邓祥和商号生意兴隆，邓家两兄弟收入丰厚，广置田产时，家里闹矛盾无法解决于是分家，邓耀南的父亲邓德夫去了四川忠县，邓耀南的弟弟去了四川万县，邓耀南留守宜昌老家。

邓耀南在宜昌开邓祥和荣记花号，自任经理，从湖北贩运棉花到武汉、上海，从上海贩运工业品回湖北，兼营汽油、煤油，生意一直不错，是宜昌著名的贩棉大王。抗战爆发，日军封锁长江，邓耀南的生意被迫停止，随后因日军攻占武汉，威胁宜昌，便举家迁到四川忠县居住。迁入四川后，邓耀南还是做贩运本行，与人合伙搞贩运，从四川贩运烟、糖、盐到宜昌，再从宜昌运棉花、土纱入川，不过因为湖北已有多地沦陷，宜昌危在旦夕，贩棉生意大不如前。为此，邓耀南做了一段时间贩运后不想再冒险，又因为国民政府严禁敌占区物资走私入川，只好到重庆谋求发展。

这就是邓耀南为啥从宜昌来到重庆的原因。

随着抗战发展，重庆成为中国战时首都，沦陷区的申新纱厂、豫丰纱厂、裕华纱厂、沙市纱厂、大明纺染厂、军政部第一纺织厂、毛纺织厂和中国纺织企业公司等陆续迁渝。这么多纱厂在重庆重建复工，需要大量原棉，而川棉和入川陕棉数量不多，不能满足需求。邓耀南经常就在想，我们湖北的棉花多，要是政府允许的话，把湖北的棉花收购起来运到重庆就好了。过了段时间，邓耀南就等到了允许从敌占区贩棉的机会。

邓耀南经过一番准备，将邓祥和总号设在离湖北不远的万县西门坡，自己带着家属和员工到万县居住，凭着老关系，联系上宜昌各花行和川江船舶，向政府办理好登记注册手续，试探性带着一只大船前往湖北收购棉花，心里充满未知数，不知此一去吉凶如何。

其实邓耀南的担心是不必要的，因为那时湖北的公安、松滋、枝江、宜都等县的广大农村未完全陷落，称为半沦陷区，武汉的汉奸棉商也派人过来抢购，但时常遭到中国军队伏击，不敢大规模干，而中国先前实行严格的进出口统制，半沦陷区的货物也被视为敌货，所以这里生产出来大批棉花正愁没有销路，有人前往收购自然欢迎。

就在邓耀南派出一只大船前往湖北沦陷区收购棉花的同时，不少单位和个人响应政府抢购敌占区物资号召，同样在行动。湖北省银行就是一例。他们从1939年便抢购了大量棉花、土布，运到重庆、万县，部分销售，部分储存，再用销售收入继续在湖北抢购棉花、土布，一直到1940年也没停息。当事人徐匡涛、何有藻回忆说：

> 1940年，将存放万县的棉花，按鄂西、鄂北需棉各县人口分配运销，供应民用，将储存恩施的土布供给本省公教员工及团、警、学生服装之用，多余的土布、棉花，运往渝万各地销售。所收之款，继续在各产区收购，随购随运，随运随销。由于购销愈多农村经济愈趋活跃，市场物价亦趋平定，生产消费均得其便。①

又比如湖北黄帮棉纱老板鲍殿臣。鲍殿臣开有谦益丰商号，自任经理，主要在沙市做棉花生意。抗战爆发，武汉沦陷，沙市的棉花生意大都停业了，因为以前湖北的棉花都是先运往武汉整理打包，再运往上海销售。上海有纱布交易所，交易所有经纪人代理客户买卖棉花。鲍殿臣从沙市及周边收购来的棉花，可以交给经纪人代理，上海、武汉沦陷后就做不成这种生意了。武汉沦陷后，有四家纱厂，因为棉花紧缺无法开工，急需从四面八方采购棉花。日军召集一些汉奸商人，以八家日商洋行的名义，组建武汉联合棉业公司，用日商提供的食盐、布匹、广货、日用品等，到沦陷区以物易物，交换棉花，运回武汉供纱厂开工。前面说的前往半沦陷区抢购棉花的就是这帮人。鲍殿臣歇业一段时间后，发现日本人来半沦陷去抢购棉花，心想，你抢得我也抢得，你抢了运武汉帮日本，我抢了运重庆帮中国。于是，鲍殿臣重新打出谦益丰商号的招牌，组织人前往半沦陷区抢购棉花，运往重庆。

鲍殿臣回忆说：

> 于是，当时任黄帮棉商谦益丰经理的我，率领黄帮棉商，冒着战争烽火，绕越火线外围，到松滋、公安等县抢购棉花，然后运往四川。是时，日军已封锁了宜昌上游的三斗坪，以下的长江航运不便，遂由产地组织民夫，将棉花改装为小

① 徐匡涛、何有藻：《回忆湖北省银行》，载于《湖北省文史资料》1987年第3辑，第37页。

包，每包50市斤，一人挑两包，送到宜昌上游的三斗坪，再由木船运到四川万县、重庆，供给军需民用。此路沟通后，四川棉商亦步我们之后尘，都到半沦陷区抢购，使大后方军需民用之棉花，源源不绝。为此，我们曾受到国民政府传令嘉奖。①

这里所说“受到国民政府传令嘉奖”，与前面介绍的国民政府调整进出口统制办法，鼓励公私抢购敌占区物资相呼应，一举缓解大后方用棉困难，说明贸易统制政策调整的必要。

这里还说到他们从松滋、公安收购棉花，由民夫挑到三斗坪装船。看看地图不得了，松滋、公安距离三斗坪有上百公里路程，而且是“绕越火线外围”，路程更长，全靠民夫肩挑背扛，走一趟要三四天，且多是山间江边小路，风餐露宿，流血流汗，其艰辛程度令人不寒而栗，足见百姓为抗战付出的沉重代价。

此刻，贩棉大王邓耀南已初试成功，在半沦陷区成功收购到一船棉花运回万县，受到当地政府嘉奖，希望他带领棉花商贩大干一场，为抗战作出贡献。邓耀南以前贩运棉花只是赚钱，现在不仅考虑赚钱，考虑更多的是为抗战作贡献。他受到政府奖励，精神面貌焕然一新，决心为大后方抢购更多棉花，支援大后方建设。

邓耀南为了大规模抢购半沦陷区棉花，几次去荆州及所属县份查看。这时宜昌已经沦陷，战局相对稳定，在敌占区与国统区边缘地带出现一些货物交易集散地，三斗坪就是其中之一。三斗坪地处西陵峡，江面宽阔水深，利于轮船停靠，又位于湘西与长江上游航线相衔接的公路上，宜昌沦陷后，便取代宜昌成为战时前方港口，成为前线与后方、军需与民用物资的转口地，长江上游江防司令部、第六战区司令长官部也因此设在三斗坪。重庆有开往三斗坪的航线，每日两艘轮船对开。1940 年 6 月宜昌沦陷后不到一年，数万军队入驻三斗坪，致使三斗坪人口猛增，商业随之繁华，街道上商店、客栈、饭馆、酒铺、茶馆、花行、布行、盐行鳞次栉比，往来人群熙熙攘攘，一跃而为繁华闹市。

邓耀南还有个发现，三斗坪的太平溪、乐天溪可停泊轮船，向西水陆直抵重庆、陆路连通巴东、恩施，向北有莲沱、老河口，南北货物可以运达三斗坪

① 鲍殿臣：《略述解放前忽而被棉花的产销概况》，载于《湖北省文史资料》1987 年第 3 辑，第 66 页。

转运，其中长江以南有盛产棉花的公安、石首、松滋、枝江、宜都、光化等10个县，属于半沦陷区，三斗坪正好是转运抢购棉花的交通枢纽。于是，邓耀南就在三斗坪、沙道观、新江口、津市等地设邓祥和分号，派人分赴襄阳、樊城、松滋、津市等地收购棉花，运回三斗坪转运四川销售，再从成都、金堂、什邡购买毛烟，从内江购买红糖、食盐运回到襄樊、松滋、津市出售，上下船都不放空。

邓耀南资金充足，老商号信誉好，贩运量大，成为木船运输的大顾主，得到木船帮优先满足承运的照顾，川江运输畅通无阻。他从三斗坪发出的一船船棉花，源源不断地运达万县、重庆，再根据各地需要，由重庆转运到泸州、叙府、内江、富顺，甚至运到更远的云南昭通、贵州毕节等地销售。据统计，抗战期间，每年经三斗坪运出的棉花在20万市担左右。其中邓耀南是贩运大户。

邓耀南的邓祥和总号设在万县西门坡。他的家也安在万县。他每天在总号接待来自四面八方的客户。上午钱庄、银行的人来，哪里该结多少，哪里该扣多少，说好了，叫徒弟拿上折子跟钱庄、银行的人去登账。下午花行、船帮的人来，哪里的花如何，哪里的船又如何，说好了，送客出门，附着耳朵定价钱。晚一点时间，钱庄、银行的人送票据来了，都是用牛皮信封封好的，由邓祥和总号的账房清点无误马上付现。再晚一点时间，花行的来拿票据，留下一张收据作为交易依据。再晚一点，差不多上灯时分，邓耀南亲自给各分号经理写信说当天生意，写完天已黑尽。这时丫头来催吃饭，邓耀南这才拍拍手，站起身，打一个大哈欠，一天的事才算结束。至于每月底轧总账，赚多赚少，那主要是账房的事，但遇到出问题，轧不等，还是要问邓耀南。邓耀南有20个分号，天天如此。

抗战胜利，邓耀南在抗战中贩运棉花有功，受到政府嘉奖，钱也赚得不少，购买了18万美金公债。他停了万县的商号，全家迁回宜昌，在大南门正街重建住宅。他在重庆有很多业务，便在重庆朝天门沙湾买了一栋五层楼房，取名良厦，宜昌、重庆两头跑，1947年将家从宜昌迁至重庆，继续经营花、纱、盐、糖等业务。1949年9月2日，重庆朝天门发生特大火灾，烧毁大街小巷39条，也烧毁了邓耀南的良厦，让他损失20万银元。重庆解放后，邓耀南在重庆人梁子租楼房经营花、纱、糖、盐等业务，后来办新亚纸厂，一直干到退休，1986年去世，享年88岁。

六　开发西北

国民政府在与日伪展开贸易大战的同时，积极发展大后方生产，特别注重发展军需民用最急需的棉纱生产。当大量湖北、陕西棉花运进四川，以重庆为中心的大后方棉纺织业便有了一个大的发展，生产出的棉布源源不断地运往后方各地，做成军用服被送上前线，支援军队打日本。国民政府在开发西南的同时，也着手开发西北，扩大大后方生产。在开发大西北的队伍中，我们可以看到抗战迁渝银行家矫健的身影，最突出的代表就是中国银行的束云章。

前面介绍了，束云章在中国银行天津分行副理任上，在七七事变爆发的当天，临危受命，被中国银行董事长宋子文委以负责华北中行各分支机构大撤退重任。束云章不辱使命，成功地完成任务，并披荆斩棘，千辛万苦，把豫丰纱厂的万吨机器设备和一批重要员工迁移到重庆，重建复工。如前所述“1940年元旦，重庆豫丰15000纱锭正式投入生产，不日即生产出一批批布匹，用木船运往重庆几个服装厂。重庆朝天门码头轮船满载着军用物资，包括大批军装，几声长鸣，沿长江而下直奔抗战前线。”此前在香港，宋子文要求束云章在1939年底恢复豫丰3000纱锭任务。束云章不负重托，让重庆豫丰15000纱锭正式投产，圆满而且大幅超额完成任务。豫丰保住了，豫丰复产了，大后方棉布生产能力大幅提高，束云章却因过度劳累吐血，体重由120余斤减为98斤，且从此终生消瘦，再未恢复。

先向宋子文要权

1939年11月12日，国民党中央召开五届六次全会，决定开发西南、西北大后方，加紧生产，供应抗战。为此，中国银行决定在西北设立分行，统管和发展西北中行业务，支持西北经济建设。宋子文考虑西北行总经理人选，考虑再三，犹豫不决。中国银行总处不做业务只管分行，分行设在全国经济发达城市或有经济基础的枢纽城市，分管附近数省，所以抗战前全国的中行分行寥寥无几，西北自然没份，仅由汉口分行代管。束云章1924年即做过汉口分行副经理兼郑州支行经理。

宋子文想，西北经济相对落后，要开发就得建厂，建一批工矿企业做经济杠杆，撬动西北各行各业，而办什么工厂，必须从西北生产资源实际出发，不可想当然，最好先利用陕棉优势发展棉纺织业。这样一想，宋子文思路大开。抗战前，中国银行有发展中国棉纺织业的计划和行动，比如1936年接办豫丰纱厂，1937年初，按照津行总经理卞白眉拟订的“沟通秦豫纱厂经营计划”，接办山西榆次的晋华纱厂、太原的晋生纱厂和新降的雍裕纱厂，都交给束云章接办、管理，还准备先建成纺织业小三角网，即以保定为起点，一路由石家庄到郑州，一路由石家庄到太原、祁县、新绛、西安，再筹建天津、南京、武汉纺织业大三角网，却因抗战爆发被迫停止。

宋子文心想，既然开发西北以棉纺业开路，何不让现在正管着大把纺织厂的人出掌雍行呢？何况此人十多年来在汉口分行副理、郑州支行经理、天津分行副理任上兢兢业业，成绩卓著，且品德优良，极为可信，于是这人的名字便浮现出来，就是束云章。

束云章此刻在香港，履行着中行天津分行副理职责，同时遥控重庆豫丰。他是1939年下半年，在重庆督促豫丰重建工程走上正轨后返回香港的，香港有很多事等着他处理，同时因为吐血病发作，回港治疗。这年束云章54岁，身体单薄，脸庞瘦削，一袭长衫略显宽大，蓄着平头，穿着布袜布鞋，已显出老像，倒是两眼依旧炯炯有神。他准备一边养病，一边抓紧处理在港积压工作，过段时间再去重庆，守着豫丰。万里迢迢，万吨机器设备，一批精兵强将，好不容易从郑州迁到重庆，一定要它为抗战出大力。

束云章接到宋子文召唤，立刻前去他的办公室。中国银行总处在香港，离束云章办公地不远。束云章一路走一路想，董事长还是不放心重庆豫丰。宋子文在1939年夏季曾多次催促束云章，务必抓紧重庆豫丰建设，力争年底3000纱锭投产，还说这不仅是他的意见，还是上峰的指示。宋子文的上峰还有谁？不言而喻是最高当局。束云章于是从香港飞到重庆，亲力亲为，终于在年底做到15000纱锭复工。

宋子文见束云章进来，立即起身接待，招呼他沙发落座，笑容满面地问候他的身体，问他需要啥告诉他。一番寒暄后，宋子文说：“想必云章兄知道，目前抗战进入相持阶段，中日双方打的不仅仅是军事，更重要的是拼经济。敝党最近召开了五届六次会议，做出决定，大力开发西南、西北，特别是开发西北，生产出更多抗战军需民用物资供应抗战。敝行董事会决定在西北设立分行，统管和发展西北中行业务，支持西北经济建设。云章兄，这盘棋十分关键，下赢了，抗战大后方坚如磐石。”

束云章边听边琢磨，听宋子文一再强调开发西北，明白了两分，心里咯噔一下，难道叫我去西北？不由眉头起皱，与宋子文敷衍说：“开发西北，弟略有所知。”宋子文一眼看出端倪，看着束云章消瘦的身体心想，难为他了，但既然选中了他还得往下说，便接着说：“董事会的意思，西北分行行址设天水。天水位于甘肃东南部，横跨长江、黄河两大流域，自古是丝绸之路和兵家必争之地，是羲皇、娲皇、轩辕故里，还是三国人物姜维故乡，宝地一块啊。不过行址虽设甘肃，行名却叫雍，取秦国早期都城雍城之名，意在雍行不囿于甘肃一地，还辖陕西、宁夏、青海、新疆，兼及河南局部、湖北襄樊等地银行业务。至于雍行经理一职，董事会的意思，请云章兄主持雍行。不知云章兄意下如何？”

束云章略略一想，得推，便回答：“谢谢子文兄宋董事长厚爱。弟不才，津行、豫丰事已勉为其难，哪里还堪如此重任？再说弟这不争气的身体，就这么养着也不得安宁，实在是不堪重负，真是抱歉得很，让子文兄宋董事长错爱了。”宋子文笑着说：“云章兄不必谦逊，还烦看在抗战建国事业上，再度勉为其难吧。何况云章兄，总不至于愿意把手里掌控的纱厂交出来吧，就是交出来，谁能接手？非云章兄莫属也！”

束云章自奉津行经理卞白眉令，实施沟通秦豫纱厂经营计划以来，苦心孤诣，大有收获，比如山西的三个纱厂、郑州的豫丰纱厂，自然舍不得交出来，所以听宋子文这么一说，不禁一阵苦笑，说：“知我者宋董事长也。不过还请宋董事长谅解，豫丰虽有万锭开工，但远远不能满足大后方军需民用，何况数万枚英国纱锭已到港，正待想法通过越南海防去昆明转重庆，万里迢迢，弟不敢稍有懈怠。雍行之事真是心有余而力不足啊。”

束云章其实不是不想主持雍行。抗战爆发以来，他早已把个人荣辱安危置之度外，之所以一再婉拒，纯属谦谦君子，三辞从命而已之意。所以，他见宋子文言之凿凿，便答应下来，说：“云章遵命就是。不知董事长对开发西北有何指示？”宋子文笑着说：“这就对了，有劳云章兄了。至于如何开发西北，起事匆忙，尚未拟订。依弟之意，无非设立工厂，改进农业，增加生产诸端而已，全凭云章兄运筹帷幄。”

束云章心想，天水远离重庆，面对的又是极其艰苦的开发工作，不可能像现在这样事事请示汇报，我须有独断之权，否则误事，便给宋子文说了自己这个想法，但马上补充说：“总管理处给予雍行特别宽容政策，不等于弟可以违法乱纪。弟愿意向宋董事长立军令状，如若有丝毫苟且之事，弟将自决以谢天下！”宋子文大为感动，当即答应束云章的要求，并说：“云章兄言重。董事会相信云章兄。弟相信云章兄。云章兄去西北开办雍行，创办实业，兼管豫丰，弟当全力支持。”

丹阳市政协专委会办公室撰文说：

> 束云章慨然说，国家兴亡，匹夫有责。目前战争紧张，前后方均需大量物资济用。鉴于政府尚未订出计划，本人拟由中行投资200万元，设立一家实业公司，早日设立各种工厂，生产各项物资。唯此一公司，需我公任董事长，本人为总经理，兼负其责。因值非常之时，不能如平日之动辄请示，贻误时机。故此一公司，将在不受中行总管理处总稽核稽察之下进行，始可顺利达成任务。本人甘立军令状，倘若弟有不忠于职守，或不名誉及不合理之行为，必将自决以谢天下！①

这年束云章55岁，如日中天。

依靠张之洞遗产

经过一番筹备，1939年秋冬，束云章坐飞机从香港来到重庆，身上揣着8万美元汇票，是宋子文拨给他开办天水分行、兴办西北工厂的本钱。这与束云章200万元筹建实业公司的想法大相径庭，好在宋子文已交代重庆中行，尽量满足雍行资金，让束云章心里略略踏实。他在随行人员陪同下走出珊瑚坝机场，见到迎接他的重庆豫丰公司经理潘仰山、副理毛翼丰、厂长郑彦之等人，自然有一番别后应酬。走出机场，环视四周，飞机场竟建在长江水中坝上，再抬头望，一排长长的石梯尽头，山城高高在上。潘仰山见状急忙叫秘书去叫滑竿。束云章说：“当我老了不成？走吧，看谁捷足先登。”

1940年1月，束云章就任中国银行天水分行经理，行址设在天水城内阮家巷，是一幢瓦顶土墙平房，院里有棵老榆树，办公设备因陋就简，行员宿舍也在一起。雍行设经理1人、副理4人，行员10来人。随后不久建立的雍兴

① 江苏省政协文史资料委员会、丹阳市政协文史资料委员会编：《实业家束云章》，江苏文史资料第78辑，1994年版，第177页。

实业公司在天水分行楼房西边，也是差不多一样的一幢平房。束云章到任后，立即着手制定整理已有各厂计划，派员前往整顿，该扩大的、该换机器设备的、该调整负责人的，对症下药，分别实施；制定兴办工厂计划，亲自前往视察，征求各方意见，派遣干员，调拨资金，徐徐开工。雍行在天水待的时间不长，大概两年多吧，后因种种原因迁到西安。丹阳市政协专委会办公室撰文指出：

> 1942年，束（云章）因天水僻处陇东，交通不便，加以去岁迭遭敌机轰炸，地方损失惨重，且近年关，西北之局势渐趋稳定，乃将天水分行迁至西安，改称西安分行，行址在西安尚仁路。原设天水之雍兴实业股份有限公司，亦同时迁西安，在分行之右侧空地建房数栋，作为办公之用。①

经过几年艰苦努力，雍兴公司在陕西的西安、咸阳、宝鸡、蔡家坡、虢镇和甘肃的兰州等地先后办起13个厂矿，欣欣向荣，前途无量。比如纱厂，大后方总计有10余万纱锭，雍兴系统占7万纱锭，占半壁河山。初期投入的8万美金，这时不知翻了几番，单是13个工厂的福利基金项下就有20万美金。更可喜的是，束云章创建西北运输处，有120辆大卡车，在大后方川、陕、甘、滇大地上奔跑，成为滇缅公路上的生力军，让大后方无数企业家羡慕不已。

雍兴公司这些工厂包括：陕西蔡家坡纱厂，有纱锭20000绽；蔡家坡酒精厂，日产酒精1000加仑；蔡家坡机器厂，有设备300部；陕西陇县煤矿，日产煤450吨；兰州面粉厂，每日制面1500袋；兰州毛纺厂，有纺织与漂染设备；兰州化工厂，设玻璃、肥皂、制药三分部、兰州机器厂，有设备50部；四川广元酒精厂，日产酒精500加仑；长安印刷厂，有对开以下平板机及铸字设备；另外还有长安制革厂、陕西虢镇业精纺织厂、西安火柴厂、咸阳纱厂、雍兴高级工业职业学校等，济济一堂，热气腾腾，开创抗战大后方经济奇迹。

束云章回到重庆，受到宋子文热情款待，请束云章去他公馆吃饭。宋子文的重庆城区公馆叫怡园，位于重庆城边牛角沱一座小丘上，高墙深院，墙内树木参天，花园秀美，主建筑是一幢三层石头房，有20余间房间，二三楼带阳台，是一座哥特式风格城堡。厨房在地下室，用传送带将饭菜送到餐厅。宋子

---

① 江苏省政协文史资料委员会、丹阳市政协文史资料委员会编：《实业家束云章》，江苏文史资料第78辑，1994年版，第179页。

文听了束云章关于雍行和雍兴公司的汇报大为满意，不断向他举杯敬酒。束云章别无嗜好，唯喝酒下围棋天天不误。他连饮三杯茅台，笑容可掬。

在雍兴公司诸多工厂中，咸阳纱厂的前世今生值得一提。这天，束云章在天水办公室与人闲聊，一位绅士偶然提起湖北官布局机器，束云章心里咯噔一下，忙问这些机器现在何处。那人说，武汉失守前从武汉迁出来了，好像是在咸阳。束云章问，有多少机器，还能用吗，都是谁在管。那人回答不知道，又说这是湖北的东西，应该是湖北政府在管吧。

湖北织布局的情况束云章自然清楚。1888 年，两广总督张之洞在广州筹设官办织布局，从英国购置机器。第二年张之洞调任湖广总督，把织布局搬到武昌，改名湖北织布机局。张之洞是晚晴著名洋务派代表人物之一，为推动近代中国民族工业发展作出重大贡献，与曾国藩、李鸿章、左宗棠并称晚清四大名臣。1892 年湖北织布局建成开工，有布机 1000 张，纱锭 30000 枚，工人 2500 名，每日出纱 100 担，能织原色布、斜纹布、花布等，产品畅销湖北、湖南、四川，远销海外，获利丰厚。在此基础上，1894 ~ 1898 年，湖北陆续建起纺纱局、缫丝局、制麻局，与织布局合称湖北四局。

从 1902 年开始，湖北政府不愿再直接管理四局，便租给粤商应昌公司经营。应昌公司做了一段时间后，从 1911 年至 1938 年间，四局先后由大维、楚兴、楚安、开明、福源和民生等公司承租经营。30 年间，因为走马灯似地改换承租人，每人上来捞一把便走，并不注意机器的保养维修，更谈不上设备更新，以致到抗战爆发，武汉危急时，大部分机器设备已破旧不堪。武汉沦陷前，国民政府奉最高当局令，督促在汉各大纱厂西迁。湖北省政府将湖北织布局辗转迁至陕西咸阳，因为兵荒马乱，路途艰难，40000 纱锭丢失 30000 锭，1000 张布机损失大半，最后迁到咸阳的只有 10000 纱锭和几百台布机。

束云章得知湖北官布局机器在咸阳，心里产生一个想法，要是与湖北省政府合作，他们出机器，中国银行出资金，合伙办一个纱厂，可以很快生产出纱布，那比整修现成小纱厂提高产量来得快得多。他回到重庆，报经宋子文同意，并经宋子文介绍，找到湖北省当局商量这事。湖北省当局正为这事犯愁。武汉沦陷前，奉国民政府令，湖北省将数千吨机器设备从武汉抢运到咸阳，堆在仓库，也想重建复工，可湖北省政府已迁恩施，因湖北大部地方失陷，正焦头烂额，自顾无暇，没有力量解决重建复工问题。

湖北当局告诉束云章，你是宋子文介绍来的人，我们不敢隐瞒，织布局这些东西，你们大概还没去看过吧，可以用四个字来形容：破旧不堪，至于能不能派上用场，我们心里完全没底，所以你们也别抱太大希望，先去看了再说吧。束云章已派技术人员去看过，大致情况已知道，现在见他们不把这些机器当回事，趁机与他们讨价还价。经过多次商谈，中国银行雍行与湖北省政府达成联合办咸阳纱厂协议。

协议谈好了，束云章立即带人去咸阳接受机器设备，打开仓库一看，果真如技术人员汇报所言，破旧不堪，是老掉牙的英国老机器设备，比如动力还是卧式引擎，用皮带天轴转动，纱锭生产率很低，20 支纱每天每锭产量不到 0.7 磅。尽管如此，束云章还是无比兴奋，抚摸着这些 30 多年前的英国家伙说："老伙计，你们可要给我争气啊。"

有了机器设备，接下来的问题是厂房，又让束云章头疼，因为抗战期间一切从简，束云章手里只有区区 8 万美元，用来过日子尚且可以，用来办厂确实太少，单是建一个厂房怕就所剩无几，而接下来机器维修、设备更新、采购原材料、发放员工薪酬哪里来钱？束云章考虑再三，不敢下令建厂。

束云章心烦意乱，在办公室待不住，背着手上街溜达，也不管东西南北。走着走着，他抬头一看，来到咸阳打包厂，只见大门洞开，运送棉花的汽车进进出出。这地方束云章知道，也曾来过，是中国银行在抗战前建立的棉花打包厂，叫咸阳机器打包公司，里面有很宽敞的仓库和很大的院子。他问自己，咸阳纺织厂建在这里如何？要是行，岂不是可以节约一大笔钱？他不由得一阵喜悦，便疾步往里走，找到打包公司经理汪晴江，要汪晴江带他看厂房。

咸阳打包公司是中国银行在 1935 年创建的，主要用于将陕西泾阳、三原、渭北的棉花统一收购起来，经粗加工后打包，供应给全国棉纺厂做原料，地点在咸阳火车站西边的北塬上，距市区十几里路，占地 200 亩，有厂房几十万平方米，主要创办人是汪晴江（1893－1982，安徽休宁人，毕业于上海南洋矿业学校），主要设备为一台打包机和两台卧式火管锅炉，总耗资 300 万银元，是西北最早的近代工业企业，雍行成立即归雍行管辖。

汪晴江便带束云章四处观看，指着一间间库房作介绍。束云章见有的库房堆得满满的，有的库房空荡荡，问为啥空着不用。汪晴江回答，抗战爆发，陕棉收成减少，闲置库房不少。束云章暗自高兴。走到一处地方，远远看见塬上设有岗哨，有军人武装值守，束云章压低声音问：“那就是中转站?”汪晴江点点头说：“军事重地，谢绝参观，我也从不进去。咱们回办公室喝茶吧。”

咸阳打包公司里面怎么设有军事重地？这在当时是一个军事秘密，连汪晴江、束云章也只知道部队租用部分仓库，也看见许多密封着的军车进进出出，但并不清楚究竟，直到抗战胜利解密，民间才略知一二。原来这儿是苏联援助中国抗日战争军火的秘密中转站。苏联援华军火物资从苏联萨雷奥泽克出发，经霍尔果斯进入中国，通往乌鲁木齐，穿过新疆、甘肃交界的星星峡，到达兰州、咸阳，里程共达3750公里，再由咸阳分发各战区。

束云章随汪晴江来到打包厂会议室。会议室墙上挂着孙中山遗像和孙中山遗嘱苏绣。束云章问了打包厂情况，说了与湖北省合作办咸阳纱厂的事，提出把纱厂建在打包厂空置的库房里，由汪晴江兼任纱厂副理，问他行不行。汪晴江听了非常高兴地说：“好，好，可以充分发挥打包厂的作用，还可以近水楼台先得月，优先获得打包厂的棉花。”

有了机器，有了厂房，咸阳纱厂就此成立。咸阳纱厂成立后，大事由束云章在重庆掌控，具体事务由副理汪晴江、厂长傅道伸操劳，很快得到发展壮大，纱锭由10000锭增加到20000锭，所产纱布大受市场欢迎，远销大后方各地，取得很好的经济效益。湖北省政府因机器入股分红，得到不少好处，缓解了战时财政紧张困难。曾兼任湖北省主席的陈诚对此表示非常感谢，亲自到咸阳纱厂参观，代表湖北省政府慰问全厂员工。

如果说咸阳纱厂是束云章的杰作，那么西北运输处则是束云章的骄傲。束云章开发西北，依循的是棉纺厂打前站战略，因为陕西及相邻山西、甘肃、新疆有棉花，还有抗战前花巨资建设的咸阳、宝灵两个机器打包厂，加之中国银行在抗战前实施“沟通秦豫纱厂经营计划”，收购了河南、山西一批纺织厂，可以互通生气，引为援手，所以棉纺厂打前站战略得以顺利实施，短短数年，就异军突起，大见成效，相继建起咸阳纱厂、蔡家坡纱厂、虢镇业精纺织厂等，总纱锭7万绽，占大后方纱锭半壁河山，为维持抗战经济作出巨大贡献，令人仰视。

在西北建这么大规模的纺织厂并非易事，单是交通便是瓶颈。大量的棉花要从河南、陕西、新疆各地运进来。整理打包好的原棉，还有织好的纱布，经陇海铁路运到宝鸡，再用汽车运到四川广元，改道去重庆。抗战前中国银行向英国订购的50000纱锭，因抗战爆发，由上海改道香港靠岸，再由香港运至仰光，得靠汽车走滇缅路运回来。怎么办？束云章的回答是：我们建立西北运输处。

在中国银行总处支持下，束云章购买了120辆美国大卡车，取名中国银行西北运输处，处址设在宝鸡，在各交通节点城市设管理站。为解决汽油稀缺问题，在四川广元、宝鸡益门和陕西岐山设立酒精厂，自制酒精代替汽油，同时开辟川陕客运线路。于是，束云章的汽车往来于陕、甘、川、滇大地，把棉花从产地运到纱厂、打包厂，把纱厂、打包厂的纱布、原棉运往黄河两岸、巴山蜀水，把仰光的进口物资运回内地，把南来北往的客人运往目的地，编织起一张巨大的交通网络，为活跃抗战大后方经济增加了一份重要力量。

就像办起西北13个工厂一样，西北运输处的活跃同样令人，包括束云章本人，深感意外，因为雍兴实业公司只是大后方千千万万的单位之一，竟然拥有一支叱咤大后方的车队，不但自行解决和帮人解决大后方极为困难的交通瓶颈问题，调剂东西，平衡南北，还把囤集在仰光的进口物资顺利运回陕西，不仅令急需进口物资的众多单位瞠目结舌，还被军委会西南运输局称赞为一朵奇葩。

插一个侍从室要小车的故事。

西北运输处车队去仰光抢运英国纱锭，遇到仰光战事危急，大批进口转大后方的、堆积如山的物资危在旦夕。很多业主因为没有运输工具，也联系不上运输工具，不愿让货物落入敌手，就在仰光码头大幅度降价销售。西北运输队前面车子的司机已将这个情况汇报给束云章。束云章叫下批去仰光的司机买一辆小车，指定拨给咸阳纱厂使用。运输处司机便买了一辆美国新型轿车开回重庆，停放在重庆豫丰纱厂车库。这事让委员长侍从室知道了，找到豫丰经理潘仰山，说他们侍从室缺车，希望潘仰山把这辆美国轿车送给他们。潘仰山长住重庆，是迁川工厂联合会会长、纺织工业同业公会理事长，豫丰和同业的一些事要靠侍从室周旋，便不敢拒绝，但也不好答应，请束云章。束云章说："这部车谁也不能坐，给我开到西安去。"

使用西太后电机

束云章的另一项壮举是建设蔡家坡工业基地。蔡家坡在陕西省岐山县，位于陕西省关中平原西部，北距岐山县城18公里，东距西安120公里，西距宝鸡45公里，域内有陇海铁路蔡家坡火车站。

束云章第一次来陕西就曾到蔡家坡视察，发现这里交通方便，铁路运输有保障，且距离宝鸡很近，离西安也不远，土地平整辽阔，是理想的工业开发地，便在这里多停留了一天，以作较为详细的考察。第二天早上，束云章与同事在街上吃岐山臊子面。岐山臊子面面条细长，厚薄均匀，臊子鲜香，面汤油光红润，吃口柔韧滑爽。束云章是江南人，不擅吃海椒，辣得伸舌头，但吃得津津有味，连连说好。

束云章为啥对蔡家坡情有独钟呢？除上述原因，还因为办厂急需土地。1940年，雍兴公司成立当年，束云章急于办纱厂，而办纱厂最急需的是纱锭。抗战已有三个年头，日军封锁了中国对外运输线，进口纺机进不来，国内纺机质量差价格高还很不好买。束云章本钱小，没钱买新的，就准备买二手货，便派人四处打探。不久就传来消息，说济南成通纺织公司有一批纱锭转让。束云章马上派人去青岛查看。过些天看的人回来说，有这回事，是有10000绽转让，价格也很便宜，但担心质量不好，因为这批纱机是他们自制的，而且还没做完，只是半成品，所以没人要。

束云章就有了犹豫。纺织厂的关键是纺机，像豫丰纱厂用的都是英国货，就是湖北织布局的纺机，虽说用了几十年，但因为是英国货质量好，到现在还能用，而这批货既是国产，又是自制，而且还是半成品，连打几个折扣，让人望而却步。

束云章因为办纺织厂心切，即或如此也不愿立即放弃，而是去请教纺织机器专家杨毓桢。杨毓桢，辽宁盖平人，时年49岁，德国柏林大学机械学士，瑞士曲里大学工学博士，曾任东北大学校长。杨毓桢听了，对束云章说："这么便宜啊？你当然得买下来，自已接着制造就是了。"束云章相信杨毓桢的话，拍板买下青岛这10000纱锭。

这就是束云章急于落实办厂地皮的原因。

束云章看中蔡家坡，手里又有了10000锭半成品纱机，便组建起蔡家坡纺织厂筹备处，任命王瑞基为主任，张仲实、刘持钧为副主任。王瑞基是中国银行的人，曾任山西新绛雍裕纱厂经理。张仲实是王瑞基的副手，雍裕纱厂副理。刘持钧是山西榆次晋华纱厂工程师。束云章还请杨毓桢做顾问，随筹备处去蔡家坡。

他们来到蔡家坡，勘察地形，选择厂址，报经束云章审批，最终在蔡家坡火车站东边征地400多亩，投资300万元，采取边筹建施工，边修配机器设备，边安装投产的办法，经过一年多努力，厂房、宿舍、办公楼、仓库相继落成；最重要的纺机也解决了，西北机器厂制造修复青岛半成品纱锭得到6000锭，自己生产10000锭，从仰光运来英国纱机4000锭，总计20000锭。1941年11月1日，蔡家坡纺织厂试车成功，正式投产。

为解决蔡家坡纺织厂所需机器设备，王瑞基、张仲实、刘持钧等人费尽九牛二虎之力，甚至让老掉牙的西太后电机焕发青春，重新工作。当事人、雍兴公司协理兼总工程师傅道伸回忆说：

> 至于所使用的动力机，均由各地搜罗而来，真是五花八门，奇形怪状。小的有八马力的旧汽车引擎，较大的有一百千瓦立式引擎发电机。这部发电机相传六十年前由英国购来，放在北京颐和园，供慈禧太后发电照明之用。人们叫这部发电机为西太后电机。后来这部机器发给东北大学，辗转运来西安，由蔡家坡纱厂购得。1943年，由重庆豫丰纱厂运来一台美国制造的旧发电机。这部电机因机件残缺，豫丰置之不用，运陕后设法修配完成。该机原为一千千瓦，实际只能发出八百千瓦，而且耗煤量很大。①

束云章在筹备蔡家坡纺织厂同时，筹建西北机器厂，聘请杨毓桢做经理，在蔡家坡征地116亩，投资150万元。束云章要求杨毓桢因陋就简，首先将10000锭半成品纱机制造完毕，保证纺织厂顺利建成。杨毓桢没有留洋博士和大学校长的架子，立即率领员工进驻工地，睡草棚，吃干粮，废寝忘食，昼夜苦干，仅用一个月时间便平整出一块土地，建起几间简陋的草棚，配齐最必需的工具和原材料，随即机器轰鸣，炉火熊熊，开始建造修复半成品纱锭，并用四个月时间，在7月底完成制造修配任务，实现产值24.5万元。

杨毓桢写信给在重庆的束云章说："遵嘱因陋就简，渐次展开。现全体员工在一切服从抗战需要精神鼓励下，废寝忘食，抢班抢点，已于7月底完成全部纱锭的制造维修任务。"

束云章看了信深为感动。他原来还担心杨毓桢年纪偏大，又是博士又做过大学校长，吃不下这种苦，没想到杨毓桢干得这样出色，便立即发去电报慰问

---

① 江苏省政协文史资料委员会、丹阳市政协文史资料委员会编：《实业家束云章》，江苏文史资料第78辑，1994年版，第56页。

鼓励说："杨毓桢博士及西北机器厂员工为抗战不惜忘我工作的精神值得弘扬。"

就在西北机器厂大干苦干时，束云章鉴于当时汽油奇缺，必须自制酒精代替汽油，解决雍兴公司西北运输处120辆卡车的动力用油，决定在蔡家坡筹建酒精厂，便将研制酒精蒸馏设备工作交给杨毓桢博士，希望他同时负责酒精厂的筹建，写信征求他的意见。杨毓桢博士立即复信说："束先生：你给我的工作越多越好，成全我为抗战多出一份力，令我非常高兴！"

蔡家坡酒精厂与纱厂、机器厂同时动工兴建。酒精厂投资150万元，征地100多亩，购置了20马力锅炉等生产设备，再由西北机器厂生产部分设备。杨毓桢博士先采用干燥法制取，后采用液体发酵法，月生产酒精26万加伦，耗用高粱、玉米、大麦等原粮120万斤，还附设面粉加工，有工人400人。

非常不幸的是，因为操劳过度，旧病复发，杨毓桢博士于1942年3月去世。束云章闻讯万分痛苦，立即发去唁电，称赞杨毓桢博士是中国银行的优秀代表，是大后方杰出的抗战英雄，号召雍行、雍兴实业公司全体员工向杨毓桢博士学习，为抗战作出更大贡献。

杨毓桢博士病逝后，吴本蕃接任西北机器厂经理，继往开来，健全经营管理机构，增加工程技术人员，除修造纺织机械外，还研制生产了许多自用设备，到抗战胜利前，西北机器厂已拥有各种生产设备260多台、职工800多人，可以承担全程纺织机械制造任务。

陕西岐山蔡家坡成为束云章开发西北的典范，引来众多高层人士参观考察。先后前来的有交通部长张家璈、军统局长戴笠、中国打包公司董事杜月笙、湖北省主席陈诚等。束云章在察家坡建立的三个工厂不仅为抗战作出贡献，抗战胜利后还在发挥作用。新中国成立后，蔡家坡纺织厂改建为陕西第九棉纺厂、宝鸡九州纺织有限公司，西北机器厂改名为西北机器有限公司、渭河工模具厂，酒精厂改建为西北人民面粉厂，安装西北机器厂自制的大型面粉机，日产面粉500袋，供应公司各厂及面向市场，兼营酱油、味精、食醋、淀粉等调味品，1951年5月15日迁往新疆。

顺便说说束云章在新疆办厂的事。

1940年前后，束云章有天到亲家朱家骅府上应酬。朱家骅是国民党组织部长，给束云章说："亲家不是在办棉纺厂吗？新疆棉花好，但没有棉纺厂，不能在当地加工制作棉纱棉布，要运到内地来销售，要是去新疆办厂就好了。”束云章说：“好是好，只是新疆太遥远，不了解那边的情况，不敢贸然投资。”朱家骅说：“这好办。新疆的督办盛世才与我熟悉，听说他就有办纱厂的想法，有机会我给你们介绍介绍。”过了些时日，新疆督办盛世才到重庆汇报工作，经过朱家骅介绍，专程到豫丰纱厂考察。束云章热情接待他，在家里设宴款待他，并送《诸子百家全集》给他。二人就在新疆办纱厂事谈得很投机，都有这个意愿。盛世才回新疆后给束云章送来一份礼物，是盛世才的签名照片和一篓无核葡萄。束云章指示豫丰纱厂出面去新疆乌鲁木齐筹建纱厂，取名新丰纱厂，第一期5000纱锭，由重庆买了机器设备并派人前往筹办经管，开工后效果不错，成为新疆第一个现代纱厂。

第五章

金融大战

1941年，日军发起猖狂进攻，抗战进入最艰难阶段。1月26日，日军集中豫鄂皖7个师团，从信阳、确山、驻马店向西进犯，攻击国民党军汤恩伯部，占据10余县城。3月15日起，4万日军攻击江西高安、上高地区，发动鄱阳扫荡战，矛头直指南昌。5月，10万日军发动中条山战役，打败中国守军，攻占孟县、济源、平陆、垣曲，占领中条山地区，威胁洛阳、西安。8月，10万日军扫荡晋察冀边区的北岳区、平西地区。9月，日军4个师团进攻长沙。12月，日军攻陷香港。

同时，世界局势发生历史性变化。1941年3月，美国国会通过《军火租借法案》，中国由此获得美国军援权利。同月，德国军队攻占欧洲诸国，进军北非。4月，美国决定以价值4500万美元的军用器材援助中国。5月，英国外交大臣艾登发表演讲称，英国将继续协助中国维持独立。6月，希特勒出动190个师袭击苏联。美国、英国发表支援苏联声明。7月，德国、意大利、罗马尼亚、斯洛伐克、克罗地亚宣布承认汪伪政权。8月，美国总统罗斯福与英国首相丘吉尔联合发表《大西洋宪章》，宣布美英结盟，重建世界和平，支援反侵略各国。表示赞同的国家有苏联、加拿大、纽西兰、比利时、捷克、自由法国、希腊、南斯拉夫、波兰、挪威、荷兰、卢森堡。10月，德军装甲部队前锋抵达距莫斯科40英里地，莫斯科岌岌可危。12月，日军偷袭美国珍珠港，日本对美国、英国宣战。

在这样的大背景下，中国对日伪经济作战更加艰难。

一　刺杀特使

在爱国金融家全身心投入抗战的同时，沉渣泛起，出现了一批汉奸银行家。他们在日本侵略中国、灭亡中华民族的关键时刻，置民族、国家、民众利益于不顾，数典忘祖，投敌卖国，组建伪中国联合准备银行、伪中央储备银行，接受日本领导，发行伪币，打压中国法币，套购中国外汇，抢购国统区物资，为日本侵略军提供资金，替日本人搜刮中国财富，助纣为虐。

强迫银行出资金

1937 年 7 月末天津沦陷，日本关东军调坂谷希一来到北京处理华北财经事务，经过一番调查，决定先改组河北省银行，原因是，河北省银行总计发行河北省钞 7000 万元，代理省金库，每年收入几千万元，资金充裕，收益颇丰。坂谷希一首先考虑撤掉河北省银行原来的总经理杨天受，指派王荷舫做河北省银行总经理，日本人村山任顾问，张狐、李思浩、温世珍为监事，重新组建河北省银行，时间是 1937 年 12 月。

1940 年，日伪组建华北政务委员会，管辖河北、山东、山西三省，北平、天津、青岛三个特别市，河南豫北、豫东地区，有直属的治安军，委员长是王克敏，财政总署督办是汪时璟。汪时璟，安徽旌德人，时年 54 岁，早年毕业于日本陆军主计学校，回国后曾任北洋政府财政总长王克敏的秘书、中国银行汉口分行副经理、沈阳分行经理。

华北政务委员会筹建华北银行。坂谷希一选定汪时璟为筹备华北银行事宜负责人，自己兼任顾问。汪时璟向日本人保证，一定把华北银行办成中日满合作的典范。王克敏对汪时璟负责华北银行筹建事心存芥蒂，想由自己兼任，但鉴于日本人已有表态只好敷衍。汪时璟积极筹备华北银行，从沈阳中行调人来北平，向盐业银行借来筹备费用 7 万元，制定了各种规章制度，建起华北银行。当事人、中国联合准备银行发行局长欧阳戴祥及总行会计主任王声扬回忆说：

> 汪时璟由大连回沈阳后，即决心到北京筹设银行，11 月底，带同行员漆士昌、张仲坚两人去北京见王克敏。这时日本大藏（财政部）省财务官大野龙次郎、伪

满经济部金融司长田中恭与坂谷希一都在北京。商谈后，决定由汪负责筹办，由坂谷希一担任顾问，银行资本由各大商业银行出资，行名即按地方维持委员会订印钞票时所用“中国联合准备银行”。

12月，汪时璟由北京回到沈阳，即组织人员编订中联行的组织大纲等。1938年1月中旬，汪抽调第一批中国银行行员20多人到北京，着手准备建行事宜，我也被调同行。我们在北京松树胡同租妥一所房子，开始办公，编制办事细则，订印账簿，购置应用家具等等，并在西交民巷买妥行址。

在筹备期间，委员会委员长王克敏不但未予协助，反而连开办费也分文不拨，一切开支由汪向盐业银行透支。盐业银行副经理王绍贤是汪在汉口时代老同事，交谊甚厚，给汪帮忙不少，前后共透支7万余元。中联行开幕后，才用联银券偿还这笔透支。①

日伪筹办的银行叫中国联合准备银行，正式成立的时间是1938年3月10日，总行设于北平，资本额定为5000万元，实收2500万元，其中伪北平临时政府出资1250万元，是向日本兴业银行、横滨正金银行、朝鲜银行三家银行借的，其余1250万元，由中国银行、交通银行、大陆银行、金城银行、中南银行、盐业银行、河北银行联合出资。

中国几家银行怎么会联合出资日伪银行呢？

1938年初的一天，北平各银行负责人都接到一份请柬，请客人是王克敏，请柬上注明“商讨要事，非到不可”字样。到了预定时间，各位银行家纷纷来到北平大酒楼，有北平盐业银行经理岳乾斋、副理王绍贤、天津金城经理王灵毅、北平金城经理杨济成、天津中国银行经理白眉寿，以及交通银行、中南银行、大陆银行的负责人，加上王克敏、汪时璟一大帮人。

王克敏在宴会开始前宣布，华北政务委员会决定组建中国联合准备银行，就总资本如何、发行钞票如何、要求各银行入股如何，说了一大通。汪时璟接着说了一些具体情况，要大家边喝酒边酝酿，今晚就拿个办法出来。大家没想到是要求出资支持伪银行的事，虽都不愿意，但碍于王克敏一副恶狠狠的样了皆缄默无言。王克敏和汪时璟又说，日本人怎么支持，中国联合准备银行前途怎么光明，又放出威胁的话，谁也别想蒙混过关，都得表态。大家还是一言不发。

天津中国银行经理白眉寿一看不是个办法，想了想说：“这件事很大，我

① 寿充一、寿乐英编：《中央银行史话》，中国文史出版社1987年版，第130页。

们不能自作主张，要请示总行，从长计议。”大家纷纷应合，都说今儿晚无论如何拿不出办法。王克敏和汪时璟见这么拖着也下不了台，只好顺水推船，要大家赶快请示总行，拿出意见。王克敏不甘心一无所获，当场指定中国银行、交通银行各出资120万元，金城银行、盐业银行、中南银行、大陆银行各出80万元，还强调一律收现。

大家无言以对，极度反感，十分矛盾，因为既不能办也不能直接否定，便决定先拖着。临走前，大家拜托盐业银行副经理王绍贤、天津金城经理王灵毅下来后，做做汪时璟的工作。王灵毅是汪时璟武汉中行的同事，私人关系不错。事后，经过王绍贤、王灵毅与汪时璟反复商量，找到了一个皆大欢喜的解决办法。当事人、北平金城经理杨济成回忆说：

> 但这是日本人决定的，不办也不可能。中国、交通两行负责人走后（借着向总处请示离开天津），这个重担就落在王绍贤和王灵毅身上。王绍贤在幕后策划，王灵毅出面折冲。由于王灵毅与伪中联的总裁汪时璟在汉口就有渊源，商量后向汪提出，国民党政府实行法币时，华北各发行银行缴纳中央银行的现金准备金，因日本人和华北军人反对，未经南运，仍存在中央银行库中，不如就在这笔钱上转一笔账，作为各行向伪中联缴纳的资金。这样大家的困难就都解决了。这个意见为日伪方面所同意。伪中联遂得成立。①

的确有这回事，经过是这样的。1935年，国民政府实行改革币制，华北各发行纸币银行向中央银行缴纳5700万银元的准备金，被宋哲元所扣留在天津租界不上解南京，天津沦陷后，被日本人控制。

有了资金，中国联合准备银行准备发行伪钞，但由于时间紧迫，来不及制定新的印钞钢板，汪时璟急中生智，把原来京津地方治安维持会准备发行伪钞的钢板拿过来为其所用，更换行名，更改头像，把原来的摄政王改为黄帝、孔子、关公、岳飞，再利用旧存的外国印钞纸，印刷了百、拾、伍、壹元四种元券，五角、二角、一角三种角券，五分、一分、半分三种分券，草率从事，粉墨登场。。

兄弟我在东京时

汪时璟做了伪中国联合准备银行总裁，得意扬扬，在银行所属各局室安装

① 中国人民银行上海市分行金融研究室编：《金城银行史料》，上海人民出版社1983年版，第640页。

红绿灯及电铃，派人掌控使用，红灯亮表示总裁到，绿灯亮表示总裁走，电铃响表示总裁召唤。汪时璟原来住在北兵马司一号，是张作霖送给他女婿、前东三省总督赵尔巽之子的豪宅。当上总裁后，汪时璟用10万公款大肆修整，越发气派。汪时璟有三辆银行的高级轿车，其中一部是北京独一无二的防弹车。

汪时璟得意而不敢妄为，一切按日本顾问室意见行事。顾问室设在总裁办公室旁边，顾问坂谷希一、副顾问日本银行高级职员冈本、顾问四人，分别来自日本、正金、朝鲜、兴业四大银行，职员有四五十人，都是日本人。按照坂谷希一的要求，汪时璟做总裁的主要任务有五项。1. 用伪联银券一比一大量兑换法币，交日本正金银行，运往上海套购外汇，或由日本军部领取，抢购物资。2. 为日本银行提供伪联银券。日本的日本、正金、朝鲜、兴业四家银行拿一张本票存入联银，即可大量支取联银券。3. 给日军提供伪联银券。日本驻军司令部凭调拨单可在联银随意支取伪联银券。4. 吸收存款。5. 作伪政权机关的金库。

汪时璟为了完成这五项任务，甘愿替日本人卖命，不以为耻，反以为荣。他在发行伪钞上取得较大进展，受到日本人赞扬，得意忘形，不可一世。

北洋时代交通、财政高官，后挂上伪华北临时政府最高顾客等虚衔的曹汝霖曾说：

> 有一天晚上，我去看叔鲁（王克敏），正与叔鲁聊天，汪翊唐（汪时璟）来了，神气很得意，向叔鲁伸了两指说，报告委员长，联银券已发行到两亿了。叔鲁听了，即大声说，你是来表功的吗？这种滥纸，少发一张，即为百姓少受一张的痛苦。我正设法筹划增加发行准备。你亦应有点打算，不要一味讨好他们。这是你的责任。翊唐本来表功，想不到反受了一顿埋怨，遂无精打采，连称是是而退。①

王克敏如何暂且不管，日本大藏省对汪时璟滥发伪钞大为满意。1940年1月，应日本大藏省邀请，由联银顾问坂谷希一陪同，汪时璟前往日本东京访问，随员有联银发行局局长欧阳载祥、日文秘书谢祖间、经济总署会计局局长周通曾、参事黄伯雄等。一行人来到东京住帝国饭店，先后拜访了日本首相、外相、大藏相及日本银行总裁等人。汪时璟独自享受“宫中记账”殊荣，即参观日本皇宫外殿，在留言簿上签写职衔姓名。汪时璟在东京停留三天，多次

---

① 赵焰：《小人得志汪时璟》，载于《安徽商报》2012年7月3日。

接受日本内阁成员及各银行人士设宴招待，回到北平后春风得意，逢人就说“兄弟我在东京的时候”。

刺杀天皇两特使

1940年11月29日，北平出了一桩惊天大案，日本天皇的两个特使遭到暗杀，一死一伤，惊得日本华北驻屯军总司令多田峻目瞪口呆，吓得全北平大小汉奸，包括汪时璟，坐立不安。汪时璟从日本回来后趾高气扬，以为日本必胜，中国必败，死心塌地替日本人做事，谁知两个刚到北平的天皇特使竟然遭此横祸，抗日力量不得了啊，不由黯然伤神，沉默无语。他马上跑到隔壁顾问室对坂谷希一说：“听说了吧，是什么人干的啊？受伤住院的那位特使现在如何？”坂谷希一说：“汪先生请放心，北平局势完全在我们掌控之中。至于那几个小毛贼马上就会抓住杀头。”

下了班，汪时璟推掉约会，径直坐车回家，进门便吩咐管家关门不见客人。汪时璟住北平北兵马司一号豪宅，高墙深院，三进三井，前后有卫兵把守，他还不放心，又自己花钱请了几个护院。汪时璟要管家去给护卫打招呼，今晚取消轮休，全体上岗，防止歹人进屋。这一夜汪时璟辗转难眠。第二夜、第三夜，汪时璟实在打熬不住，于是呼呼大睡。谁知就在第三夜汪宅就进了人，来者正是刺杀日本天皇特使的几个杀手。

这些杀手可不是一般毛贼，而是国民政府军统局北平站特工。1939年，军统重建北平站，站长刘文修，下辖麻克敌行动组、周良辅行动组、张清江谍报组、侯化均谍报组。北平站归军统华北区领导，区长薄有凌、书记曾澈。1940年初冬，军统北平区获得一个重要情报，日本天皇裕仁派两个特使来北平慰问驻华北日军，一个是日军参谋本部作战课作战班长、中佐高月保，男爵，苏联问题专家，另一个是陆军步兵中佐乘兼悦郎。军统局长戴笠获悉，命令军统北平站寻机刺杀。

北平站长刘文修接到命令，派张清江谍报组负责侦查。张清江即带领组员张承福、金琅前往侦查，发现情况已有变化。慰问结束，两位特使留任华北方面军司令部，高月保任作战主任，乘兼悦郎任人事主任，住中央饭店，上班在铁狮子胡同，相距约3公里。他们是日本陆军士官学校第33期同学，关系很好，每天一起骑马上班，每人只带一个警卫，行走路线是从隆福寺到皇城根锣鼓巷。根据这个新情况，张清江建议在他们上班途中实施刺杀。

刘文修召集组长开会研究，决定采纳张清江的建议，将狙击地点放在从隆福寺到皇城根锣鼓巷一带，实施行动后，趁这一带小巷密布，路线复杂，立即撤退。刘文修将这个任务交给麻克敌行动组，并和麻克敌、邱国丰做了详细商量，指定麻克敌开枪，邱国丰掩护。麻克敌和邱国丰表示不惜牺牲，坚决完成刺杀天皇特使任务。

麻克敌，原名麻景贺，河北遵化麻家村人，时年35岁，心狠手辣，枪法好，胆量大。邱国丰，辽宁营口人，时年25岁，少年从军，武术高手，能够飞檐走壁。他们原来是118师张砚田部的尉级军官。1938年台儿庄战役后，第二集团军损失惨重，军委会命令张砚田的118师补充给第二集团军。戴笠发现118师很多军官曾接受过日军训练，熟悉日军情况，有华北地区活动经验，为了增强华北地区军统力量，趁机向张砚田要来大尉麻景贺、少尉邱国丰等数十名下级军官，派遣进入军统临澧训练班学习，毕业后派遣到北平潜伏。麻景贺为表达抗战到底的决心，改名麻克敌。1940年9月下旬，麻景贺、邱国丰伪装成普通市民，携家带口来到北平。

1940年11月28日，麻景贺和邱国丰奉命执行刺杀行动。他们骑上自行车，来到隆福寺到皇城根锣鼓巷路上，装着赶路行人，准备刺杀天皇特使。到了时间，两位特使骑着马出现在这条道上，有说有笑，并辔而行。麻克敌和邱国丰暗自高兴，相互使个行动的眼色。麻克敌猛登自行车超过天皇特使。邱国丰在后尾随。正当麻克敌按计划准备停下自行车实施刺杀时，发现天皇特使前后竟有好些日兵，心里咯噔一下，难道敌人有所发现？只好停止行动，骑车钻胡同而去。

站长刘文修得知这个情况很着急，害怕敌人有所防备，反复思考后，命令他们暂时放弃刺杀行动。麻克敌和邱国丰不同意刘文修的意见，认为今天的情况很可能是偶然现象，要是暂时放弃行动，这样好的刺杀机会很可能一去不复返，要是再要实施刺杀，要冒更大的风险，甚至付出更大的牺牲，坚决要求第二天继续实施刺杀行动。刘文修批准同意。

第二天，11月29日上午9点左右，高月保和乘兼悦郎骑马从中央饭店出来。因为将要举行防空演习，高月保边走边看手里的地图，并对照着看街道情况。麻克敌和邱国丰早已骑着自行车在此等待，见他们像是如约而至，便尾随天皇特使坐骑疾驰而行。他们一边远远跟踪特使，一边观察四周情形，发现一切如常，他们的警卫员骑着自行车被远远甩在后面。

麻克敌和邱国丰跟踪他们来到皇城根锣鼓巷，一条僻静少人的街道，不远处的 14 号是美国教会远东宣教会。麻克敌和邱国丰一看左右没有行人，特使的两个警卫也不知所在，相互会意点头开始行动。麻克敌使劲蹬车超越他们，然后突然停下，跳下自行车，掏枪就朝后面跟来的两个特使连续开枪射击，当即将高月保击落坠地。另一位特使乘兼悦郎大吃一惊，立即勒马停下查看。麻克敌向他连开两枪将他击倒。

枪声惊动锣鼓巷口巡警阁子，值班岗警佟承启、刘发壁立即冲出来向麻克敌开枪。邱国丰在后面掩护麻克敌撤退。佟承启、刘发壁贪生怕死，退回阁子。麻克敌冲上去对倒地的两名天皇特使连续开枪。这时多名日本兵乘自行车从前后两面冲来，向麻克敌和邱国丰连续射击。他们不敢再作逗留，立即骑车驶进小巷逃走。

日本兵匆忙赶到现场，见天皇特使双双倒地，急忙先用人力车，再用汽车将两人送往医院抢救。高月保背部中三弹，其中一弹留肠内，当即身亡。乘兼悦郎心脏上部中两弹，重伤，送医院抢救活命。两名日本天皇特使一死一伤的消息震惊中外。

全城封锁捉麻子

消息传到重庆，戴笠大喜过望，立即传令嘉奖北平站有功人员。麻克敌和邱国丰喜气洋洋，决心再接再厉，再给日伪一点颜色。

这时日本已派宪兵作了现场勘查，对全城进行了大搜查，但收获不大，只得知“犯人年约三十余岁，脸色青白，穿黑色布袍及马褂，显系一知识分子，当时手推无牌新脚踏车一辆，必系新近购置”，所以，慢慢也就不注意这事了。麻克敌见日本人渐渐放松了追查，找到邱国丰，准备对日伪头目再行刺杀。他们商量认为，伪中国联合准备银行助纣为虐，勒索百姓，实在可恶，决定杀掉大汉奸汪时璟，杀一儆百，惩罚那些大大小小的汉奸。

麻克敌、邱国丰为刺杀汪时璟做了很多准备，数次去他住宅外面踩点，还装成电话工进去看了看，最后决定采取半夜翻墙入院的方法。这天后半夜，万籁俱寂，北兵马司一号早已熄灯安眠。麻克敌、邱国丰悄悄靠近汪宅，抛绳飞勾，越墙而入，只见四周空寂无人，不禁暗自高兴。汪时璟为安全起见，曾花费 10 万元整修府邸，其中一项整修内容就是建有第二道围墙，仿佛城中城。

麻克敌、邱国丰一看进得一道墙还有一道墙傻了眼，这事先没侦查到，只得继续翻墙。谁知汪宅的防卫重点就在第二道墙后，当他们刚刚落地，即被汪宅警卫人员发现，于是发生枪战。这一来刺杀行动只好取消。他们便借着黑夜和树木边打边撤。汪宅警卫人员不知究竟，也不敢贸然行事。邱国丰年轻，有功夫，身手敏捷，在混乱中先跳出院外，四下一看不见麻克敌身影，不免着急，模糊中看见远处有个黑影，以为是麻克敌，便脱口叫了声“老麻——”。其实麻克敌早已脱身，他们在外面见着后，互相说声保重，分道扬镳，各自逃去。

汪时璟正在梦乡缠绵，突听得外面枪声大作，吓得往被子里钻，又觉得不对，一个鹞子翻身起来东躲西藏，最后躲在储物间冷得直哆嗦，心里想，阿弥陀佛，这买卖再不能干了。后来枪声平息，管家进屋找不着人以为汪时璟被贼人掳走，吓得大哭。汪时璟这才闻声出来，见着管家像见着亲人，张嘴想说啥，却是打了个大喷嚏。

事发后，日本宪兵队上门调查，找到现场遗留的弹壳，与天皇特使遇刺案留下的弹壳相比，一模一样，都是使用驳壳枪及子弹，便判断这两起案子是同一伙人所为。宪兵队又调查得知“贼人喊老麻”细节，认为刺客是个麻子，下令全城捉麻子。于是北平城宪兵、特务、警察到处抓 30 多岁的麻脸人，不管什么黑麻子、白麻子、大麻子、小麻子，统统捉来审，说不清楚就严刑逼供，证实身份的发给一个特别证件，上面记载着这人及麻子情况，以免被其他人捉来又审。麻克敌躲在他哥哥家里安然无恙，听了他哥哥带回的这个消息哈哈大笑。

刺杀特使后，军统北平站站长刘文修十分谨慎，深居简出，也严令部下隐蔽待机，但不久就放松警惕，恢复活动。这天他出门坐电车去办事，在车上遇到军统天津站站长裴级三，吓了一跳，忙扭过脸装着没看见，打算下站就下车，可裴级三看见了他，慢慢挤过来向他问好。刘文修于是被捕，因为裴级三早已投降日本人，正奉命四处逮捕原来的军统同事。

刘文修被捕后，禁不住敌人严刑拷打，叛变投敌。北平军统如多米诺骨牌一一倒下。参加刺杀特使行动的军统特工人员陆续被捕，有华北区区长薄有凌，第一行动组麻克敌、邱国丰，第二行动组周良辅，第一情报组张清江、张承福、金琅、刘心一。军统北平人员损失大半。他们被关押在炮局监狱，终日遭受严刑拷打。1941 年 2 月 15 日，薄有凌、麻克敌、邱国丰、张清江被日寇枪毙于北平天桥刑场。

无期徒刑死监狱

汪时璟经此一吓，倒吓出一个主意，既然抗日力量如此强大，便不能在一棵树上吊死，还得与国民政府保持联系为好，一来可以再造杀手，二来日本人要是打败了，不能被人当汉奸追杀啊。他曾任汉口、沈阳中国银行负责人，与中国银行董事长宋子文多有联系，就积极想法恢复与宋子文的联系。此处还有一个伏笔，汪时璟出任伪联银总裁前，曾通过国民政府要人吴鼎昌，向蒋介石请示，是获得同意后才就任的。此外，汪时璟在北平结识军统潜伏特务周济，向他表示愿意投靠重庆，并给军统若干帮助。周济向重庆戴笠汇报。戴笠认为此人可以争取，弄到一张蒋介石亲笔题写的“在新民”横幅，转送汪时璟。汪时璟喜出望外，视若护身符，送北平琉璃厂玉池山房精装裱褙存放，奉为至宝。

1945 年日本投降，汪时璟惶惶不可终日，急中生智，带着伪中国联合准备银行现金表册、日伪军情报等文件，由军统特务周济陪同，飞往重庆求见蒋介石。他在重庆住了 10 天，没有见到蒋介石，只见到文官长吴鼎昌，泛泛而谈，没有得到任何具体指示，无功而返。回到北平，汪时璟与军统马汉三取得联系。马汉三是军统局北平办事处主任兼北平警察局长。

1945 年 12 月的一天，马汉三约见汪时璟，应酬一番后说：“有件事烦恼汪先生。十三日我要请两桌贵客吃饭，外面餐馆人多嘴杂不方便，想借汪先生的宝地，请汪先生的厨子弄两桌，不知行不行？”汪时璟忙回答：“在下正愁无法替党国效力，好好。”12 月 13 日晚，马汉三请的客人陆续到达汪公馆，有王克敏、王荫泰、王揖唐、齐燮元、曹汝霖、周作人、唐仰杜、苏体仁等人，一个个哭丧着脸。汪时璟喜气洋洋，以半个主人身份招待来宾。王克敏素来瞧不起汪时璟，见他春风得意，不知攀上什么高枝，讥讽他说：“汪总经理和马先生交情匪浅，怕是要连升三级了。”汪时璟说：“有那一天，兄弟一定关照诸位。”

这时马汉三没来，却来了一卡车国军宪兵，手持武器，如临大敌，跳下车便将汪宅包围起来。汪时璟忙上前接洽，却被带队军官拿抢比着不准说话不准动。不一会，戴笠、马汉三等军统大员款款来到。戴笠大声宣布说："我代表国民政府肃奸委员会宣布，对你们全部实行逮捕，听候国法审理。"马汉三即高声宣布："来人啊，给我将这些汉奸统统看管起来，不准走了一个。"宪兵便将这些汉奸，包括汪时璟，关押在汪宅大客厅。汪时璟深感意外，此时才知道马汉三不是个东西。第二天，这批汉奸被押往北平炮局子监狱关押。翌年1月，汪时璟被军统押往南京接受审判，被法院以汉奸罪判处无期徒刑，押赴上海提篮桥监狱服刑，不久又送往重庆软禁。1952年8月12日，汪时璟病死于监狱。

二　香港落难

总经理化装出逃

与汪时璟争着当汉奸不同，另外两个银行家，金城银行总经理周作民，交通银行总经理唐寿民却是另一番景象。他们被日本人从香港绑架到上海，强迫出任伪职，但到了上海，在都有的一番婉言推卸后，周作民变成灰色，唐寿民变成黑色，于是分道扬镳，各自为政。他们的故事从香港沦陷讲起。

香港的沦陷很突然，出乎很多人预料，包括英国驻港总督。1941年12月8日，日军袭击美国珍珠港，太平洋战争爆发。随即日本向美国、英国宣战，并隔海炮轰香港，陆续渡海登陆，控制香港水库，截断城市供水，迫使香港政府投降。

这时间周作民和唐寿民都在香港。周作民正在香港谋划兑换外汇业务。当时金城重庆分行经营效果很好，有500万元资金要找出路。周作民一贯的指导思想是外汇立行，所以抗战爆发以来一直要求各地分支机构多卖外汇。12月4日，重庆金城经理徐国懋接到周作民召见的电报，由重庆飞到香港。周作民在香港开有金城银行香港办事处，时间是1936年10月，地点在干德道。干德道位于香港岛半山区，东端连接罗便臣道，西端连接旭和道，建有大单位楼房和高住宅区。周作民和徐国懋就住在干德道上金城香港办事处里，商谈调拨重庆资金来香港兑换外汇的事。

唐寿民此刻也在香港。抗战爆发后，交通银行在香港设立总管理处，由总经理唐寿民负责，承担重庆总管理处的大部分职能，依托香港的特殊地理位置以及与海外联络的便利，通过各种方式吸收外汇资金，组织钞券救援上海，稳定金融秩序，给国民政府强力经济支持。

唐寿民，江苏镇江人，时年49岁，曾任上海商业储蓄银行副总经理、经理，汉口分行经理，国华银行副董事长兼总经理，交通银行董事兼上海分行经理，中央造币厂厂长等职，1932年出任交通银行常务董事兼总经理，武汉失陷前夕来到香港，与交行董事长钱新之一起领导全国交行工作。

香港沦陷前，唐寿民是坚决抗日的。1940年1月，唐寿民接到下级报告，在香港截获日本伪造的中国假钞，分别模仿中国银行、交通银行、中央银行一元钞，立即电函交行各分支机构留意。1940年4～5月，唐寿民发现日本伪造交行汇兑票据，金额30万元，用途是购买铁矿及其他原料，十分惊讶，立即电函交行香港分行，提醒留意。1941年1月，唐寿民得知周佛海密谋将伪中央储备银行货币在上海租界内流通，立即电令交行上海分行不准使用伪钞，并强调说："本行必须始终服从于国民政府，维护金融政策，坚守立场，不准丝毫让步。"

日军攻打香港时，唐寿民正在香港组织印刷和往内地运输法币，得到消息万分惊讶，不相信日军会对香港使用武力，立即和董事长钱新之商量，如何处置大批已经印制好的中国法币。他们调查得知，这次日军行动的意图是长期占领香港，而英国守军将不堪一击，于是形成共同意见，马上销毁这批法币。

日军偷袭美国珍珠港当天，即开始隔海炮击香港，重点是九龙机场。唐寿民正住在九龙，心想大事不好，日本人要炸毁机场，连忙赶到渡海口准备渡海去交行大楼，但轮渡停开去不了，便赶紧回家打电话，命令交通银行的职员赶快把尚未发行的钞票切角打洞，避免一旦落入日本人手中将酿成大祸，后又打电话到重庆交行汇报香港情况，话未讲完电话就断了。

当晚，国民政府开始派飞机来香港接走重要人物。国民政府驻港负责人按照重庆开来的名单和安排的时间，分别将住在各处的要人用小车接到机场。从那天开始，每天都有重庆飞机来港接人。接到通知前去坐飞机离港的人欣喜万分，纷纷赶紧一走了之。周作民和唐寿民天天盼望离港通知却没人理会。董事长钱新之接到离港通知，被人用车接往九龙机场，和唐寿民挥手告别。唐寿民一脸苦笑，急得猴抓，背过身抹眼泪。

周作民和徐国懋站在干德道的银行院子，眼巴巴看着飞往大陆的飞机，听着远处日军隆隆炮声，急得跺脚骂人。更气人的是，第三天，名单上有周作民，要他赶快去九龙机场，可当他的小车开到码头时却被告知停渡过不去了。周作明急得像热锅上的蚂蚁，想尽一切办法去机场，最后无济于事，重庆飞机从他头上一掠而过。

徐国懋与周作民一起经历了这场劫难。徐国懋回忆说：

> 1941年11月中旬，周作民电召我于12月初在港会面。我与12月4日自渝飞抵香港。12月8日，日本袭击珍珠港，同时向美英宣战。当日日本即不断轰炸香港、九龙。留在香港还有不少重庆要人，所以国民党政府于8日晚，派机飞港接他们飞返重庆。我记得当晚周作民、何廉和我三人站在干德道的院子里，看见重庆的飞机一批一批的把所谓要人接去，周作民很感叹的说："要人是不能不当，现在他们都逃生了。"这反映着他对国民党的不满情绪，认为他自己未被重视。第二天听说凡被飞机接去的都是根据重庆所开的名单，宋汉章、贝淞荪，甚至张公权的兄弟张禹九、张肖梅夫妇也在其列，周的牢骚更多了。等到第二、三天晚上，重庆还派飞机来接人，通知说名单中有周作民，他也有意前往，香港、九龙间渡轮已停，无法过海到飞机场去，未能去成。①

周作民、唐寿民的处境令人同情，但当时万分紧迫的形势和运输飞机的稀缺确实令国民政府十分尴尬，并非不救周作民、唐寿民，实在是鞭长莫及，就连国母宋庆龄也差一点困在香港。宋庆龄侥幸脱险回到重庆后，心有余悸，给弟弟宋子文写信述说在港情形。这封信存于美国斯坦福大学胡佛研究中心，于2004年公之于众，在62年后得以重见天日。

宋庆龄能逃出香港是因为有弟弟宋子文的特别关照。宋子文此时在美国，得知日军攻占香港，立即给国内的戴笠发电报，要他马上租用飞机把陷在香港的亲戚和银行要人运回重庆。他亲自拟定银行要人名单，共计13人，第一名是陈康齐，宋子文的贴身秘书，第二名是邓勉仁，广东银行总经理，第三名是程叔度，南洋兄弟烟草公司总经理，这上述两家公司的董事长都是宋子文，第四名是李调生，财务部常务次长，最后一名是陈凤衣，宋子文的秘书。这份名

① 中国人民银行上海市分行金融研究室编：《金城银行史料》，上海人民出版社1983年版，第623页。

单上没有周作民、唐寿民。

日军占领香港后，大肆搜捕抗日分子，但凡有些影响的人物都被日军控制起来。唐寿民无法脱逃，见自己的住宅目标太大，便离家躲到朋友家，化名华天福，伪称是药店员工暂避风头。唐寿民从秘书嘴里得知日军四处搜索重庆人员，吓得面无血色，心想不能落在日本人手里，无论如何得逃离香港。他得知大批港民成群结队逃往大陆，共产党领导的东江游击纵队正护送党的干部和民主人士出港，便叫秘书找来两身难民衣裤，和秘书化装成搬运工人，溜出银行后门，加入逃难大军逃离香港。

香港出境处有日军检查。唐寿民大腹便便，说一口大陆话，被日军拦住一查，两句话不对即被扣下，被押回城里核对身份，发现他竟是大名鼎鼎的交通银行总经理，立即十分客气地把他请进九龙半岛酒家，独住四楼一室，好吃好住，礼仪有加，只是日本兵昼夜守护不准他出门。唐寿民气得骂娘。这时周作民与一帮大陆银行家也被带到这里软禁，不久都被转到香港酒店，一人住一室，不许彼此往来。

当事人徐国懋回忆说：

> 在日军占领香港的二三天后的一个下午，我和周作民正在经理室饮酒解闷，忽然有两个日本宪兵走进来，问哪一位是周作民，说他们的军官要约他谈话，于是周即随行。片刻，日军又来要周的换洗衣服及日常用具。我们料想，他是被拘留了，意思恐难自由。当时传说被日军拘留的还有一二十个人，有的住在九龙半岛饭店，有的住在香港饭店。周作民住在香港饭店。①

日本人对这些人威逼利诱，希望他们出来替日本人做事，谁反对日本人则严惩不贷。此时唐寿民的抗日态度相当强硬。日方叫他发表对“和平”的感想。唐寿民说：“不平则鸣，强迫是不平，侵略也是不平，如此不平，实无和平可言。”日本人武力威逼他。他打开窗户要跳楼自尽。

周作民、唐寿民被日本人在香港软禁了三个多月，眼看大批大陆人离开香港回去了，包括著名化工实业家范旭东，国民政府经济部次长何廉，著名作家邹韬奋、茅盾，重庆金城经理徐国懋等，他俩却动弹不得。唐寿民时年 49 岁，血气方刚，受不了这番折磨，整天发牢骚，先骂日本人，再骂重庆，责备重庆飞机为什么不来接他走，责备重庆都不把他当国民政府要人，他凭什么还要忠

---

① 中国人民银行上海市分行金融研究室编：《金城银行史料》，上海人民出版社 1983 年版，第 624 页。

于国民政府。

这时出现一个出逃香港的机会。1942 年 2 月 3 日，有人秘密通知周作民和唐寿民，说杜月笙弄了一条船来香港救人，要他们想法逃出香港饭店去找杜月笙的管家徐采丞。周作民和唐寿民高兴万分，急忙想办法逃出香港饭店，可不管使用各种办法都未能买通守卫日兵，只好眼睁睁看着徐采丞接走 300 余人。

通园汉奸俱乐部

1942 年 4 月 15 日，周作民、唐寿民等被日本人押送坐飞机回到上海，先在华懋饭店继续软禁，不久被放回家，但被约法三章，不许与外界联络，不许随意外出，随传随到。周作民住愚园路 1015 号，左邻右舍是汪精卫、汪伪政府特务头子李士群、伪上海市长周佛海、汪伪政府大特务吴士宝。周作民回到公馆深居简出，婉拒会客。这天来了一位不速之客，周作民一听他的大名马上吩咐请进，还疾步迎出去。这人叫徐采丞，正是杜月笙的外事管家。徐采丞曾是《申报》老板史量才的骨干，后投靠杜月笙，担任上海地方协会秘书长，是杜月笙对外交涉的总代表。徐采丞前来传达日本人重申约法三章的意思，暗中带着威胁警告。周作民笑脸相迎，强颜应付。前来拜访的还有一些日本军人，比如日本陆军大将土肥原等，不外乎劝说周作民与日本合作。周作民模棱两可，虚与委蛇。

唐寿民回到上海，心有余悸，也是大部分时间待在家里，只是常去周作民家坐坐，参加小规模的银行界朋友茶会。后来，唐寿民这增加了对外联络，特别是与日本人的往来逐步增多，甚至建了一个专门与日伪人员交往的俱乐部。这个俱乐部叫通园俱乐部，在淮海路，是唐寿民、闻兰亭、袁履登、林康侯等一帮人秘密接待日伪首脑的地方。唐寿民回忆说：

> 1942 年 4 月 15 日始乘飞机回沪。回到上海后，敌方恐吓等传话均由徐采丞代为转告，敌方特务、宪兵不断来家谈话询问。初期，茶会常在周作民家。有一天说有客人要来。我拟回避。周嘱不必，经周介绍后，始知为土肥原。那时交通银行在淮海路、高安路口有一所房子，原拟作为总经理住宅，后改为俱乐部，名曰通园，作为开茶会和招待敌伪人员的地方。①

除了土肥原，还有汪伪政权头子，也频繁拜访周作民、唐寿民，他们是看

① 中国人民银行上海市分行金融研究室编：《金城银行史料》，上海人民出版社 1983 年版，第 624 页。

重周、唐在金融界的地位和作用，想利用他们来恢复中国原有的著名银行，以此帮助日伪对华金融作战，当然前提是背叛重庆国民政府。唐寿民回忆说：

> 五月一日，忽接周佛海电话，说汪精卫已来沪，希望晤面。我遂约时去见。汪住在愚园路王伯群住宅。我到汪宅时，除陈公博、周佛海等已在场外，周作民亦已先到。周先去见汪，次轮着我。汪见面后，无非讲些请帮忙的话。我退出后，即赶至周作民家询问谈话经过。周答以内容亦差不多。周作民与敌伪关系，就我所知，日本人方面有土肥原、小仓等人往来较密，任翻译者为董涤生。我有时亦请董当翻译。周作民与陈公博比较接近，远在抗战前彼此就很熟悉。他与周佛海的私交似乎差一点，但周佛海在胜利前夕却想利用周作民的关系与重庆方面联系。①

不难看出，周作民和唐寿民在与日伪的关系上已深陷其间，不过二人最后的结果，周作民左右逢源，出淤泥而不染，唐寿民玩火自焚，一失足成千古恨，却是大相径庭，令人深思。

唐寿民回到上海后，汪精卫找他帮忙，周佛海请他出山，加之日本人软硬兼施，多方威逼，都要他出任交通银行董事长。唐寿民犹豫再三，不敢答应。他想，日伪要在上海另起炉灶，重建交通银行总行，显然是与重庆交行唱对台戏，这是做汉奸，不能答应。

这时日伪重建中国银行总行取得进展，吴震修出任中国银行董事长。唐寿民受到很大震动，心想吴震修干得我为何干不得。唐寿民又想，上海交行业务陷于停顿，行中同人生计艰难，银行存户惶惶不安，自己怎么好独善其身？何况自己是交通总经理，有责任挺身而出，自我恢复，便答应出任交行董事长。

1942 年 9 月，中国银行、交通银行两行在上海改组复业，宣布背叛重庆国民政府，脱离重庆总行系统，成为日伪控制的汉奸银行。这是中国对日伪经济作战的惨败。

不做汉奸的银行家大有人在。徐寄庼和秦润卿值得一提。徐寄庼，浙江温州人，时年 59 岁，在银行做事 27 年，曾任九江中国银行经理，浙江兴业银行董事长，上海商会理事长，上海信托公司和泰山保险公司董事长，中央银行监事及中国银行、浙江实业银行、中国垦业银行、上海市银行常务董事。与周作民、唐寿民一样，太平洋战争爆发前，徐寄庼在香港。日军攻占香港后，他先

---

① 中国人民银行上海市分行金融研究室编：《金城银行史料》，上海人民出版社 1983 年版，第 625 页。

是被日军软禁在香港酒店，后是押回上海，被约法三章，软禁在家，并不断派宪兵、特务和头面人物上门威胁利诱，要他出任伪职。徐寄庼不愿做汉奸，以身体有病为由婉言谢绝。他先是为躲避日伪纠缠，泡在典当行混日子，后来对古董大有兴趣，干脆买下一家典当行，悉心收购古董玩件，但凡遇到好东西，花巨资也在所不惜。

秦润卿不与日伪合作的事迹同样感人。秦润卿，浙江宁波人，时年64岁，曾任上海福源钱庄经理、上海钱业公会会长、中央银行监事、交通银行上海分行经理、天津中国垦业银行董事长兼总经理。抗战爆发，秦润卿与日本厂商绝交，积极参加抗日救亡和难民救助活动，出任上海市救国捐筹委员会副主委，积极支援困守四行仓库谢晋元团。

上海沦陷期间，秦润卿滞留上海，留须谢客，以年迈体弱为由辞去所有职务。傅筱庵出任伪上海市长，以宁波同乡关系邀请秦润卿出任市府参议。秦润卿坚决不受。次年10月，傅筱庵邀秦润卿出席“国庆大典”。秦借故避席。伪市长陈公博派闻兰亭、袁履登多次邀秦润卿主持银钱界，委以伪职。秦润卿均以年迈为由婉拒。1941年12月太平洋战争爆发，日军进入租界。次年初，日伪胁迫秦润卿筹人筹组维持会和伪上海市商会。秦润卿即匿居静安寺路空屋，不与外间联系，使敌伪挟持落空。

三　银行大战

1941～1942年，抗日战争进入最艰难的时期。在这时期，中日货币金融战经过多回合反复较量，中国顶住了日伪进攻。国民政府虽说在套汇战中吃了败仗，但在抵制日伪发行伪币、抢购沦陷区半沦陷区重要物资、维持法币稳定、争取国际经济援助诸方面取得成绩，从而保证了最必需的军需民用，稳定了抗战经济局面。

进入1941年，中日货币金融战出现新特点。日伪在分化瓦解中国金融队伍同时，组建伪中央储备银行，大规模发行中储券，向中国抗战金融阵地发起新一轮进攻。他们先是利用法币，接着是破坏法币，企图以此为突破口捣毁中国经济，赢得这场战争。中国银行家奋起反击，以外汇和法币为武器，以上海租界四大银行为阵地，拒收伪币，维护法币，与滥发伪币做坚决斗争，予伪中央储备银行以迎头痛击。

破坏汪伪发伪币

前面介绍的几位沦为汉奸的银行家，他们的堕落都与一个人的威逼利诱有关。这个人叫周佛海，1940 年 5 月 1 日，汪伪政府颁布《中央银行筹备委员会章程》，决定成立中央银行筹备委员会，委派周佛海做主席，钱大櫆做副主席。

周佛海是日本京都帝国大学经济科学生，除了政治，对经济最感兴趣。他问汪精卫，咱们中央银行叫啥名字好。汪精卫说，不能叫中央银行。周佛海问为什么。汪精卫回答，没有法理依据，又说，新政府做事务必讲法理。周佛海心里咯噔一下，新政权建立中央银行，怎么会有重庆法理？便问，难道中央原来有这方面的决定？汪精卫笑说："你说对了，1937 年中央政治会议有个决议，把中央银行改组为中央储备银行，强调'储备'二字，不是滥发钞票，我们不妨打这张牌，就叫中央储备银行。"

日本同意筹建中储行，设立筹备日本顾问室，所有筹备大事必须报顾问室批准执行。顾问室的顾问叫木村增太郎，博士学位，中国通，学者型官僚，曾在南满铁道会社搞经济工作。周佛海对木村增太郎说："筹备委员会经过反复考虑，有这么几条意见，请木村顾问采纳。"周佛海的意见有四条，其中三条针对汪时璟的伪中国联合准备银行，要求限制汪时璟发行的联银钞，由他的中央银行控制华北出口和外汇，最后一条针对日军，要求停发和收回日军发行的军用票。

周佛海的意见是：

> 联银钞票应以冀察绥为限，退一步可规定在冀察绥晋和黄河以北的山东地区流通，再让步不得超出冀察绥晋鲁；华北的进出口贸易，应由新政府统制，由新中央银行或其指定的商业银行结售外汇，如日本坚持联银钞可以购买外汇，则应附加条件；华北外汇的购买由新政府统制。另外，周佛海希望日本能停止发行军用票，新政府成立后，将已经发行的军用票收回。①

木村增太郎听了没有反驳，问周佛海还有什么意见。周佛海说："尊敬的

① 孔庆国、张生：《抗战时期法币的特殊角色述论》，载于《民国档案》2003 年第 4 期，第 92 页。

木村顾问，据在下得知，日本真正懂得经济的商人和学者都认为，破坏我国旧法币是失策之举。所以在下认为，新中央银行成立后发行新法币，凡是人民缴粮纳税、政府一切开支自然一律使用新法币，但请暂时允许旧法币与新法币同时行使，不可限制旧法币。这是维持经济的基础，也是稳定新法币的基础，请顾问先生采纳。”

木村增太郎心想，这人不愧是日本京都帝国大学经济科学生，精打细算，不由抿嘴一笑，说出一番话来。木村增太郎向周佛海转告日本大藏省的意见，即满洲中央银行、中国联合准备银行，原则上不做变动，新银行发行范围确定在江苏、浙江、安徽、上海、南京，大家要和睦相处；华北外汇结算和外汇问题再做商量；军用票要继续发放使用，与满洲券、中联券、新法币配合使用；旧法币可以暂时流通，由新法币与之联系兑换。

周佛海听了五味杂陈，日本人并没有把他的银行当作中央银行，只不过是江浙一带的地方银行而已，何况最讨厌的军用票依然故我，凌驾于各种钞票之上，只是在维持旧法币上大家所见相同，还可以有所作为，便勉强回答说好。

经过一番准备，1941 年 1 月 6 日，伪中储行总行在南京成立，周佛海任总裁，钱大櫆①任副总裁，成立理事会、监事会，理事长周佛海，监事长罗君强，由汪伪政府以该行名义借日本 1 亿“自由日元”，即可以随时换成外汇的老头票，作为资本，拥有经理国库、发行兑换券、铸发国币、承募国内外债券并经理其还本付息等特权。

为了控制伪中储行，日本在伪中储行设置 40 余人的顾问室，由木村增太郎任正顾问，吉川任副顾问。顾问室下设五部，业务第一部、业务第二部、业务第三部、外汇业务部、总务部，由日本银行高级职员负责。顾问权力很大，对外数额较大的贷款、借款、放款，中储券的印制发行，都必须经顾问室审核批准，重要规章制度的建立、对外重要文件的签发、科长以上人员的任免等，都要事先请示顾问同意方可办理。

伪中储行总行成立后，陆续在各地设立分支机构，最早建立的是上海分行，只比总行成立晚两周，分行经理由钱大櫆兼任，其他地方，如苏州、杭

---

① 钱大櫆是江苏太仓人，时年 43 岁，早年毕业于天津北洋法政专门学校商科，后留学日本明治大学研读经济，回国后历任金城银行大连分行经理，1940 年初由大连到上海，出任伪中央储备银行副总裁兼上海分行经理。

州、蚌埠、无锡、镇江、宁波、汉口、广州、厦门、汕头、九江、南昌、徐州、连云港、日本东京的分支机构也相继建成，全行行员陆续增至2100余人。

组建伪中储行后，周佛海的第一件大事是在1941年发行2.4亿元中储券。这是比照汪时璟的伪中国联合准备银行的做法做的。汪时璟1938年3月组建伪中国联合准备银行，当年发行联银券2亿元，第二年发行2.58亿元，远超蒙银券、华兴券发行量。木村增太郎对周佛海的做法没意见签字同意。这一年，周佛海实际发行中储券2.6亿元。

周佛海之所以能在短时期内发行如此巨量的中储券，一个原因是强力推行。汪伪政府颁布《妨害新法币治罪暂行条例》，硬性规定关、盐、统税等中央税收一律只收中储券，日军支出的军费、日商收购物资的资金都用中储券支付等，强制推行。第二个原因是利益诱惑，给予其他银行、钱庄发行好处，让他们代为发行。这些银行多是地方商业银行、钱庄，比如上海农商银行、南京兴业银行、江苏地方银行、杭州浙民银行、上海顺记银号、上海镒康钱庄、大同银号、同兴转运行、同镒银号等。周佛海给他们的利益是，给他们存入中储行的准备金发高额年度利息，最高六厘，最低三厘，普遍四厘半，高于存钱利息。同时，这些行庄领取中储券代发行有手续费收入，以致半年时间，到1941年6月30日止，签订代发行合约的行庄有52家，领券3216.5万元。

汪伪政权大肆发行中储券，大量超过准备金，致使物价飞涨，工商衰败，连累国民政府的法币逐步走低。日伪人员借助中储券向中国经济发起进攻，到内地或中立区大肆抢购物资，极大地加剧了中国的经济困难，致使各地物价飞涨，银根紧缩，工商业凋敝，大后方经济陷入崩溃边缘。1941年1月23日，国民政府经济部长翁文灏迫于巨大压力，给在国外的宋子文写信报告国内情况，用了“国内经济怠于崩溃”“我如崩溃”等格外刺人的字眼，说明问题之严重。翁文灏说：

> 目前国内经济怠于崩溃，本年度国库不敷60万万以上，各省物价较战前涨5倍，川滇两省已过10倍，四川粮食价涨至15倍。公路运费，缅甸至渝，每吨万元，衡阳至渝8000元，倘日加紧封锁，必续涨。政府举棋不定，物资或更缺乏。美虽决心抗日，我自力不支，内变纷起，殊可虑。中美一战线，如我崩溃，美亦不利，请妥筹补救，幸甚。①

---

① 郑会欣：《国民政要的私密档案》，中华书局2014年版，第111页。

重庆方面对此保持高度警惕。军统上海站将伪中储行和中储券的情报一一报送戴笠。戴笠经过筛选，将重要的情报亲送蒋介石。蒋介石十分重视货币金融作战，征求孔祥熙意见后，命令有关方面阻击中储券发行，保卫法币，揭开中日伪“中储券大战”序幕。

国民政府在上海设立中央特种宣传处，与军统、中统在沪机构配合，负责指挥这场经济战，主要采取以下行动。

一、大造舆论。1941 年 1 月 6 日，伪中储行成立当天，上海《申报》发表《商界拥护法币，拒收杂钞》文章，号召民众拒收中储券。上海银行钱业两公会一致决议，坚决拒绝与伪中储行上海分行来往，全市大小商店一致拒收中储券。

二、根据财政部密令，召集坚守在上海租界的中央银行、中国银行、交通银行、农民银行总管理处负责人开会，传达财政部密令：第一步，逐步收回流通中的法币，减少法币流通量；第二步，同时将已停止发行和流通的中国实业、兴业、通商、中南、农工、四明、垦业等行钞票重新投放市面，代替法币流通。

三、根据财政部、经济部、交通部密令，召集上海银钱两业公会开会，命令所有银行、钱庄、邮局一律拒用中储券，并要他们商讨制定如何拒用中储券办法。

四、联络公共租界工部局总裁费利浦，请他配合国民政府阻击中储券斗争。费利浦是英国人，1939 年出任工部局总裁，接受工部局董事会指导，是工部局主要行政长官。费利浦认为，英美与中国利益休戚相关，答应予以支持，立即召集租界银行界、商业界人士开会，亲自主持会议，说明支持法币，拒绝中储券的理由，要求大家积极响应。经过磋商，会议代表一致认为，国民政府的做法是正确的，必须保护法币，阻止中储券，愿意全力支持，并做出四项决定：1. 公共租界各商店必须拒用中储券；2. 中储券不得购买外汇；3. 本埠各银行储蓄部拒收中储券；4. 如发现任何人使用中储券，须立即报告工部局警务处。警务处宣布：如发现使用新币，立即拘送法院惩处。

五、中统、军统派人在上海散发传单、张贴标语、联络渝方报界代发宣传消息、散布谣言等手法，毁坏中储券形象，动员民众拒用中储券。上海华成印刷公司工人积极支持这项活动，在赭色中储券五角券底版上悄悄印上“中央马上来”五个小字。这批中储券流通到民众手里，倒成了国民政府的宣传单，起到很好作用。

面对重庆方面气势汹汹的反中储券斗争，周佛海气得跺脚，找到汪精卫、陈公博，要求马上开展针锋相对的斗争，否则没法在上海发行中储券。汪伪政府立即命令特工总部予以反击。特工总部的全称叫国民党中央执行委员会特务委员会特工总部，位于上海极司菲尔路76号，俗称76号总部，主任丁默邨，副主任李士群。丁默邨，湖南常德人，时年41岁，早年加入中国共产党，后投靠国民党在上海进行特务活动，抗战期间投靠日本，组建76号特工总部，血腥镇压爱国志士，仅在1939～1943年五年内制造3000起血案。

丁默邨接到汪伪政府反击重庆命令，立即制定计划，组织人力，与社会部配合，主要采取以下四个办法宣传中储券：1. 在上海全市的公共汽车、电车、出租汽车、人力车上贴标语；2. 重点在大马路到四马路及霞飞路张贴标语；3. 将15万份传单夹入《申报》《新闻报》《中美日报》分送；4. 发动人力车夫到处张贴标语等。

周佛海见公共租界工部局支持重庆，恨得咬牙切齿，但碍于日本力量达不到租界，只好叫钱大櫆亲自出马，找公共租界工部局总裁费利浦接洽，让他少管中国的事，否则没有好结果。

钱大櫆去租界会见公共租界工部局总裁费利浦，鹦鹉学舌，说了周佛海那番话，要求费利浦立即停止干涉中国内政行动。费利浦严词拒绝，再次重申，公共租界工部局坚决支持国民政府的法币，反对发行使用没有准备金的中储券。钱大櫆气得面如土灰，威胁费利浦将让他尝尝厉害。

周佛海见钱大櫆去了没用，就找日本人帮忙，动员日本横滨正金银行上海支店经理河村二四郎再去工部局，证明中储券是有日元做准备金的。河村二四郎没把英国人看在眼里，去租界对费利浦说：“谁说中储券没有准备金？我可以拿正金银行全部资产担保中储券的法价。”费利浦回答：“对不起，这是工部局董事会的决议，无可更改。”

这样一来，中储券在上海的发行大受影响，发行量不及南京，且影响其他地方的发行。周佛海是汪伪政府特务委员会主任委员，心一横，命令76号总部主任丁默邨派特务参与中储券发行。丁默邨就组织特务到公共租界内对各同业公会负责人进行威胁，强令所属机构接受中储券，又拿着中储券满街跑，见到中央、中国、交通、中农等银行就冲进去要求存款，遭到拒绝就大吵大闹，非存不可。部分私营银行因此委曲求全，接受伪币。上海私营汇源银行迫于压力接受伪中储行收兑。不久，该行经理季翔卿被国民党驻沪人员暗杀毙命。至此，中日伪“中储券大战”日趋激烈，掀起高潮。

强迫四行撤租界

日本大藏省因中储券在上海发行受阻大为生气，认为伪中储行顾问木村增太郎心太软，将他召到东京批评一通，责令他尽快改变这种局面。木村增太郎回到上海，立即召集伪中储行首脑会议，传达大藏省指示，要求周佛海马上拿出切实可行的措施，扭转中国四大银行拒用中储券状况。周佛海一肚子气没地方发，回去批评副总裁兼上海分行经理钱大櫆和76号总部主任丁默邨，要他们马上采取果断行动，无论如何得让中国四大银行存储中储券。钱大櫆负责伪上海中储行，对中储券在上海发行不力负有直接责任。他和丁默邨商量了很久，决定联合出击，威逼四大行负责人接受中储券。

银行业有规矩，新银行开张，大家都要去存一些现金表示支持，而开业银行会把这些现金高高地堆在桌子上给客户看，叫堆花，同时礼尚往来，也在对方行存一些现金表示感谢。钱大櫆和丁默邨想的办法，就是要求四大行前来堆花，多少不论，然后礼尚往来，在四大行存一些中储券，表面上说是按银行业规矩办事，但只要四大行接受中储券，造成既成事实，后面的事就迎刃而解。

四大行总处接到钱大櫆这个请求十分为难，因为重庆财政部已有密令不准接纳中储券。中央银行、农民银行坚决拒绝，中国银行、交通银行犹豫不决。钱大櫆和丁默邨见有机可乘，决定火上加油，由丁默邨派出特务去骚扰中国银行、交通银行，并在两行负责人公馆附近鸣枪放火肇事。两行负责人被迫同意，给伪中储行送来堆花，也接受伪中储行各存入的10万元中储券。周佛海高兴得手舞足蹈，在日记中写道：“这是国府（汪伪政府）还都后一大成功也!”，并马上下令将这消息印成传单四处散发张贴。上海民众和广大商家原先看了国民政府的宣传，说四大银行绝不接受伪钞，现在看中国银行、交通银行又接受了，认为国民政府改变主意了，也就吩咐效仿使用中储券。中储券在上海的发行突破瓶颈，发行量大增，开始被上海市民接受。重庆方面闻讯大为震惊，下令在沪中国银行、交通银行拒收伪钞。

南京大学孔庆国、张生指出：

> 就汪伪而言，中储券的发行推广具有特殊的重要意义。1941年1月6日伪中央储备银行成立后，对当时坚持在上海租界的重庆方面的金融系统施加了巨大压力，中国、交通两银行在其威逼下收受了少量中储券存款。蒋介石闻讯后大为震怒，以万急电报要求两行公开宣言拒收伪钞，而周佛海却将此视为“国府还都后一大成功”，“为之稍慰”。①

中国、交通两行接到指令，立即要求钱大櫆取走存款，并发表宣言，拒收中储券，又联合上海银行钱业两公会召开会议，一致决议，坚决拒绝与伪中央储备银行上海分行来往，号召全市大小商店一致拒用中储券。上海民众和广大商家这才如梦初醒，识破汪伪政府诡计，再次掀起拒用伪钞高潮。

木村增太郎对此非常不满，要求周佛海采取果断对策。周佛海与汪精卫、陈公博商量，决定釜底抽薪，将四大行驱逐出上海公共租界。周佛海便以特务委员会主任名义，命令76号特工总部实施驱逐计划。丁默邨发布命令，鉴于四大行扰乱上海金融秩序，危及国计民生，命令四大行克日迁出公共租界，否则严惩不贷。四大行接到命令惶恐不安，害怕76号特工总部的恐怖行径，立即请示重庆，得到的答复是：坚守阵地，决不撤退。四大行便回答76号特工总部，拒绝撤退，并联系公共租界工部局，表明坚守公共租界的决心，请求保护。

汪伪特工威胁四大行员工，强迫他们迁出公共租界。在此关键时刻，重庆方面鉴于保护四大行员工生命安全事大，同意中国银行、交通银行、农民银行迁离公共租界，迁入法租界，中央银行事关国民政府形象，暂留公共租界不动。三大行得令立即撤出公共租界。

这对国民政府是个严重的打击，助长了伪中储行的嚣张气焰，促进了中储券的发行，使中日伪“中储券大战”天平倾向汪伪政府。为此，国民政府耿耿于怀，决心保卫四大行，坚决守住上海货币金融战阵地，坚决粉碎日伪滥发伪钞，破坏中国抗战经济基础的阴谋，坚决维持抗战金融。

历史作家喻春生有精彩描述：

> 与此同时，在重庆的蒋介石焦虑万分。他深知，四行在沪艰苦支持，与国家

---

① 孔庆国、张生：《抗战时期法币的特殊角色述论》，载于《民国档案》2003年第4期，第92页。

整个金融计划关系至巨，沪四行一旦撤退，不仅法币、外汇市场将发生剧烈变化，还会立即破坏后方金融经济之安定，且东南数省之金融经济权，亦不免为敌伪唾手攫取，于己殊多不利，还会影响国际视听。因此他一面命令四联总处——重庆国民党政权战时最高金融经济管制机构（蒋介石亲任四联总处理事会主席），要求沪四行“坚守立场，不能丝毫让步”，一面指示戴笠，要求潜伏在上海的军统特务对伪中储银行职员不惜采取袭击、恐吓和暗杀的手段，企图阻止中储券的发行。①

国民政府痛下决心还有一个原因，那就是日本制作的大批假法币对中国经济的影响太大了，必须坚决予以反击。日本伪造中国法币起于抗战初期。抗战初期，山本宪藏是日本陆军第九研究所主任、陆军主计少佐，毕业于日本陆军会计学校第15期，随后加入日本关东军前往中国东北，从事兵要地志调研工作，1938年进入参谋本部第七课兵要地志班。山本不是经济学家，怎么会与日本假币有关呢？

情况是这样的。山本在做兵要地志调研工作时，注意到一个情况，当时市面上通行的法币大多为中央、交通两家银行，印刷厂是英国的德纳罗公司、华德路公司和美国钞票公司，认为制作不复杂，伪造不困难，便回日本找到凸版印刷株式会社经理井上源志承，询问制作假钞事宜。井上认为可以制作，愿意合作。山本写成《法币谋略工作计划》交给参谋本部第七课，转主管谍报的第八课。第八课十分重视，请示陆军省。陆军大臣东条英机认为伪造中国货币可以破坏蒋介石政权的法币制度，扰乱中国经济，摧毁经济抗战力量，批准实行。这是1938年12月的事。

日本军方将山本调到日本陆军第九科学研究所负责这一工作，并在上海设立“阪田机关”总部。1939年，阪田在中国开办诚达公司，注册资本金1亿日元，并陆续在中国沦陷区开设53家分店，成为日本对华经济作战机构。

山本在陆军第九科学所制作出中国法币5元纸钞的印版，印制出几十万元假钞，运往中国套购物资。谁知这种法币早已退出流通领域，几十万元假钞只有报废。1940年4月，山本成功伪造出中国农民银行1元、5元、10元券共500多万元，经过特殊工艺将其变成旧钞，秘密运抵中国，与真钞混合，交付日本侵华机关和沦陷区商社使用，但因为质量太差，效果不好。山本决定放弃技术印刷方法，改用雕刻制版。军方从大藏省造币局征调两名雕刻技师，在

① 喻春生：《1941年国民政府与汪伪政权上海银行大血战内幕》，载于《档案春秋》2005年第8期。

1941 年春夏伪造出合格的假钞。这些假钞逐步进入流通市场，特别进入半沦陷区和大后方市场，大肆高价抢购中国的重要物资，打击中国法币，套取中国外汇，对中国抗战经济造成极大破坏。据统计，1939 ~ 1945 年，日本共制造假法币达 40 亿元。

面对日伪来势汹汹的假币战，国民政府制定实施“以假对假”策略，密令军统局与英、美两国印钞公司达成合作协议，在重庆歌乐山秘密建立伪造日钞印钞厂，经过日夜研究，精心制作，成功印制出逼真的假钞，总计印制了 15000 多箱。这些经济战的秘密武器运往江西上饶，由交通部门配合，源源不断地偷运到汪伪政权控制的沦陷区，混入金融流通领域，轻而易举地套购到大量黄金、棉纱、布匹等紧俏物品，给日本沦陷区金融市场以沉重打击，加剧了日伪统治区的通货膨胀。这是后话，先说军统奉命强行阻止中储券发行的特工血战。

四　特工血战

血洗霞飞路银行

上海银行血战的第一枪打向汪伪政府调查处委员李明达，1941 年 1 月 30 日，李明达被军统杀手击毙。20 天后，军统特工大开杀戒。12 月 20 日上午 10 点半，6 名身着中式长衫的青年男子前后走进上海某中储行营业所，有的四处张望，有的询问柜台行员。其中一人趁人不备，径直上到二楼，在楼梯口碰见一个行员下来，问他上楼干啥，营业厅在下面。这人眉头一皱，也不答话，从腰间掏出手枪朝那行员啪啪就是两枪，将他打死倒地，然后疾步冲上楼去，左右一看，直奔经理室，边跑边从腰间取出两颗手雷，一脚踹开经理室门，也没看清里面几个人，拉掉手雷引线往里面一扔就跑了，只听得后面传来轰轰爆炸声和呼救声。

下面营业厅的人一听楼上手雷响，吓得有的钻桌子，有的往外跑。另 5 个人掏出手枪对着营业员啪啪开枪，打得金属柜台火星四溅。这时上楼扔手雷那人冲下来招呼大家撤，于是 6 个掉头往外跑。一个银行保安从桌子下面钻出来喊“不准跑”，被人回头一枪打死。

这起案件经76号特工总部调查鉴定，是军统杀手干的。周佛海接到血案报告大为惊讶，戴笠真敢开杀戒？立即打电话给汪精卫，简单说了情况，要求马上见面。二人见面后经过一番商量，认为这事非同小可，交给76号特工总部严肃处置。周佛海回到官邸，打电话找来特工总部主任丁默邨、副主任李士群，说了汪精卫要严肃处置的意见，问他们怎么办。76号特工总部与军统上海站早就是冤家对头，李士群的恩师季云卿就是军统杀死的。丁默邨、李士群便异口同声说："打回来，非打回来不可！"周佛海说："以牙还牙，不能让戴笠小瞧我们特工总部。你们有什么具体想法？"丁默邨说已经计划好了，掉头叫李士群汇报。李士群负责行动，设计了一场报复军统的行动计划，向周佛海一一道来，最后咬牙切齿说："军统打死了我们七八个人，我要他们加倍赔命！"

李士群的计划是投放定时炸弹。中央银行大楼在上海跑狗场内，银行业务的场所在公共租界白克路。李士群让手下做了两颗定时炸弹，一颗悄悄送到逸园跑狗场中央银行临时办公室水泥楼梯底下，另一颗冒充投递邮包送到白克路营业厅。两颗定时炸弹同时爆炸，炸死中央银行行员15人，炸坏银行设施。周佛海非常满意，奖给特工总部3万大洋。

军统不甘示弱，决定以牙还牙，坚决反击，于3月3日开枪打伤中储沪分行办事员富荣炳，3月21日刺死中储行理事会调查处副主任楼侗。

76号特工总部奉命反击。3月21日，即楼侗被刺毙命当天，霞飞路发生一场血腥屠杀。关于这天的情景，历史作家喻春生撰文写道：

> 1941年3月21日深夜11时许，76号的一批特务分乘两辆汽车，来到霞飞路赛仲路口江苏农民银行宿舍门前（汪伪特务误以为这里是中国农民银行），将车横在弄口，架好机枪，狂揿宿舍门铃。宿舍茶房以为是巡捕房人员，急忙将铁门拉开。特务们一涌而入，并胁迫茶房引导上楼。当时该宿舍中的职员们从梦中惊醒，始知为汪伪特务所执。六七个特务手持二十响快枪，将室内十二人绑至二楼，约十分钟后，迫使他们分站两排。突然特务一人在三楼向职员举枪射击，瞬间血花飞溅，惨呼连连。事后得知仅三人幸免于难。一人一见开枪，立即卧倒，滚进床铺底下，未被发觉。另两人躲藏门后，未被搜获。次日凌晨，76号特务吴四宝带领大批特务包围极司菲尔路中国银行职员宿舍（即"中行别业"），凡是银行职员，均被抓进76号，先后180余人。①

中行别业是中国银行的员工宿舍，位于上海极司菲尔路96号，与76号特

① 喻春生：《1941年国民政府与汪伪政权上海银行大血战内幕》，载于《档案春秋》2005年第8期。

工总部相邻而居，建于1923年，砖木结构，单开间三层楼，联体石库门房子，共7列，每幢住一位员工家庭，共有56户。外面有一座四层高楼房，下面为大礼堂，二楼为中正小学，三楼四楼为单人宿舍。小区设有小卖部、图书馆、理发室、诊所、老虎灶、大饼油条点心店、网球场、乒乓室、篮球场等。另外还建有9幢连体花园住宅，住着108户员工。

汪伪特工在李士群、杨杰带领下，包围中行别业，从众多中国银行职员中找出6个重要职员押到76号。其余人员被以警政部的名义全部扣留在中行别业，限制人身自由，不得外出。这一来动静大了，不单银行界着慌，城门失火，殃及池鱼，一般百姓也惶惶不安，迟疑着不敢进银行。周佛海接到多起投诉电话，希望他对此有所说明，以安定人心。他便找汪精卫商量，提出请有关部门负责人出面说明，不要老是自己出面。汪精卫说这事事关公共警务，得警政部出面。周佛海说，怎么还是要我出面？汪精卫这才想起，1940年3月，特工总部和警察局合并成立警政部，设于南京成威街，由周佛海兼任警政部长，李士群兼任政务次长，首都警察厅长邓祖禹兼任常务次长，不由笑了说，既然你兼着警政部长，能者多劳，辛苦你了。

周佛海不想出头露面，回去想了个变通办法，叫警政部管宣传的官员约见《中华日报》记者，再由《中华日报》以采访的形式予以报道。1941年3月23日，《中华日报》发表采访警政部报道，说明拘捕中国银行行员的原因，并说重庆方面应对被捕者的命运负责，应当立即停止暗杀行为，否则警政部将对在沪四行金融机关人员予同样处置。

消息传到重庆，当局指示决不后退。财政部即通知四行负责人执行。上海四行即加强防卫，动员员工打起精神，坚持上班。四行员工从经理到门卫都很担心自己的生命安全，顾虑重重，但考虑到如若关门，影响巨大，如若撤退，更是逃兵，便鼓起勇气继续开门营业，还向市民宣传说，我们根本不怕他们。

76号特工总部副主任李士群是反击四行计划的制定人和执行人。他见四行不以为然，决定实施更严厉打击。李士群，时年36岁，浙江遂昌人，毕业于上海大学，素来心狠手辣，好大喜功，恨不得将四行赶尽杀绝，为日本人立功。历史作家喻春生撰文写道：

> （1941年3月）24日，上海中央银行法租界亚尔培路分行被炸，死亡7人，伤20人；公共租界白克路分行也被炸，死亡3人，伤26人，其余6人重伤；公共租界静安寺路分行被炸，死亡6人，伤60余人，其中多人未及医治，相继毙命。

中央银行因两处行屋被炸，无法营业，只好暂停。交通银行公共租界南京路分行被炸，前日驻极司菲尔路该行职员两人在家被捕。农民银行方面被绑女行员1人，同日并在行中发现定时炸弹，惟因机括损坏，幸好未能爆炸。[①]

四行在沪员工坐不住了，每天开门营业提心吊胆，坐在柜台惶惶不安，如坐针毡，就是经理、副理，甚至董事、监事概莫如此，于是纷纷反映这怎么得了，人心极度恐慌，命都保不住了，赶紧改变策略吧。重庆方面得到这些消息也很着急，指示四联总处研究拿出措施。四联总处主席是蒋介石，副主席是行政院长孔祥熙。蒋介石不过挂名，具体事务由孔祥熙负责。1941年3月26日下午5点，孔祥熙召开紧急会议，出席者有财政部及中央、中国、交通、农民四大银行要员，讨论上海四行营业方针和员工安全问题。经过反复商量，会议最后做出三条决定：

1. 关于上海四行营业方针。要求“四行同仁仍应不避艰难，坚守立场，照常营业，以尽为国家社会服务职责，并请财（政）部发表谈话以安定人心”。同时，为妥慎应付防患未然起见，要沪四行应设法紧缩存款、汇款业务；紧缩人员，其干练机警者留沪办事，不必要者，陆续设法后撤，力予减少重要库存，公债继续打洞，一切账册应留存副本，但必须设法放置安全地点。

2. 关于被绑及死伤人员的善后办法。对被绑人员，一面咨请外交部转商英、美、法各大使交涉释放，一面由各行就近相机设法营救，并劝慰其家属；对被害人员，由各行优予议恤，并由各行查明姓名开单报告，俾便呈请政府核议抚恤褒扬，以慰忠魂；对受伤人员，由各行派员负责监护，妥为医治，并由各行负担全部医药费用，伤愈并从优晋叙。

3. 关于今后沪行暨职员的安全问题，由财政部咨请外交部转商英、美、法各大使转饬沪领馆，切实保障租界内商业及从业人员之安全；沪行同人，嗣后应缜密戒备，加强警卫，以免类似事件之发生；各行应在美军防区内为行员预备宿舍，以策安全。[②]

会后，孔祥熙发了两封急电。一封给中国外交部部长王宠惠，指示外交部立即照会英国、美国、法国驻华使馆，希望他们马上电告驻沪领馆及法租界、公共租界工部局，将被绑及被捕人员设法引渡或予保释，并切实交涉，保障租界内商业之安全。另一封给驻香港中国银行总经理宋汉章等，要求四大行马上电告其上海机构，照常营业，镇静应付，设法营救被拘行员，劝慰被绑职员家

①② 喻春生：《1941年国民政府与汪伪政权上海银行大血战内幕》，载于《档案春秋》2005年第8期。

属。第二天，1941 年 3 月 27 日，国民政府财政部向新闻界发表谈话：

> 上海中、中、交、农等行历年艰苦支持，努力服务，原为维系国际金融市场及顾全东南数千万同胞生计起见，凡稍有人心者不应仇视。各行从业人员服务银行，忠于职守，从不外骛，亦为中外人士所共见。乃敌伪对于此种无辜从业人员竟肆行绑杀。此等凶恶残暴行为，即交战国家所不为者而竟为之，适足以暴露其卑劣无知。推其用意，无非欲企图破坏各国在华商业暨断绝沦陷区域同胞之生计而已。此次被难人员，政府至为哀悼，业令各行优于抚恤，以慰忠贞。至上海各行，仍当一本平日服务社会之精神，继续维持营业。①

重庆的这些对策并没有收到多大实效，因为英国、美国驻沪领事知道这次银行血案的前因后果，表示无法调停，外交努力失败，而在沪四行员工在生命安全得不到保证的前提下，不可能维持继续营业。更迫切的问题是，被 76 号特工总部绑架的 100 多名员工危在旦夕。于是，在四行的组织下，4 月 1 日，上海银行界数百人上街请愿，要求保释中国银行被捕人员。周佛海拒不接见请愿代表，不答应释放。

4 月 4 日，上海钱业公会会长秦润卿、金城银行上海经理吴蕴斋等，具名保释中国银行被捕职员。周佛海再次拒绝释放。4 月 6 日，周佛海见民愤太大，下令批准保释中国银行被捕职员，条件是“暂住原处，不准擅离”。4 月 8 日，被捕人员全部获释。

报复抢杀三课长

显然，在上述银行血案中军统落了下风。蒋介石在重庆不高兴，把军统局长戴笠叫到曾家岩官邸训了一通。戴笠回到下罗家院军统总部发脾气，如法炮制，把八大处长叫来训了一通，要他们马上制定报复计划。军统总部是 1938 年由南京迁来重庆的，位于重庆观音岩下面、嘉陵江上面之间的很长很大的盆地里，前门在枣子岚垭，后门在中山二路，相隔几条街。戴笠的办公室在前门大楼里。两幢办公楼有 1000 人办公。军统的报复计划在当晚下达军统上海站。

1941 年 4 月 16 日上午，上海大华医院。一个军统特工化装成医生走进外科病房，装着查看病员伤情。伪中储行上海分行会计课副主任张永刚躺在病床上接受假医生检查。前不久，他被军统特务打伤右腿，住进大华医院治疗。伪

① 喻春生:《1941 年国民政府与汪伪政权上海银行大血战内幕》，载于《档案春秋》2005 年第 8 期。

中储行受伤员工较多，由银行安排住进医院，并派人照顾。这位假医生借故支走照顾张永刚的人，要张永刚侧过身去检查背部，见他侧过身，即迅速掏出无声手枪，朝他背部连开三枪，将他当场击毙，然后从容不迫离开病室，扬长而去。

周佛海闻讯恼羞成怒，立即命令特工总部以血还血，枪毙三个四行课长级干部。李士群将这事交给手下吴四宝。吴四宝是特工总部警卫总队副总队长。接到命令，当晚九时，他从控制的中国银行行员中提出九人作为报复对象。这九人是毛泳丰、陶晋丞、裘德僧、张立暐、张筱衡、徐轶尘、曹善庆、倪孝本、张齐云。九人一看情形不对，赶紧向吴四宝求情。吴四宝说，军统杀了一个张永刚，我要杀九个张永刚。

这事惊动大了，非得求周佛海不可。大家就请李祖莱出面。李祖莱很有钱，1941 年以 150 万元资本发起创立上海工业商业储蓄银行，后来又发起组织上海大安钱庄，还兼着中国银行总行业务部副经理，与周佛海、李士群、吴四宝等人都有很好的关系。李祖莱闻讯赶紧去求周佛海，请求刀下留情。周佛海看在李祖莱份上，答应只杀三个，要求这三人与张永刚同姓同职。

吴四宝接到周佛海的指令，在九人中找到两个姓张的课级干部，就是中国银行上海分行会计主任张立暐、出纳股副主任张筱衡，还差一个，没法，就把中行上海分行新闻办事处主任曹善庆凑数了。这天深夜，吴四宝对张立暐、张筱衡、曹善庆说，没事了，马上用汽车送你们回中行别业。吴四宝带着特工把他们送到宿舍大门口时，从背后向他们开枪，当场将张筱衡、曹善庆打死，将张立暐打成重伤。第二天，上海各报登出这一特大消息，惊天动地，全城哗然。

四行员工哪里还敢去上班？全市四行分支机构不约而同，全部停业。上海四行总处急电重庆四联总处：“同人集议，在此情形之下，人人自危，均不敢到行，在沪主管人员无法强制工作，只得暂停营业。”又说：“四行在沪勉强支持，照常营业，任何牺牲，原所不惜，敌伪暴行，本属意中之事，惟闻敌伪有如被害一人，须以三人抵命之说，似此循环仇杀，迄无宁止。四行行员，既非武装将士，在此毫无保障下，人人自危，无法工作，确属实情。事机万急，似宜权衡轻重，由政府赶筹稳定办法。”

3 月 18 日，上海四行许多负责人纷纷致电重庆请求辞职。这些人是：中央银行副理李达、黄世财、徐维纶、张悦联，中国银行副理潘久芳、程慕灏，交通银行副理潘启章、周叔廉、陆廷撰，农民银行副理竺芝珊、顾树堉等。他们的辞职理由是：1. 四行环境日劣，对内对外无法应付；2. 政府对在沪四行办事人员没有切实保障办法；3. 上海四行将全体瓦解。

重庆四联总处接到这些电报非常为难，一方面是上海四行既不能停业更不能关门，而另一方面汪伪特工的暴行实在难以容忍，更重要的，最高当局没有松口，只能咬紧牙关硬挺。于是，重庆四联总处复电上海说，上海是全国金融枢纽，关系整个法币信用、后方物价，无论如何必须继续维持，万难停顿，当此国难最严重时期，应以国家大局为重，镇静支持，不同意这些人辞职。

几天后，上海情况紧张如前。3 月 30 日，蒋介石鉴于国内外反应强烈，经过深思熟虑，决定放弃在上海的金融攻势，作出指示："查此次敌伪摧残我方沪市金融，将来或更严重。此固由于沪市银行界平素毫无组织，而在主持者亦乏应付得力所致，应即由财（政）部速派熟悉沪市金融及才能足以应付非常环境之大员，克日赴沪，会同四行主持人员接洽应付策略，以策安全。"同时密令戴笠"暂取缓和方针"。[①]

银行血战遂告结束。

五　银行迁渝

宋老撤退到重庆

1941 年 12 月 8 日清晨，日军攻占上海租界。停泊在黄浦江的英国炮舰"派德列尔号"拒绝投降，被日军击沉，美国炮舰"威克号"向日军投降。日军车辆和步兵列队进入租界，没有遇到抵抗，英国、美国守军缴械投降。日军立即在街头布置岗哨。上海租界市民惊呼：东洋人来了。日军强行接管租界的全部银行，包括国民政府设在租界的四大银行，英国、美国的汇丰、麦加利、花旗等 15 家银行，获得法币现金约 11. 2 亿元，以及 4. 76 亿元法币资产。中

① 喻春生：《1941 年国民政府与汪伪政权上海银行大血战内幕》，载于《档案春秋》2005 年第 8 期。

国四行被迫全部停业。

在这种情况下，许多银行，包括各地的银行先后迁往重庆，有新华信托储蓄银行、中国国货银行、西康省银行、安徽地方银行、成都商业银行、云南文兴银行、中国通商银行、中国农工银行、中国工矿银行、中国保险公司总管理处、湖北省银行、河北省银行、山西裕华银行、贵州银行、甘肃省银行、华侨兴业银行、华侨建设银行、四川农工银行、复兴实业银行、河南农工银行，天津茂华银行总管理处等，形成第二次迁渝高潮，促成重庆成为中国金融抗战中心。重庆金融抗战中心重新整合中国抗战金融力量，领导全国金融机构，予日伪货币金融攻势以迎头痛击。

在银行家抗战迁渝队伍里，有一位德高望重的银行家，是中国银行总经理宋汉章。1942 年初，宋汉章来到重庆，时年 70 岁。宋汉章是中国银行界元老，1907 年做上海大清银行经理，1935 年出任中国银行总经理。中国银行的董事长是宋子文，这时不在重庆，他 1940 年去了美国，长期在美国为中国寻求外援。宋汉章这时是中国银行的主要负责人。

宋汉章来到重庆，在中国银行重庆总管理处大楼办公，负责制定大政方策，具体工作由副总经理贝祖诒负责。贝祖诒时年 50 岁，正当年，而且资历丰富，自苏州东吴大学唐山工学院毕业后进入中国银行，先后出任香港中国银行总经理、广东中国银行总经理、上海中国银行总经理、中国银行总行外汇部主任。

宋汉章到重庆后重点抓了中国保险公司总管理处设立工作。抗战爆发，中国保险公司总处没有随中国银行总行撤离，大部先迁上海租界，部分高级管理人员随宋汉章迁香港。日军占领上海租界和香港后，上海、香港部分人员迁往大后方。宋汉章来重庆组建中国保险公司总处，要在抗战大后方开展保险业务，非常需要他们。他告诉贝祖诒，香港、上海这批保险公司员工要好好安排，充分发挥他们的骨干作用，培训新手，组建各地分支机构，构建大后方保险网络。宋汉章说，这些人可是我的宝贝，你不能委屈他们啊。贝祖诒根据宋汉章的意思进行安排，把他们派往重庆、桂林、昆明、贵阳、成都等地开展保险业务，还有部分去马尼拉、河内、西贡、曼谷、泗水等地开展业务。

宋汉章和贝祖诒商量，当务之急是筹建重庆总管理处，以便统筹大后方保险。贝祖诒有疑虑，问宋汉章，如果重庆中国设保险公司总处，那上海总处怎么办，二者什么关系。宋汉章想了想说："依愚之见，重庆总管理处负责大后方一隅，上海总公司管辖沦陷区一片，名义上一分为二，实际互有通联，凡业务技术由上海负责处理，凡大政方针全由重庆掌握。祖诒兄觉得如何?"

贝祖诒沉思片刻说："宋总经理这主意好。'形式上一分为二，实际互有通联'，太妙了！弟完全赞同。这样一来啊，上海业务可以不因为重庆这块牌子遭日伪迫害，大后方业务可以不必因为上海总处太远而耽搁，而上海、重庆是一家。'凡大政方针全由重庆掌握'，这句话最好。"宋汉章说："对付日伪就得多长个心眼，就像当年对付袁世凯，别怕他，但也别撕破脸硬顶，想法子让他吃了亏还说咱们好。"二人哈哈一笑。

宋汉章和贝祖诒商量确定后，亲自抓组建保险公司重庆总处的事。他先要求总务部解决办公用房和员工宿舍问题。总务部派人跑了很多地方买不到地皮，要么地方偏远不理想，要么地价太贵，要么条件不好。宋汉章鉴于中国保险公司接连撤退损失大，抗战期间保险业不景气，收入少，支出多，亏损严重，决定因陋就简，先找个落脚地方把总处架子搭起来，待业务发展了，再说买地建房的事，就亲自作协调工作，从中行重庆上清寺办事处挤出楼上一间屋，做中国保险公司总处办公室。贝祖诒和一些人看了都觉得不行，房间不大，只能容纳七八人办公，门面狭小，缺乏气势，建议还是买地建房。宋汉章说："总处不对外做业务，简陋一点没关系，没人看见。"

1942 年初夏，中国保险公司重庆总处开业办公，是最早进入大后方保险市场的保险公司。第二年，重庆中国保险公司有了较大发展，年保费收入仅次于中央信托局保险部，并陆续设立重庆和西安两家分公司，还在桂林、昆明、贵阳、乐山、内江、自贡和成都等地开展业务。中国保险公司重庆总处这才从上清寺那间屋里搬出来，在重庆南岸玄坛庙街正式改组总管理处，行使总公司职权。

重庆中国保险公司总处成立后，宋汉章亲自过问大后方业务开展，要求总处先把重庆的保险业务抓起来，因为重庆是水码头，是西南第一个开埠城市，有发展保险业务的基础。在宋汉章领导下，凭借中国银行后盾，重庆中国保险公司总处成立后，在大后方大展拳脚，很快建立起重庆分公司，西安分公司，衡阳、桂林、贵阳、昆明经理处。宋汉章大力支持发展大后方保险业，下令把中国银行押汇、放款业务的承保交中国保险公司做，还要求中行投资企业的保险拿给他们做。中行这方面的业务相当多，承保业务相应不少，促使中国保险公司业务有大发展。

宋汉章特别找到束云章，要他大力支持保险公司。束云章是宋汉章的老下级，他1915年考入中国银行时，宋汉章已是上海中国银行经理；1929年出任天津中国银行副经理时，宋汉章已是中国银行常务董事。束云章把手里管着的企业，重庆的豫丰纱厂、西北雍兴公司下面的20余个工厂的保险业务介绍给中国保险公司。

香港传来机密信

在银行家第二次迁渝高潮中，除了上文所说的宋汉章，还有范锐值得一提。范锐不是职业银行家，只是金城银行的监事，但他这次到重庆负有非常重要的使命，事关金城银行生死存亡，在银行家抗战迁渝史上有一席之地。

范锐，湖南湘阴县人，时年58岁，字旭东，是中国化工实业家。范锐怎么去香港、怎么来重庆，又怎么肩负金城银行重要使命呢？得简单说几句他在抗战爆发后的经历。

1937年7月底，平津沦陷。范锐这时已创建有天津永利碱厂、天津久大盐厂、南京永利厂、连云港久大大浦分厂和青岛永裕盐业公司。日军进入天津前，范锐停止永利碱厂和久大盐厂生产，组织员工疏散，仅留少数人护厂。12月，南京沦陷前夕，范锐让南京永利厂停产，组织职工向长江上游撤退。与此同时，范锐派人去重庆设立办事处，接待久大、永利两公司迁川人员，陆续建起自流井久大川厂，生产精盐，畅销四川、贵州、湖南、湖北，解决了湘鄂人民因海盐中断缺盐的困难，又在四川五通桥建起永利川厂，生产工业用碱。1940年春，范锐经香港、菲律宾到美国旧金山采购永利川厂所需设备，购买货运卡车200辆，通过中缅公路运回四川。1941年12月初，范锐夫妇从美国飞抵香港，正遇到太平洋战争爆发。国民政府派飞机来港接人，名单上有范锐夫妇。范锐有很多事要在香港处理，估计日军不会马上攻占香港，婉拒了国民政府的特殊照顾。

后来战事急转直下，范锐夫妇想离开香港也困难了，只好听天由命。12月12日，日军开始隔海炮击香港。范锐夫妇应周作民邀请，从酒店出来躲在金城银行地下室，与《大公报》总经理胡政之相依为伴，忧心忡忡，一夜无眠。第二天早上，《大公报》香港版主任徐铸成来金城银行地下室看望他们，说昨晚的事让整个香港都乱了套。这年胡政之 52 岁，范锐 58 岁，徐铸成 34 岁。范锐突然说：“我昨晚听了一夜炮声很高兴，了解到日军炸弹爆炸力很有限，可见他们的炸药制造并不怎么先进，我们再努一把力，完全有可能追过他们。”胡政之、徐铸成听了无言以答。

范锐怎么会应周作民邀请躲在金城银行地下室呢？因为范锐是金城银行的监事，还因为范锐的化工集团与金城银行多有往来。日军占领香港后，如前所述，周作民、唐寿民因为名气大，被日军软禁香港饭店。而范锐貌不出众，一个干瘪的、50 多岁的小老头，没被日军认出来。他们夫妇躲在地下室，自己动手煮稀饭，与胡政之共渡难关。徐铸成晚上来看他们，说日军威逼他恢复港版《大公报》，不知如何是好。范锐说：“我想你先要有自信，一定能战胜困难。日本派到香港来的这些文武官员至多不过是三四流人物，而我们都是中国第一流人才，一定能斗过他们。”

范锐夫妇躲藏一段时间后，在朋友帮助下准备逃离香港去重庆。临走前，范锐去香港酒店看周作民。日军虽说软禁周作民，但允许他会见朋友。周作民见到范锐，得知他准备离港去渝很是羡慕，有很多话要对他讲。周作民慎重地告诉范锐，请他回到重庆后，一定把他下面说的话，以他金城银行监事的名义，转告吴鼎昌、钱永铭、戴自牧。吴鼎昌、钱永铭是金城银行的常务董事。戴自牧是金城银行重庆管辖行经理。同时，吴鼎昌时任贵州省主席，钱永铭时任交通银行董事长。范锐用笔记下周作民的话。

1942 年初，范锐夫妇等人悄悄乘船离开香港，经过艰苦跋涉，费时一个多月，于 3 月 2 日抵达重庆，受到同仁热烈欢迎。范锐稍作安顿，便约集吴鼎昌、钱永铭、戴自牧在金城银行会面，向他们传达了周作民的话。三人听了喜形于色，重庆金城正等着周作民发话，不然没法运转了。太平洋战争爆发后，战事突变，金城上海总处与大后方分支机构完全失去联系，又听说周作民在香港被日军拘留，大后方金城便成群龙无首局面。虽说吴鼎昌、钱永铭是常务董事、戴自牧是重庆管辖行经理，但没有董事会或周作民授权，无法履行管理大后方金城职责，三人十分着急。现在听范锐转达周作民意见，大喜过望，立即按周作民意见整顿大后方金城。

周作民这段话事关重大，事后被吴鼎昌等人写进给财政部的报告，载入金城档案。1942 年 3 月 31 日，吴鼎昌、钱永铭、范锐在呈财政部文中说：

窃查之太平洋战争爆发以来，本行在西南、西北各省之分支行处，与上海总经理处及其他沦陷区域内之各分支行已完全失却联系，加以本行董事长兼总经理周作民在香港被敌人拘囚，行动意思不获自由，而一部分董事及监察人又无法内来，至股东会便无法召集。关于今后本行在后方自由区域之业务，自行另定负责人。

本年二月，本行监察人范锐自港脱险回渝，临行前周董事长兼总经理曾传语谓“今后本行董事会及董事长职权应由后方之董事吴鼎昌、钱永铭代为行使，监察人职权应由在后方之监察人范锐行使，总经理职权应由现任重庆区管辖行经理戴自牧秉承董事及监察人之意旨暂时代行，直至本人恢复自由，能亲至后方主持，另定办法之日止，盼向政府当局陈明”等语，实属非常，自应照办。理合具文呈报，伏乞鉴核备案，实为公便。①

不难看出有遗言的意思，可见当时周作民心情之悲观。他几十年含辛茹苦、惨淡经营的金城银行，在性命难保情况下，拱手交付他人，难免泪如雨下，心如刀割。抗战爆发，周作民不愿迁渝，一个重要理由是不放心上海金城，且对抗战缺乏信心，而现在日军攻占上海租界，上海金城灰飞烟灭，大概就是周作民心如死灰的原因吧。再者，周作民看到抗战军兴，大后方金城蓬勃发展，已成半壁河山，是金城希望所在，而自己鞭长莫及，吉凶未卜，且上海总处已散，不如顺应战时需求，及时放权，或许能留住金城余脉。

还有一点，周作民说“直至本人恢复自由，能亲至后方主持”，说明他把希望寄托在有朝一日到重庆领导金城银行，而不是去上海重振上海总处。联系周作民抗战初期不愿来重庆的行动，联系周作民恢复自由后并没有践约来渝，再联系周作民抗战胜利后遭到误解感叹“余未能来重庆致满盘皆输一着”，几反几复，犹豫彷徨，不难发现周作民灰色银行家本色。

重庆金城管七省

财政部接到吴鼎昌等人报告，即于半个月后，1942 年 4 月 16 日回复金城银行：“应准备案，仰即知照。”于是吴鼎昌、钱永铭、戴自牧便以周作民讲话为法理依据，开始行使董事会和总经理的职权。

戴自牧此刻是重庆管辖行经理，管辖范围很宽，包括川、黔、滇、陕、

---

① 中国人民银行上海市分行金融研究室编：《金城银行史料》，上海人民出版社 1983 年版，第 691 页。

桂、湘，已有总经理的味道，现在有了周作民授权，顺理成章，改称总经理。戴自牧能做到总经理位置，与他抗战以来大力经营重庆金城，发展重庆金城密不可分。抗战前夕，重庆金城只是武汉分行下辖办事处，就全国金城而言不足为道。抗战爆发，戴自牧看准重庆大有发展，以武汉金城经理身份移驻重庆，将重庆办事处升级为支行，将汉行资金人才迁往重庆，全力发展重庆，成绩斐然。1941 年，金城股东会决定将重庆行升为管辖行，另建重庆分行。

金城银行 1943 年股东会会议记录说：

> 西南方面在事变前，本行原设有办事处数处，皆隶属汉行管辖者。前年为适应环境计，特在重庆设立管辖行，所有西南方面各分支行处，均移归其管辖，俾便就地指挥各行处业务之处理。现该管辖行所属计有：重庆分行，成都、贵阳、昆明、西安、桂林、长沙各支行及其他办事处多处。①

戴自牧做了总经理，首先大抓存款，全力提高资金库存，为扩大放款奠定基础，存款总额较抗战初期有很大发展。抗战前夕，重庆金城存款寥寥，不敷放款，常从武汉调款，1938 年重庆金城存款总额已接近 500 万元，除去放款，还剩 160 万元闲置。1940 年重庆金城存款总额 1686 万元，是 1938 年的 3 倍。1941 年重庆金城存款总额 3981 万元，是上年的 2 倍多。1942 年重庆金城存款总额 11415 万元，又是上年的 2 倍多。1943 年重庆金城存款总额突破 3 亿元，1944 年达到 6.6 亿元，是 1938 年的 100 多倍.

其次，戴自牧狠抓放款、投资。1944 年重庆金城放款总额 1.18 亿元，贴现 7200 万元，投资生产事业 2400 万元，买入股票债券 5600 万元，购置不动产，含本行营业用不动产 1 亿元。

戴自牧把重庆金城搞得红红火火，成为抗战时期金城一道风景线。在此基础上，戴自牧不甘偏于一隅，虽说重庆管辖行已经大大扩张，但究竟还是一个地方行的规格，不能与上海金城总处平起平坐。于是，戴自牧再次改组重庆管辖行，将原来重庆管辖行改组为西南区管辖行，增设东南管辖区、西北管辖区。西南区管辖行设重庆，管辖重庆分行、昌平区信托部、成都支行、贵阳支行、昆明支行、乐山办事处、自流井办事处、泸县办事处。东南管辖区设桂林，管辖桂林支行、长沙支行、衡阳办事处、梧州办事处、柳州办事处、沅陵办事处。西北管辖区设西安，管辖西安支行、宝鸡办事处、汉中办事处、平凉

---

① 中国人民银行上海市分行金融研究室编：《金城银行史料》，上海人民出版社 1983 年版，第 566 页。

办事处、天水办事处。

这样一来，虽说只有三个管辖区行，但包括四川、贵州、云南、湖南、陕西、广西、甘肃七省，雄踞大后方，所以戴自牧在这三个管辖区行的基础上，顺理成章，模仿上海总管理处，成立总经理处，内设总经理室、秘书室、设计室、稽核室、专员室，发号施令，自成一统，不受上海金城总管理处管辖，与上海金城总管理处平起平坐，成为金城第二总管理处。

抗战时期，重庆金城在短短五六年时间，由办事处发展为支行、分行、管辖行、总经理处，存贷款总额、对外投资、不动产购置诸方面有极大扩张，自然得益于抗战迁渝，是重庆和大后方这块抗战热土培育了重庆金城这朵抗战金融奇葩，也是重庆金城为维持抗战金融，稳定大后方经济作贡献而应得的收获。

六　美债风波

在抗战最艰难之际，太平洋战争爆发，美国对日宣战，引发国际形势巨变，深刻影响中国抗日战争。银行家从中看到金融宽松的希望。果不其然，珍珠港事件 3 个月后，1942 年 3 月 31 日，中美签订《美国财政援助协定》，美国给予中国 5 亿美元贷款。这笔贷款是中国抗战以来获得美国 7 次贷款总额的 2 倍。美国财政部就此发表声明说：“此项协定可以协助中国人民及政府，应付将近五年来因日本不断进攻而造成的财政、经济负担。这项协定是美国在我们的共同战争中决心援助中国的一种具体表现。”

宋子文是这事的积极促成者。大功告成之际，他立即向重庆当局发去报喜急电。蒋介石喜出望外，要求孔祥熙做出使用这笔巨额贷款的安排计划。孔祥熙立即会同财政部、中央银行和四联总处负责人，共同研究拟订美国巨额贷款运用初步方案：以 3 亿美金向美国购买黄金存在美国，以 1 亿美金作发行美金储蓄券的准备，以 1 亿美金作美金公债的准备。

美金债券风波由此揭开序幕。

逢低吃进三百万

1942 年春，国民政府开始发行美金债券，发行价按照当时商汇牌价，20

法币购买1美金。发行初期，因民众对美金公债认识不足，缺乏信心，加之物价飞涨，生活困难，心有余而力不足，购买的人并不多，发行量不理想。财政部采取配额推销办法，向各省摊派发行。但购买者对美金债券缺乏信心，转手即卖，于是形成黑市，价格见跌，由官价20元降到17~18元。

这情况引起一个人高度注意。他就是上海银行董事长陈光甫。此刻陈光甫刚从香港到重庆不久，忧心忡忡，心有余悸。前不久他在香港领导香港、上海银行开展业务，不时与周作民、唐寿民往来。日军对香港突如其来的进攻把他和上海银行困在香港。他鉴于自己身兼国民政府要职，与美国友好，名声在外，为避免日军借此侵占上海银行资产，辞去银行所有职务，退居后台指挥，委任副总经理杨介眉代董事长。做好这项紧急处置后，陈光甫的运气比周作民、唐寿民好，正在无可奈何之际，接到乘坐国民政府飞机飞返重庆的通知，在敌人炮声中逃离险境。

陈光甫人在重庆心系香港，上海银行留在了那里，不断传来的银行行员遭遇险境的消息令他惶惶不安。从日军炮轰香港开始，香港上海银行便发生严重挤兑，致使银行大门被挤垮，全靠杨介眉代董事长、倪文硕董事长秘书巧妙周旋，艰难维持。后来形势越发恶劣，杨介眉、倪文硕组织行员销毁文件，把重要行产移至地下银库，组织职工家属避居行内。日军的进攻越来越猛烈，炮弹击中行楼屋顶，炸坏部分，造成断电断水，行员生活艰难。日军登陆香港，强行征用上海银行行址做兵营，迫使银行行员四处流浪。杨介眉害怕陈光甫留港物品被日军掳去，查明身份，危及行产，一把火全烧了。

香港稍微稳定一些后，倪文硕等行员乔装打扮，历经千辛万苦，辗转回到重庆。他把悄悄留下来的陈光甫的派克笔交还陈光甫。陈光甫转送倪文硕长子倪兆京作留念。陈光甫询问代董事长杨介眉的情况。倪文硕告诉说，杨介眉与他们同时离开香港，坐船去上海养病。陈光甫即去电报询问，却接到噩耗，杨介眉逃离香港回到上海不久，即因在港整天与日本兵周旋，担惊受怕，积劳成疾，赫然病逝。陈光甫心里咯噔一下，杨介眉是代自己留港善后的啊，心情万分难过。

陈光甫在重庆忙于整顿银行，安置香港逃难来渝员工，也随时留意着美国贷款和美金债券发行。他发现美金债券发行不久，黑市价格一路下滑，就多了个心眼，认为这东西可买，便叫人注意美金债券行情，准备资金，一旦价格站稳便可分批吃进。

上文介绍了，陈光甫抗战初期出任贸易委员会主任，为了组织外贸，到重庆来组建四川畜产公司，与猪鬃大王古耕虞有过友好合作，后来代表国民政府去美国争取外援，成功办成桐油、锡矿贷款，声名鹊起，成为中国著名银行家。因为有这段经历，陈光甫对美元有特殊感情，而且相信美元，所以对这次发行美金债券大感兴趣，除了按规定购买外，还准备大干一场。

陈光甫一边留意美金债券，一边整顿重庆上海银行。这时因为上海银行在抗战初中期损失很大，特别是这次香港分行损失更大，同时因为要应付属地储户汇兑，必须在敌占区保留机构人员，所以这部分分支机构遭到日伪政权的挤兑、抢劫、战时征用征收，甚至被炮火击毁等，致使上海银行组织架构人员残缺不全。

上海银行总管理处是日军占领上海租界后迁来重庆的，因为逃难，机构涣散，人员缺乏，困难重重。陈光甫从香港来到重庆，开始实施整顿。他首先改造董事会，在原有4个董事的基础上新增5个执行董事，组成9人董事会，陈光甫任董事长，伍克家任总经理。伍克家是老上海银行员工，做过长沙办事处主任、总处人事经理。陈光甫接着改组组织机构，按美国银行近代人事组织原理，分级分工，分权统制的管理模式，在总管理处下设区域行、分行及处课室四级；改组秘书处，分设二级秘书，一级是董事长公干秘书，与总经理平级，二级是总经理下属秘书课秘书。

在此基础上，陈光甫大力发展企业投资，主要经营重庆上川工业公司和重庆大业盐业公司、大业贸易公司。重庆上川工业公司是陈光甫与章乃器联合创办，章乃器任总经理，上海银行的赵汉生任董事长，地点在重庆嘉陵江南岸，占地27亩。公司下设畜牧场、农化厂、电机厂、机器厂、纺织厂。

上川公司总经理章乃器是个人物。章乃器，浙江青田人，时年45岁，1918年毕业于浙江商业学校，曾任浙江实业银行副总经理、《新评论》月刊创办人、全国各界救国联合会负责人，抗战爆发，任安徽省政府委员、财政厅厅长等职。1940年，他从财政厅厅长位置退下来，来到重庆。陈光甫找到他，商谈联合创办企业的事。章乃器很有兴趣，一谈即成。这就诞生了上川公司。

1940年6月上川实业公司成立后，章乃器见当时战备物资极端匮乏，民间机动车几乎弄不到汽油，就与陈光甫、赵汉生商量建立酒精厂，得到他们支持后，就由上海银行投资建立酒精厂。他们的酒精厂生产出无水酒精，经试验可替代汽油，一经问世，大受欢迎，产品供不应求，很赚钱。1941年底太平洋战争爆发，国外物资进口通路不畅，国内原材料价格暴涨。上川公司的电机厂、机器厂生产的五金、电器产品成为市场俏货，不愁销路，利润可观。上海银行从中分得丰厚回报，成为银行战时辅助收入，以弥补在港损失。

上海银行在重庆的另一个企业是大业贸易公司。1938年，上海银行在原附属企业大业盐号基础上，改组为大业贸易公司，由该行副总李桐村兼总经理，倪文硕任常务董事，在重庆、汉口、长沙、广州、香港设分公司，经营盐业、纱布、桐油等生意。上海沦陷，上海银行总行及大业公司迁香港。李桐村、倪文硕通过大业贸易公司积极开展进出口贸易。太平洋战争爆发后，上海银行把总行迁入重庆歌乐山桂花湾，大业贸易公司随之来渝，继续从事物资贸易活动，在上海银行主营业务大幅萎缩情况下，开展多元化增收获利业务。

李桐村，江苏江宁人，毕业于上海金业学校，先在江苏银行做事，认识时任江苏银行总经理的陈光甫，1915年陈光甫创立上海银行，即入该行，1921年曾被派往美国进修考察，1930年任上海银行第二区经理，负责南京、安徽等地业务，1934年任上海银行副总经理，1936年任上海银行董事，1942年任上海银行执行董事。倪文硕曾任京汉、京沪铁路税局总务处长、官办四省农民银行（中国农民银行前身）总会计。

重庆上海银行的投资主要投给大业公司，再由大业公司或自己经营或转投其他事业。在转投其他事业中，湖南浏阳洪江官团溪造纸厂即是一例。这个纸厂位于浏阳，因为资金紧张，发展困难，厂长谭天平一度准备放弃。李桐村在考察时得知这个情况，鉴于纸张是大后方急需物资，是政府管制物资，重庆市场非常需要，政府鼓励和协助向外省产区采购，便做进一步考察，决定予以资金支持。他和厂长谭天平商定改组造纸厂为股份有限公司，由重庆大业公司借给10万元，后增加到40万元，帮助纸厂恢复生产。

谭天平有了资金，积极组织生产，扩大产量，把产品运到重庆销售。湖南浏阳远离重庆，交通很不方便。谭天平把产品由沅水、洪江运到沅陵，换北河船溯酉水运到川东的龙潭，由背运巴盐的人回程带到彭水县，顺乌江船运到长江边的涪陵，换轮船到重庆。这一路山高水急，道路崎岖，行走非常艰难。李桐村吩咐大业公司驻沿途办事处给予照顾。经过几个月的运输，浏阳洪江官团溪造纸厂生产的纸张运到重庆。这些纸张洁白坚实，幅宽大，质量好，深受印刷行业欢迎，被高价抢购一空，获得三倍效益。

浏阳洪江官团溪造纸厂因此出名，所产纸张成为大后方畅销产品。湖北省政府财政厅抗战时期迁到鄂西恩施，在重庆设有办事处。他们得知消息，找到大业贸易公司订购大批纸张，用以印制高中课本、换发田地契纸。湖南安江纺织厂闻讯前来订购大批纸张做防潮包装纸。李桐村此举不但救了浏阳洪江官团溪造纸厂，也为上海银行的资金找到赚钱的投资门路，还为稳定大后方经济作出贡献，一举数得。

陈光甫在投资企业同时，更看重金融投资，这是银行的主业和长处。他看美金债券的黑市价已落得差不多了，购买美债的资金也准备就绪，就命令大业公司总经理李桐村逐步吃进美金债券。李桐村便逢低吸纳，见涨即停，按黑市美债波段慢慢悄悄低吸。李桐村的资金来自上海银行，源源不断，在半年多时间总计买进300万美元。财经作家姜天鹰撰文指出：

> 实际上，早在抗战时期，上海银行已经靠囤集美元发了一笔横财。1942年，国民党重庆政府发行了2亿美元债券，由于债券以美国政府贷款为保证，因而引起各家银行的抢购。陈光甫下令把上海银行全部存款和可以运用的全部货币资本最大限度地购买债券，共购得300万美元。初时1美元债券值法币20元，但战争结束后，1美元债券值法币近千元，银行只要售出极小部分债券，就可以收回购入时的全部成本。购买债券获得巨利，成了上海银行外汇积累的一大来源。①

当年在上海银行做事的杨桂和回忆说：

> 上海银行的外汇主要是在后方得到的，通过大业公司赚了不少钱。特别是民国三十一年美金胜利公债发行以后，每百元法币可买美金五元，初发时还不为人所乐买，后来陈光甫以职务关系得悉这项公债的还本付息真有美金的保障。他即嘱上海银行和大业公司大批购进。不久，国民党停止发售，美金公债立即价增数倍。这样廉价美金的获得是平时所没有的。以后，上海银行和大业公司对于黄金还款和黑市外汇也购进不少。有了外汇，陈光甫在美的活动更加有了物质基础。他在重庆创立新世纪工程公司，专门与在美国的世界公司挂钩，业务是代理国内

① 许矛、顾关林、姜天鹰主编：《中国十大银行家》，上海人民出版社1997年版，第179页。

工业调查美国的工业技术并代办订货投资。①

黑道银行杜月笙

陈光甫是著名银行家，与美国关系特别好，是外汇专家。他带头大量收购美金债券，极大地影响了重庆美债黑市，促使黑市价格出现更大波动，就引起重庆南山上一个人的关注。这人便是黑道银行家杜月笙。

杜月笙，江苏川沙人，时年54岁，14岁加入青帮，历任上海法租界商会总联合会主席兼纳税华人会监察、中华共进会负责人、法租界公董局华董、中汇银行董事长、中国银行董事、交通银行董事、中国通商银行董事长、恒社名誉理事长、上海地方协会会长。抗战爆发，杜月笙担任上海各界抗敌后援会主席团成员兼筹募委员会主任、人民行动委员会主任。1941年12月，太平洋战争爆发以后，杜月笙迁居重庆，建立恒社总社，组建中华贸易信托公司、通济公司，代表国民政府与沦陷区交换物资。

杜月笙在重庆常住南山杜公馆，这是一栋砖木混合结构二层小楼，中西合璧建筑风格，有柱廊、组合式坡屋顶，毛石垒砌底层，二层青砖勾缝等，占地200多平方米，位于绿树红花之中，在今天南山植物园大门左侧，属市级文物。杜月笙在银行的职务多达四个，其中两个董事长、两个董事，应当算是中国著名银行家，不过因为他出身黑道，即或穿上长衫马褂也有些不伦不类，人们暗地叫他黑道银行家。

抗战爆发，杜月笙特设中汇银行上海分行，将原有中汇银行总行机构自上海外滩迁至前法租界霞飞路办公，准备相机内迁。中汇银行原有的东南各行处都因战争被迫停业，先后撤退来沪，成立撤退联合办事处。1938年4月，杜月笙将中汇银行总处迁到香港，与四明银行在港设立联合通讯处，把部分资金转移到香港，继续开展外贸业务。1941年9月，杜月笙派骆清华到重庆筹设中汇银行分行。太平洋战争爆发，杜月笙带领港行转移到重庆。1943年6月，杜月笙将渝行改组为总行，并先后在兰州、西安、洛阳、宝鸡、成都、自流井、衡阳、桂林等地设立分支机构，将业务重心转移到大后方。

杜月笙在重庆还创办中华贸易信托公司，入股150万元任董事长，杨管北任总经理，常务董事有钱新之、刘航琛、陆京士等人，公司地址在重庆林森路

---

① 文昊编：《金融大亨》，中国文史出版社2013年版，第175页。

49 号，主要业务是去衡阳抢购从沦陷区运出来的物资。杜月笙还在渝设有中国通商银行分行，自兼总经理，与国民政府花纱布管制局联合，开设中国纺织公司，任董事长。

国民政府发行美金债券，杜月笙的中汇银行自然按规定数量购进。开初，他兴趣不大，但随着一些银行和商人大肆投机美券，利用黑市法币与美金债券差，或以法币换取美金债券，或抛出美金储蓄券换回法币，从中渔利，他来了兴趣。他见重庆美金债券黑市价格看跌，长时间滞留在 30 元法币买 1 元美金的比值上不动，便利用他在重庆、上海间设立的秘密电台，密切注视上海市场情况，发现上海美金债券黑市价格一路上涨，便在重庆购进大批美金债券，派人带去上海推销，一进一出，大有赚头。1943 年春，交通部长张公权的妹妹由上海经西安至重庆。杜月笙便与四明银行董事长吴启鼎一起，借巨额法币给她，让她在重庆购进大批美金债券带回上海推销。

盐场急需两百万

与杜月笙相见略同的是重庆聚兴诚银行董事长杨粲三。抗战爆发，金融形势陡变，北方财团和江浙财团相继来渝设银行，金融业竞争十分激烈。抗战初中期，杨粲三为适应战时环境，调整聚行组织机构，建立总行、区行、分支行处三级管理、总处集权的体制，大力发展分支机构，先后在渝、汉、申、京、津、港、昆、蓉、万、宜等地设立分支行处，到 1942 年，分支机构已达 33 个。在此基础上，他大力开展存放、汇兑、信托业务，对 50 多个工商企业投资 1200 多万元。到 1943 年，聚行资本总额已由 1937 年的 200 万元法币增至 1000 万元法币，资产总额达 4.59 亿元法币，为资本总额的 45 倍多，拥有员工 1300 多人，成为中国著名的民营商业银行。

杨粲三对美金债券大感兴趣，积极认购摊派数额，支持政府筹资。杨粲三认为，美金债券既可保值，增值部分又不表现在账面上，可以规避巨额利得税，还有增值希望，一举数得，就叫人密切注意黑市价格变动，逢低吸进，长期持有。

美金债券黑市价格一度大跌，由 20 元法币 1 美金跌至 17 元 1 美金。杨粲三一时也拿不准行情，暂时停止收购。这时有人找上门来谈生意，客人来得远，是四川自贡盐场公会的人。自贡盐场是大后方最大的盐场。抗战爆发，沿海沦陷，海盐生产运输受阻，湖南、湖北缺盐，国民政府决定实施川盐济楚，令自贡盐场增产加运，支援湘、鄂。自贡盐场由此产量大增，生意兴隆。聚兴诚银行与自贡盐场有长期放款汇兑业务往来。

杨粲三以为自贡盐场公会的人前来商量放款事宜，请他们直接去找放款部。他们却说不是放款的事，是你董事长才能解决的事。杨粲三心里咯噔一下，除了放款，还有啥大事？莫不是有盐井倒闭，还不了贷款？忙问他们有啥急事。他们说，政府推销美金债券，我们各个盐井、盐场也在摊销之列，大家都按规定数额买了债券，为了抗战也心甘情愿，问题是债券捏在手里变不了现，而大家都等着现金搞生产，所以要求我们公会来重庆见杨董事长，请杨董事长收购我们手里的美金债券。

杨粲三边听边在脑子里打算盘，原来是这事啊，不是不可以，只是这个折价怎么个折法？等他们说完便询问具体情况，知道他们手里有100万元美金债券，到期时间还有一年，就问："你们是不是急需用钱？需要多少钱？"公会的人回答，政府下达的川盐济楚计划量很大，必须新挖盐井和改造旧井，短时期急需200万元法币，不然没法挖新井，没法完成政府计划，那影响就大了，会影响湖北、湖南几千万人吃盐，影响抗战前线将士吃盐，该当何罪？我们怎么也要完成计划。

杨粲三听了很感动。食盐是政府统制物资，最早实行"民制，官收，官运，民销"政策，对产盐企业实行增产赶运，对民众实行计口授盐，凭证购买，从1941年元旦起实施食盐专卖，统制产销，目的是保证前线用盐和调剂供应湘、鄂，用以稳定军心民心。他们买美金债券是爱国行为，他们现在急需资金，努力完成政府"增产赶运"计划也是爱国行为，应当大力支持。

杨粲三默默算了算账，说："可以，我可以支持你们200万元。"

聚行收下自贡盐业公会的100万元美金债券，当即先支200万元现金，其余按照银行折价变现规定处理。自贡盐业公会的人感谢杨粲三的支持，表示我们的钱今后都存你们银行。

1942年7月，重庆盛传美金债券即将停售。杨粲三叫人相继购进25万美元债券。聚兴诚银行昆明分行也在此时购进不少美金债券。8月，财政部宣布停售美金债券，黑市美债上涨，1元美债涨到55元法币。到抗战胜利前夕，聚兴诚银行拥有140万元美金债券，是一笔相当可观的外汇，为聚行资本保值增值奠定坚实基础。

美国教士卖外汇

重庆金城银行也是美金债券的追捧者。

前面介绍了，戴自牧整顿大后方金城银行系统，建立重庆总管处，设置南区管辖行、东南管辖区、西北管辖区，管理四川、贵州、云南、湖南、陕西、广西、甘肃七省业务，俨然成为第二个金城银行总处。在此基础上，戴自牧雄心勃勃，按照周作民战时办银行指导思想——“生命线在外汇”，大量购置外汇，以求银行资产保值增值。

戴自牧密切注意美金债券的发行。发行初期，除了摊派购买外，购买者寥寥无几，但戴自牧调查发现，这些不动声色、主动购买的人多是政府要员及其主持的事业单位，不禁有些意外。他经过反复思考，才觉得这里大有文章，说明美金债券的确有美金作准备，不是糊弄人的。于是，戴自牧做出决定，向所属分支机构发出“全力以赴购买美金债券”指令。购买美金债券需要一大笔资金，筹集资金成当务之急。戴自牧制定了多条筹资措施。

当事人、重庆金城经理徐国懋回忆说：

> 1942 年 3 月，国民党政府发行美金节约建国储蓄券，当时是 20 法币折合 1 美元的比率购买。这种储蓄券是以美国借给蒋介石的 5 亿借款中，拨出 1 亿作基金的。当时购买的人主要是四大家族、豪门大官僚和他们主持的单位，而私营银行知道这些人和单位在大量购买，估计大概是有利可图的，也就纷纷购买。金城购买这种美金储蓄券，以及后来发行的美金公债（发行额也在 1 亿元），确是全力以赴的，购买的资金主要来自几方面：1. 通过各分支行大力吸收存款，以 40% 调到渝行，名为第二存款准备金，实际是由渝总处支配使用。2. 以自办工厂的原料，向中央银行转抵押，金城是通过与该行业务局局长郭锦坤的关系，曾经做到几笔大押款。3.（金城）投资企业财务状况较好的，有多余资金的，亦嘱咐它们尽量多购。同时，各地分支行能够搞到头寸的就地购买，总之尽可以运用资金来购这两种债券。①

除此之外，戴自牧还从教会那里大量购买美元，两项相加，金城银行前后购进美元 250 多万元，做到了周作民所说“生命线在外汇”的要求。这些事非常不容易，尤其从教会手里连续不断买进美元，是戴自牧和重庆金城经理徐

---

① 中国人民银行上海市分行金融研究室编：《金城银行史料》，上海人民出版社 1983 年版，第 719 页。

国懋费很大劲争取到的。

太平洋战争爆发后，美国与日本宣战，美国国内民众掀起支援中国抗战热潮，各地纷纷成立各种各样的援华会，并在纽约设立全美援华总会。总会由教会牵头，社会精英阶层出面，向民众为中国抗战募捐，把募集来的源源不断的美元汇给设在重庆的援华分会。重庆分会收到美元，换成法币，用于各种援华事项。重庆分会手里的美元成为重庆外汇市场上的香饽饽，财政部想要，四大银行想要，人人都想要，而金城怎么会捷足先登呢？这得从重庆分会会长说起。

美国援华总会重庆分会的会长是艾德敷。艾德敷是来华多年的美国传教士，曾任北京青年会干事、中国华洋义赈救灾总会首任总干事，1922 年与步济时等人发起创办燕京大学社会学系，抗战爆发来到重庆，被选为重庆美国援华分会会长。重庆分会有二十几位委员，中美委员各占一半，负责完成纽约总会交付的援华任务。重庆金城经理徐国懋是教会学校南京金陵大学毕业生，又是留美学生，平时与在渝外国教会多有往来，被选为分会委员。这是金城捷足先登的第一步阶梯。

重庆分会源源不断接到纽约汇来的援华美金，每月通常有几十万元，数目可观。美元在重庆金融市场上是抢手货。重庆分会的美元首先被财政部要去。行政院长兼财政部长孔祥熙志在必得。他与重庆分会会长艾德敷过去是基督教青年会的同事，希望他把美元兑换给中央银行。艾德敷的工作有求于孔祥熙，也不太清楚重庆金融市场，便答应下来。重庆分会的美元兑换给中央银行自然按官价汇率行事。过了段时间，艾德敷发现重庆还有个金融市场，就是黑市交易市场。在黑市上，美元兑换法币的汇率远远高于官价。艾德敷发现自己吃亏了。纽约总会得知这个情况，要求艾德敷不得浪费美国民众的援华热情，必须按市场价格兑换，不能让国民政府占这个便宜，否则不捐款了。艾德敷便要求孔祥熙提高汇率。孔祥熙不愿丢掉这个香饽饽，更不能损害美国民众的援华热情，叫中央银行在官价外给一些补贴。中央银行照办，但所给补贴，加上官价汇率，还是大大低于黑市。艾德敷和纽约总会仍然不满意。几经谈判，孔祥熙最后答应由重庆援华分会自行卖出美元。这是金城捷足先登的第二步阶梯。

这个消息令重庆各位银行家心动过速。他们纷纷向重庆援华分会伸出橄榄枝，提出很具诱惑力的条件，极力想揽下这宗大买卖。金城银行即是其中一员。戴自牧叫重庆金城银行经理徐国懋去抢这个香饽饽。徐国懋不辱使命，战败众多强手，一举拿下重庆美援分会。

徐国懋回忆说：

再经交涉，孔祥熙才同意，由援华会及教会合组一个出售外汇的机构，自由出售外汇，汇价自行决定，不受官价拘束。我听到这项消息后，就向艾德敷建议说："这个机构即将出售外汇，应在市场繁闹的地方设处办公，便于来往，金城在市区中心设有民权路办事处，在二楼可腾出两大间来为这个机构办公，这样就很方便。"当时经办的人是阿诺德（纽约花旗银行驻重庆的代表，他父亲朱利恩·阿诺德是多年美国驻华商务参赞），他和我一向熟悉。我领他去看办公的地方。他很满意，于是决定借金城民权路办事处二楼办公，外汇售出后的法币，即存在楼下金城办事处。①

不难看出，戴自牧与徐国懋早已盯上这个猎物，先活动徐国懋进入重庆援华分会做委员，再鼓励和支持艾德敷与孔祥熙分庭抗礼，最后用地处闹市的两间办公室作诱饵，好比打篮球三大步上篮，自然捷足先登。

有了这样的铺垫，后来的事就好办了。阿诺德担任这个工作不到三个月，因事回美国去了，接替他的是毕学甫，一位因为福建沦陷而来重庆的美国传教士，负责主持联合出售外汇机构工作。徐国懋以委员身份，很快与他交上朋友，并很快获得优先购买援华会美金的好处。

徐国懋回忆说：

他不熟悉银行业务，对重庆的市面又很生疏，常来和我聊天，后来熟悉了，关于该机构的一切事务常来和我商量，甚至告诉我每月有多少汇款进来，准备何时及按何价出售等等。该机构每月出售的外汇数额不等，多时售出八九十万美元，少时也在三四十万美元。出售的价格比官价高，比黑市略低。当时发了国难财的人，赚来法币随时要套进外汇，官价外汇申请不到，大数的外汇在黑市上又买不进来，时常来联合出售处打听，所以抛售的数额一出来，随即卖光，求过于供。也常有人通过我的门路向该机构套购外汇。当然充分利用了这个便利，每逢头寸充裕时，就可尽现套进外汇。有时月初向毕学甫定妥认购数目，月底付款交割，对我们非常划算，因为在一个月中，由于币值继续贬值，从中我们又可得到很大的好处。我们也代投资事业，特别是大成酒精厂，套进了几笔外汇。凡是我们需要的，毕学甫总首先供应。同时，毕学甫所有因售出外汇而取得的法币，又几乎

① 中国人民银行上海市分行金融研究室编：《金城银行史料》，上海人民出版社1983年版，第722页。

全数存在金城，陆续支用。这又是金城很可利用的一笔头寸。[1]

就这样，戴自牧利用各种机会广泛吸收外汇，较好地减少了法币不断贬值的损失，还有增值作用，致使重庆金城在抗战最后几年资产大增，一跃而超过上海金城，在全国金城一枝独秀。这从一个侧面反映，商业银行在抗战期间，在支持抗战、服务抗战前提下也大有作为。重庆金城是大后方金融事业在抗战中稳定发展，日益壮大，中国对日伪经济作战逐步取胜的缩影。

① 中国人民银行上海市分行金融研究室编：《金城银行史料》，上海人民出版社1983年版，第722页。

第六章

抢购物资

1943 年，第二次世界大战出现转折点，苏军取得斯大林格勒保卫战最后胜利，北非英美联军大获全胜，迫使德意联军投降，盟军登陆意大利，意大利投降，同盟国发表《开罗宣言》，决心偕同战斗到日本无条件投降。进入 1944 年，日军发起最后攻击，进攻湖南、广西、广东，打通大陆交通线；发动河南战役，攻陷河南全境；发起湘桂作战，攻陷长沙、梧州、桂林、柳州、南宁，兵临贵州独山，震惊重庆。

黎明前的黑暗，对日伪经济作战面临艰巨挑战。

一　抢购物资

经济作战新政策

1941 年 12 月太平洋战争爆发，上海租界、香港相继沦陷，中国所有出海口均被封锁，外贸断绝，外汇变得无关紧要，抗战形势出现深刻变化。在经济作战方面，日本为了应付东西方战场，物资需求量猛增，被迫对中国实施更疯狂的经济掠夺。国民政府在新形势下大幅调整对敌经济作战政策，在对敌实施经济封锁的同时，主动出击，以抢运滇缅路物资和抢购沦陷区、半沦陷区物资为经济作战主要方式，以解决大后方军需民用，破坏日伪经济，巩固抗战大后方，支持前线对敌作战。

这是国民政府对日经济作战政策重大调整之处。太平洋战争爆发前，国民政府严禁与敌占区进行经济贸易，将其一概视为敌货予以查禁。这主要表现在国民政府颁布的《查禁敌货条例》与《禁运资敌物品条例》两个文件上。历史学博士齐春风指出：

> 太平洋战争爆发后，日本套购法币外汇基金的途径完全被堵死，国民政府于1942年决策抢购沦陷区物资。继1940年滇越路中断后，随着1942年夏，日军攻占缅甸，对大后方至关重要的滇缅路也告中断。大后方的物资补给只能靠艰苦的"驼峰"飞行来完成，但经空运进来的民生必需品数量很少，增加物资补给只能另辟蹊径。当时大后方只剩西北的中苏交通线仍然畅通，但苏联对援助中国已不甚积极。环顾四周，国民政府最后将目光落到了沦陷区。财政、经济两部会同拟定《战时管理进出口物品条例》，于1942年5月11日颁布，规定进口货物，不复以敌友为取舍的标准，凡属军需物品、日用必需品及以前禁运的蚕丝织品、呢料、印刷用纸、普通食物用具等，均予弛禁；为争取物资，不论来自何国或国内何地，均一律准予进口。该条例公布后，以前颁布的《查禁敌货条例》与《禁运资敌物品条例》明令予以废止。①

这里"均予弛禁""均一律准予进口"中的两个"均"，充分显示这次政策调整力度之大，自抗战以来前所未有，可见当局抢购沦陷区物资的迫切和决心。为了完成抢购物资的目标，国民政府在1942年6月26日颁布《战时争取物资办法大纲》。

大纲规定，主要抢购21类物资，即汽油、柴油及各种机器油、机器工具及零件、钢铁及五金材料、动力及电工器材与零件、通信器材及配件、交通器材及配件、航空器材及零件、医药用品及治疗器材、化学原料、食盐、酒精木精、冶炼用之特种耐火砖材、棉类及其制品、麻类及其制品、羊毛及粗毛制品、猪鬃、米谷麦豆面粉、纸张（禁止进口者除外）、皮革、各种废金属及其废制品、银币及制钱铜元光板铜元等。

大纲给抢购物资者以各方面的大力支持、帮助，并给予奖励，特制订《奖励商人抢购办法》，凡是公司行号抢运上述物资入大后方者，除汇兑、运输、沿途安全由国家及地方金融机关、运输统制局以及沿途军警予以种种便利外，并可由中央信托局承保兵险，主管机关给予奖金。《战时管理进出口物品条例》和《战时争取物资办法大纲》构成太平洋战争爆发以后，国民党政府以争取物资为主要特征的对敌经济战的基本原则。

---

① 齐春风：《抗日战争时期对日经济战：物资抢购》，载于《民国春秋》2010年12月31日。

这次抢购沦陷区物资作战有这么几个特点。一是时间长，长达三年多，从1942年一直延续到1945年抗战胜利。二是范围广，国民政府多部门总动员，包括行政院、财政部、经济部、四联总处；甚至还包括军统，蒋介石亲自指示军统参与抢购，军统成立通济公司，专门从事抢购沦陷区物资作战；还包括接近战区各部队、各省政府及银行，范围之广，空前绝后。三是规模大，抢购范围涉及21类物资，涵盖工业、农业、交通、化学、医药、金属材料、民用品等多数经济领域。四是支持奖励力度大，不但政府机关、部队应予支持，在运输、汇兑、借贷、保护、报关诸方面予以优惠，政府还在收购成本上予以照顾，甚至补贴亏损，给予奖金，不让参加抢购者吃亏。

戴笠两月就辞职

抢购沦陷区物资的主管部门是财政部，具体管理的是财政部属下的贸易委员会，但因为抢购沦陷区物资是对敌经济作战的重要部分，贸易委员会擅长做生意，不擅长去沦陷区抢购物资，更缺乏作战意识和作战手段，所以在1941年5月以前，此项工作不尽如人意。1941年5月，国民政府将此事交给军统，但戴了个帽子，军统得接受孔祥熙管辖，原因是抢购物资既是经济贸易也是对敌作战。

孔祥熙不愿军统插手此事，拖延不办，迟迟不能全面推开，直到蒋介石再三催促，才极不情愿地答应下来，同意组建财政部货运管理局，由军统局长戴笠任局长，王抚洲任常务副局长。这是1943年4月的事。戴笠接手货运管理局，立即开始大规模抢购沦陷区物资，从4月份成立货运管理局，到8月底，抢购五金、机械、仪器、交通器材、生丝、橡胶及花、纱、布等约值5000余万元，9、10月份抢购近2亿元。戴笠之所以如此神速，是利用各地军统及其掌握的众多机构全面“开花”。戴笠的抢购区域分为苏浙皖区、豫皖区、浙东区、广东区、广西区、福建区、湖北区等，每个区设立庄号，收购各有侧重，比如苏浙皖区抢购纱布、颜料、化学用品、日用百货；豫皖区抢购交通器材、纱布、颜料、文具、纸张、日用百货；浙东区抢购花纱布、汽油、车胎、颜料、日用百货；广东区抢购橡胶、汽车器材、纸张、颜料、小五金、文具；广西区抢购橡胶、颜料、车胎、化学原料；福建区抢购颜料、小五金、汽车器材、车胎、棉类制品、日用百货；湖北区抢购花纱布、日用百货。

这些机构在当地政府的帮助下，主要资金来自当地银行。浙江省政府根据财政部命令，组建抢购物资机构，召开省物价管制会议，委托浙江地方银行办理，而浙江地方银行将此事交由该行信托部兼办。银行有资金拨付、垫资、贷款、结算诸方面的方便。军统的职责主要是接洽各方面关系，包括日伪、地方势力及帮会、土匪诸方面。

戴笠派人去河南抢购回大批纱布，按财政部指定地方交货，卖给棉花纱布管制局。按规定，棉花纱布管制局应根据抢购人提供的成本加利润付账，可棉花纱布管制局核定的价格远远低于抢购价。军统不能自销纱布，价格再低也得卖给棉花纱布管制局，再向他们申请拨款弥补亏损。军统从财政部领到的资金是1000万元，经过几次亏损，再加上不能及时收款，不到两个月就没钱继续抢购物资了。戴笠派人去东南收购桐油，准备出口，而物资出口归贸易委员会管，申请报到他们那里，两个月没有下文，垫资产生的利息没地方报销。戴笠派人去江浙大量抢购生丝，而生丝是复兴公司统购物资，必须有他们的许可才行，谁知道与他们洽商了一个月还不得要领。

戴笠出任货运管理局局长两个月就递交辞呈。他在辞呈中说：

> 此外，五金、机器、化学原料，须向工矿调整处报运，否则不能内运。几乎每一物资均有一主管机关，每次抢运均系另办一次手续，重复淆杂，牵制叠架，而使一般商民莫知所从。生洞见时弊，于拟具《对沦陷区输出入实物比例结算办法》之外，并请求修改《战时管理进出口物品条例》，意在调整权责，集中管制，力求手续简单，便利商民，以期实现三十年五月三日，钧座手令统一指挥之政策。无如有关机构，视职权为固有，历时半载，一再审查，尚无结果；公布实施，不知何时？以此而言，经济作战，对敌争取物资，虽有智者莫能为力，以生愚鲁，曷能有济？而反视敌人之对我经济作战，不仅有系统，有计划，而且动作灵敏，运用机动……对此强敌，岂迂缓迟滞，淆杂牵制如我今日之办法所能致胜?①

蒋介石不准戴笠辞职，要他与孔祥熙商量解决这些问题。有了手谕，戴笠才与孔祥熙有话可说。经过反复商量，他们达成解决方案：一是货运管理局颁发的登记证通行无阻不受任何机构管辖。二是货运管理局抢购回来的物资，一律交各主管机关按实际购运成本，酌加管理杂费收购，不得加任何费用。这一来，军统和财政部都有了积极性，抢购物资作战才得以正常展开。

---

① 谌旭彬：《沦陷区抢购物资：抗战中戴笠的另一面》，载于《同舟共进》2015年3月6日。

抢购沪棉六千包

戴笠经过认真分析，决定去上海抢购纱布。他找在重庆的杜月笙做这件事。杜月笙在上海有很大的号召力，能够与日伪周旋，还是银行家。杜月笙觉得这事可以一试，答应着手先行联系。他在上海的产业多，离开上海时安排了两个头目驻守上海，一个是万墨林，杜公馆管家；一个是徐采丞，负责对外联络。杜月笙便致电远在上海的徐采丞，要他打探一下贩运棉纱的事。徐采丞在上海的外事能力非常强，不久即给杜月笙回话，说已与吴开先商量好了这事可以做，用后方的物资换取上海棉纱。吴开先是上海敌后工作统委会执行常委兼书记长，负责上海国民党党政军团地下抗日工作。杜月笙一听吴开先都认为可行，很高兴，要徐采丞做好准备，听他指示。

杜月笙想，这事重庆有戴笠支持，上海有吴开先支持，又是抗战救国大事，大有可为，决定大干一场。他立即前去曾家岩戴公馆拜访戴笠，说了上海方面的回话，表示自己愿意替政府做这件事。戴笠听了满脸笑容，大加赞赏。第二天，戴笠再次约见杜月笙，告诉他，委员长同意杜月笙去上海抢购棉纱，但有个要求，可以拿钱买棉纱，不能拿大后方物资与敌人换棉纱。杜月笙听了皱眉头，这与上海徐采丞、吴开先的意见有重要出入，不知道还行不行，不敢打保票，只能答应再联系。

杜月笙回去即与徐采丞联系。徐采丞连喊困难，但听说是最高当局意思，还是答应试一试。戴笠这边也没闲着，一边通过军统系统了解上海棉纱情况，一边与杜月笙商量，抢购沦陷区物资是国家对敌经济作战既定方针，不管多大困难、多大牺牲也在所不惜，必须立即付诸实践。杜月笙问戴笠怎样合作。戴笠介绍了货运管理局的四种合作方式：一是货运管理局自设商业庄号；二是与商民合资，创办特种公司；三是与物资主管机关合作，联合行动；四是与商民订购一次性的临时合作协议。

戴笠的意见是，货运管理局资金有限，不如银行、商人，只有商人不愿前往抢购的物资，他们才出面抢购，更多的是动员、支持广大商人从事抢运工作。戴笠介绍，目前已申请登记从事抢运工作的商号达4000余家，其中资本雄厚者达千余家，比如广西联记橡胶运销社，集资1亿元，抢购越南橡胶；台山民商联合抢购商行，抢运物资达5万余吨。

经过商量，戴笠和杜月笙达成协议，报经蒋介石批准，由杜月笙出面组建重庆通济公司，邀请四大银行参加，专门从事沦陷区物资抢购业务，由杜月笙和交行董事长钱新之分任正副筹备主任，常务委员有朱惠清、杨管北等人。朱惠清为戴笙的代表，杨管北是杜月笙的人。1943年初，通济公司成立，地址在重庆林森路49号，杜月笙任董事长，钱新之任副董事长，杨管北任总经理，徐子为任副总经理，郭兰馨为总务秘书。

通济公司成立后，立即组建起上海、浙江淳安、重庆三个分公司。上海分公司叫民华公司，由徐采丞负责，浙江淳安分公司由王艮仲负责，重庆分公司由骆清华负责。上海分公司成立不久即传来一个好消息，经徐采丞多次与驻沪日军特务机关密商，日军同意通济公司从上海购买运出棉纱，愿意提供车辆、军队护送出境。杜月笙听了兴高采烈，去找戴笠说，他决定冒险去上海抢购6000包棉纱，还表态说，国难当头，匹夫有责，他愿意垫付抢运这6000包棉纱的所有费用，并按政府规定，运回来后全部交给当局处理，只收取政府核定的成本，不赚一分钱。戴笠大为高兴，请示后答复杜月笙，同意他去上海抢购棉纱。

这次行动有很大的冒险成分，因为杜月笙人在重庆，所提供的消息来源于他的门人，而戴笠的情报、吴开先的情报也可能有变，当局之所以同意杜月笙冒险前往抢购，的确是因为后方太需要棉纱。当时重庆有豫丰、裕华、申新、纱市四大纱厂，每年需棉花约34万担，由花纱布管制局供给，不能自购棉花，以致重庆市场棉花昂贵，国家定价每担2700元，市场价格6500元，而且常常有市无货，致使各纱厂产量大减，急需大量棉花。

千里运棉费周折

杜月笙接到去上海抢购棉纱任务，立即调兵遣将，周密部署。他经过反复考虑，决定动用他的全部力量，分别在三条战线上开展工作：第一条战线在上海，由徐采丞、万墨林负责，主要任务是购买第一批3000包棉纱，协调日军押送，安全送到交货地点安徽界首集；第二条战线在上海至重庆途中，由杜月笙、戴笠亲自负责，戴笠负责联络沿途国军战区部队，杜月笙负责联系沿途数省的地方帮派，让棉纱畅通无阻；第三条战线在交货地安徽界首集，由重庆派出杨管北、徐子为、朱惠清负责，主要任务是接货并押运回重庆。

这三条战线的任务都十分艰巨，不允许出任何差错，要是稍有差错，满盘皆输。杜月笙坐镇重庆，运筹帷幄。他首先通知上海的徐采丞，给他发出严令，务必采购最好的3000包棉纱，做好日本人的工作，务必安全运到安徽界首集，交给杨管北，出任何差错拿他是问。再是联络上海到重庆沿途数省的地方帮会势力，给他们打招呼，这是国家急需的抗战物资，任何人不准打主意。

这件事只有杜月笙能做。杜月笙凭什么能做？杜月笙凭他是人民行动委员会主任。1940年夏，戴笠鉴于杜月笙的帮会弟子在抗战中的作用不小，比如组建别动队，掩护军队撤退，协助军统在敌占区锄奸等，便发起组建人民行动委员会，把海内外的洪门、青帮、理教、袍哥全部组织起来，共同投入抗战，经最高当局批准，正式成立。戴笠支持，杜月笙出面，将全国各地各帮会领袖人物请到重庆，召开成立大会，推举杜月笙为主任，推举杜月笙、杨虎、杨庆山、张树声、向海潜、韦作民、田得胜七人为常委。

这七人可了不得。杜月笙不说了，青帮老大。张树声是华北洪门大爷，势力遍及全国。杨庆山为洪门汉口帮主。向海潜是上海洪门智松堂堂主。杨虎是海员领袖，全国各地船舶码头都是他的地盘。韦作民是北洋政府交通部里的不倒翁，他的徒子徒孙遍布全国交通行业。田得胜是重庆袍哥大爷，凭他一声招呼，西南各地袍哥无不追随。再加上军统作后盾，由戴笠的得力助手、重庆卫戍司令部稽察长赵世瑞担任秘书长，黑白两道通吃，实力巨大。人民行动委员会总会设在重庆顺城街37号，是帮会领袖唐绍武捐献的一幢大宅子。

唐绍武、田得胜都是重庆袍哥，在重庆开茶馆设袍哥堂口对外办事。唐绍武的三民茶馆设民族路。仁字总社社长田德胜的五伦茶社设和平路。重庆其他袍哥还多，张永隆的茶馆设关岳庙，石孝先的兰社茶馆设罗汉寺街，后迁保安路，义字袍哥舵爷冯什竹设总社香堂茶馆于凯旋路口，义字大爷李竹山经营的三多茶馆在大阳沟，礼字总社舵爷何占云茶馆设江家巷。

抗战迁渝的外地帮派组织很多，也学重庆袍哥开茶馆设堂口。洪帮香堂设在机房街悦合、白龙池集明茶社。九龙山设在江家巷武汉茶社。上海青帮设于临江门附近茶馆。

秘书长赵世瑞是浙江诸暨人，黄埔4期政治科毕业，中央训练团警宪研究班3期毕业，历任南京首都警察厅调查课长、军事委员会驻宜昌办事处主任、武汉警备司令部稽查处长，陆军少将军衔，1943 年被戴笠派到浙江，任浙江省政府缉私处处长、浙东货运管理处处长，加强抢购沦陷区物资工作。

杜月笙凭借人民行动委员会的旗号，向各帮派首领打招呼，再由各帮派首领往下发通知，形成一张硕大无朋的帮派势力网络，共同为抢购上海棉纱保驾护航。这些事布置下去，上海徐采丞的消息也来了，一切顺利，不日出发，望重庆方面接货人提前做好接货准备。1944 年春节前夕，杜月笙便把杨管北、徐子为、朱惠清三人叫来，自然有一番吩咐，要他们立即离渝去安徽界首集。

杨管北是杜月笙的得力干将，身兼中华贸易信托公司和通济公司总经理。徐子为，苏州震泽人，曾参与创办吴江县私立育英高中任董事、苏嘉湖汽车公司任董事，抗战爆发到重庆，在黄炎培主持的募债委员会工作，多次潜返上海，筹募抗日救国公债，从敌占区抢运物资到后方，是通济公司副总经理。朱惠清是军统的人，担任货运管理局经济研究室专门委员、通济公司常驻办公的常务董事，是戴笠的代表。

杨管北、徐子为、朱惠清三人早已做好准备，接到通知后，第二天，大年初一即离开重庆，乘飞机飞越秦岭，到陕西宝鸡，转车去西安、洛阳、安徽界首集。杨管北三人一路奔波，不敢耽搁，来到界首集，找到通济公司驻界首集办事处主任王宝康。王宝康是中国通商银行西安分行经理。1943 年 3 月，杜月笙命王宝康携带 25 万元营运资金到西安组建分行，行址在东大街。前不久，杜月笙为确保抢购棉纱万无一失，派王宝康兼任通济公司界首集办事处主任。王宝康此刻已在界首集组建起办事处，迎接重庆来的杨管北、徐子为、朱惠清。

界首集位于安徽省太和县，地处黄泛区，抗战爆发至今仍属国统区。界首历史悠久，是东汉王莽追刘秀故事的发生地。抗战时期，陇海路、津浦路、平汉路交通中断，界首因为水陆交通便利，成为沟通东西的唯一通道，形成以界首为中心通往各地的陆路交通网。沪宁京津的货运，通过徐州、蚌埠，沿淮颍河而上到界首，在界首改走水路陆路去洛阳、西安、南阳、襄樊，致使界首在抗战几年中迎来繁荣发展的历史契机，船来车往，客商如云，商店、行栈、货摊、饭店、旅店、机关、单位鳞次栉比，盐业、粮业、花布业、杂货业、竹木业、山窑业、服务业百业并举，京广杂货、文具、五金、颜料、中西药材、栗炭、焦炭、竹木、山窑、棉纱布、烟草、食盐、食糖、大豆、麻油、牛羊、皮张等琳琅满目，年度税收由1939年的1万元猛增到1944年的1亿元，一跃而为豫皖边区文化、政治、军事、经济中心，人称小上海。

王宝康带他们去集外小山上看地形说，界首的西北是国统区，东南是沦陷区，是大后方去沦陷区抢购物资的桥头堡，而按照杜先生通知，徐采丞将把棉纱押运到那边，他指着西北方远处说，亳州十尖河，离这里一百里，三不管地区，是洪门大爷明德明的地盘，接过货运过来，他回身指指东南方向说，走洛阳、西安去重庆。杨管北皱着眉头问，明德明这人如何？王宝康回答，在豫皖鄂三省很有影响，住在许昌，不过杜先生已联系了洪门的张树声、杨庆山两位龙头大爷，请他们与明德明打过招呼。杨管北点点头。离开重庆前，杜月笙已将这些情报告诉他，还要他到了界首，与王宝康交换意见后去一趟许昌，拜访明德明。千里迢迢从上海运来的棉纱，不能在亳州十尖河出问题。

其实这四人有所不知，这一路上的所有关卡要道，杜月笙已打通全部关节。陕西省主席祝绍周、陇海铁路局副局长周啸潮、第一战区司令长官蒋鼎文、十五集团军总司令何柱国都是杜月笙的老朋友。洛阳到西安走陇海铁路，找周啸潮。洛阳以东到界首是蒋鼎文的辖区。界首当地驻军将领是何柱国。从界首到亳州十尖河是明德明的地盘，杜月笙已修书一封拜托，请这位威镇豫皖鄂三省的洪门大爷明德明派兵护驾。

杨管北等人到达界首的第二天，出乎预料，戴笠突然来到界首。他前来办事处看望王宝康、杨管北、徐子为、朱惠清等人，检查接收上海棉纱准备工作，针对薄弱环节提出指导意见。戴笠待了一天离去。杨管北打听得上海棉纱还没出发，便由王宝康派人护送去了一趟许昌，拜访了明德明，与之约定保驾时间地点人员，再返回界首。万事俱备，只等上海来人。

此时上海方面接到王宝康可以出发的通知，杨志雄、王国生等人便押着3000包棉纱，在日军护送下离开上海。杨志雄是杜月笙手下著名的两杨——杨管北、杨志雄之一，曾做过吴淞商船学校校长、西门子洋行总顾问。王国生是杜月笙上海公馆账房先生。从上海到界首有1000公里，途径苏州、无锡、镇江、南京、洛阳。按照上海徐采丞与日军的约定，日军将棉纱送到界首集附近的亳州便卸货返回。

王宝康、杨管北、徐子为、朱惠清等人接到杨志雄、王国生派人送来的通知，立即带着已经到达界首的洪门大爷明德明的人前往亳州。这次明德明很买账，派别人不放心，派自己的妻子带着几十个武装人员来到界首。一行人逶迤来到亳州城，见到杨志雄、王国生，不免有一份应酬。杨志雄、王国生告之，护送日军明天返回上海，问他们从亳州去界首是否安全。杨管北告诉他们，明德明的妻子已派人去附近打了招呼，都答应全力维护。杨志雄问，郝鹏举如何？他要是乱来怎么办？

郝鹏举是河南灵宝人，抗战前任国民军团长、军参谋长、豫鄂皖三省剿共总部参议，抗战爆发后任暂编第五军副军长，1941 年叛国投日，出任苏淮特别区行政长官公署行政长官兼保安司令、徐州绥靖公署主任。

杨管北回答，杜先生知道郝鹏举与国民政府部队有联系，已通过十五集团军总司令何柱国与郝鹏举打通关节，取得同意放行允诺。杨志雄、王国生大为满意，从上海出发一直担心的事这才放心。他们接着商量好了第二天与护送日军办理交接的事。

第二天，中日双方在日军占领的亳州城外最前线的无人地带完成棉纱交货手续。一声令下，3000 包棉纱很快被众人卸下日军卡车，堆在地上像一座座小山。卸完货，日军开车返回亳州城。王宝康早已组织好大批人力和架子车，立即将 3000 包棉纱装上架子车出发，拉的拉，推的推，快速穿越百里三不管地区，直奔界首。进得界首地界，看到中国驻军，大家悬得高高的心才砰然落下。

界首集上早已停着几十辆军用卡车，是办事处主任王宝康从洛阳组织来的。3000 包棉纱运抵界首集后，杨管北等人立即组织人装车，装好就出发，随车押货直奔洛阳。到了洛阳，直接开进火车站，早已联系好去西安的车皮，立即卸货装车。第一批 3000 包棉纱从洛阳到西安，在西安转车去重庆，顺利转交物资管理当局，各方皆大欢喜。

这里各方包括中国交通银行。交行原来的董事长是胡笔江，1938 年被日军陷害身亡，新董事长是钱新之。这时组建的通济公司，钱新之是副董事长，代表交行参加管理。作家完颜绍元撰文指出，通济公司是与上海日本人以物易物，互通有无，解决各自急需物资困难。这是中日经济作战的一种新形式，与彼此走私物资和抢购物资不同。完颜绍元撰文说：

> 通济公司成立于 1943 年，钱新之代表交行投资，任副董事长。该公司也是依仗戴笠所提供的战时货物运输、交通检查等特权，与日本特务机关在上海开办的

民华公司做对口物资交换，即以各种工业原料，从沦陷区换回能在后方赚大钱的棉纱布匹等日用必需品。①

随后，杜月笙决定抢购第二批上海棉纱。

第一批棉纱运抵重庆是1944年春季的事，要抢购第二批棉纱，做好有关准备，已是1944年5~6月份，这时前线传来洛阳失守的消息，令杜月笙很头疼。1944年4月18日，日军兵分三路进攻河南，一路攻打郑州，一路攻打新郑、密县，又一路攻打尉氏。22日，郑州、新郑陷落。日军主力猛攻洛阳。5月25日洛阳失陷。让杜月笙为难的是，既然洛阳失守，上海棉纱走什么路线来后方？如果此路不通，这第二批棉纱只能罢休。

杜月笙想，答应替政府弄回6000包棉纱，一诺千金，不可更改，便积极找人商量如何绕过洛阳的办法，最后决定调头往西南走，过嘉兴、杭州、桐庐，把棉纱运到浙江淳安，再往后方转移。淳安县位于中国浙江省西部，隶属于浙江省杭州市，位于中国第三战区内，驻有23集团军唐式尊部和军统据点。

杜月笙派他的徒弟朱品三、通济公司副经理徐子为去上海接货。徐子为、朱品三来到上海，见到徐采丞，谈妥抢购第二批3000包棉纱的事。徐采丞已接到杜月笙通知，做好准备，立即替他们购买下棉纱，但告诉他们，这次运输距离不远，不必麻烦日军护送，你们就当作一般生意的样子运走吧。徐子为、朱品三便组织人力将3000包棉纱装上船，缓缓驶离上海，溯富春江而上，直奔淳安。

这一路没有遇到敌伪阻拦，倒是遇到自己的军队三番五次检查，差一点被没收。途经大源，中国军队设卡检查，不许通行。朱品三忙找到哨所所长，悄悄塞上6000元钱才被放行。船到洋浦口停泊，遇到当地货运管理局周所长刁难，命令部下登船检查，无论朱品三怎么解释、怎么出具手续也不行。朱品三带周所长上船检查，悄悄叫船上的便衣人员动手。他们立刻拔枪抓住周所长，解除他的武装，命令他将头伸出舱口，叫岸边的哨卡放船队通过。周所长乖乖从命。运输船队又过一关。

船队到达淳安附近的场口镇，中国驻军后勤俞主任带兵拦住船队，对徐子为、朱品三说，上峰命令我们就地筹饷，照老规矩办，值十抽二，交钱走人。徐子为、朱品三再三解释，婉言谢绝。俞主任命令部下连船带货全部扣留。徐

① 熊尚厚主编：《民国工商巨擘》，团结出版社2011年版，第267页。

子为、朱品三无奈，只得想法给重庆杜月笙发急电求救。杜月笙发电报叫上海的杨志雄从上海赶到场口镇解决。杨志雄火速赶到淳安场口镇，与驻军首领唐式尊取得联系，鉴于驻军的确急需棉纱，经与重庆杜月笙电报联系，拨出小部分权当支援，运棉纱船队才得以继续前行。历尽艰险，历时7月，第二批3000件棉纱终于运抵重庆。

纵观整个抢购沦陷区物资，成绩是主要的，购得大批重要物资，缓解了国统区的急需，有利于抗战，是对日为经济作战取得的重大战果。历史学博士齐春风撰文指出：

1944年头3个月，货运管理局抢运顺利，除协商抢购外，还自行抢购了价值1.77亿元的物资。4月17日，日军在豫中发动攻势，界首为吸引上海物资的门户，积存待运的必需品甚多。其位置突出于平汉路以东豫皖交界处，损失堪虞。货运管理局急电交通部转饬河南驿运处，并电河南省府转饬该省公路局，迅派车辆驰往界首，加强运输；又电战区副司令长官汤恩伯以武力协助；同时并商洽关务署、缉私署，对由界首内运物资，悉凭豫皖区货运管理处证件放运，至南阳再行补办报关及完税手续。事前调查登记共500余吨。其中布匹1万余匹、土布2万余匹、颜料12万余斤，因交通部及河南省政府运输工具并未如期拨到，加之天雨过绵，道路泥泞，截至4月30日漯河沦陷，归路受阻之日止，共由该局车辆运出物资310余吨，其余100余吨经豫皖管理处于6月4日商请驻军及商人携带，向西突围。

7月中旬，豫皖区处内移，留驻界首人员协商绕越敌人防线，抢运交通器材、布匹、颜料等物资，先后出动人力胶车、架子车765辆，前后7批共339吨，价值3.5亿余元，市价10亿余元，运抵河南镇平、南阳一带。

湖南方面也对物资紧急抢运，但货运管理局在该省未设机构，由广东区货运管理处在衡阳极力抢运，另与交通部洽以回空车辆抢运物资，到柳州集中，曲江存积物资也运柳集中。南方一带物资则全部内撤贵阳。经过紧张工作，最大限度地使物资内运到安全地点。

自行抢购工作因受战局影响未能十分展开，但仍能抢购相当数量的物资供应后方需要，照进价计算，总值为4.17亿余元，花纱布占70%以上，交通器材及燃料等占17%。此外，豫湘桂战后，第三战区与大后方被日军隔绝开来，军布供应困难，由该局代第三战区抢购军布6万匹。其中3万匹由通济公司自杭州运入，另由苏浙皖区向沦陷区交换通州产布3万匹，价值共约4亿余元。①

---

① 齐春风：《抗日战争时期对日经济战：物资抢购》，载于《民国春秋》2010年12月31日。

二　浙江改变抢购法

抢购沦陷区物资，还有很多银行参与，四大行给予大量资金支援，金城银行、聚兴诚银行、重庆银行、战区各省地方银行，在财政部统一部署下，直接从事抢购，发动了一场声势浩大的抢购沦陷区物资的经济大战。

1942 年底，浙江地方银行董事长徐桴接到重庆财政部几个急件，乃对战时经济政策的重大调整，重点涉及浙江等邻近战区省份，十分着急。徐桴，浙江镇海人，时年 60 岁，前清秀才，做过福建省银行董事长兼总经理、上海市银行总经理、辛泰商业银行董事长兼总经理、上海兴业信托社董事兼总经理。

徐桴召开董事会，向大家阐述这次经济政策重大调整的要领，一是废除《修正非常时期管理银行暂行办法》，二是执行财政部渝钱稽字第 28146 号训令，结合而言，就是要求我们浙江省地方银行踊跃参加沦陷区物资抢购工作，并要求立即上报抢购物资计划。徐桴同时介绍，浙江省政府的意见，浙省物资抢购事宜由浙江地方银行办理，所以这份计划得由我们来考虑、制定并专案上报重庆财政部核准执行。

董事们议论纷纷，莫衷一是，因为浙江这时一分为三，日军占领着以杭州为中心 3 万余平方公里土地，国民政府管着浙江南部山区和半山区 6 万平方公里土地，共产党领导着以四明山为中心的 1 万平方公里的抗日根据地，浙江地方银行的号令不出浙江南部山区。

经过反复讨论，董事会最后达成统一，无论困难如何，抗战第一，部令不可违，由董秘根据今天商议的意见，起草复函禀报财政部，看看部里意见再说。

重庆财政部接到这个呈文，经过认真研究，回复浙江地方银行，主要内容有三点：一是抢购范围以沦陷区及接近沦陷区之日用重要物资及军用品为限；二是须受政府之委托；三是物资抢购及其处理，应遵照管制法令办理，不得籍抢购供应之名，行囤集居奇之实。徐桴看了财政部批复，叫来董秘吩咐一番，按要求重新报送材料，主要意思有这么几点：一是浙江省政府物价管制会议决议案，关于抢购沦陷区物资事宜，指定由浙江地方银行办理；二是浙江地方银行决定由本行信托部组设战地物资抢购处，设主任一人，由本行信托部经理兼任，由本行信托部拨款100万元作开办经费；三是本行拟向四行抵押投资1000万元，用于垫付资抢购资金；四是根据本省实际，抢购沦陷区物资范围是：工业器材、生产原料、军需物资、日用物品、本省特产；五是配销原则：以直接分配为主，其对象先就军工、机关、公私企业，再合作社、正式商人。①

徐桴按财政部调整物资管制办法文件要求，改变过去自行收购销售的做法，变为接受政府委托，抢购物资交由政府配售等，即派人四处抢购物资，并在著名的物资交换地富阳县场口设立收购站。

场口镇地处富阳市西南部，距杭州55公里。抗战爆发，富阳县城沦陷，县政府迁至场口。场口东北25公里的灵桥为抗日前哨，7公里外的中埠为经济封锁线，各有驻军扼守。场口因为地势险要，较为安全，成为杭州通往内地的必经要道和货物进出的重要集散地。1943年前后，四川、湖南、江西、福建、安徽等地客帮来场口采办商品，宁波、绍兴、萧山、杭州等地商人聚集场口开店营业，很多跑单帮的商人，从上海、杭州偷运货物来这里销售，一时间繁荣起来，商号鳞次栉比，不下五六百家，南北客商聚集，人口逾万，出口土纸、瓷器、桐油，入口棉布、百货、食盐，生意兴隆，一跃而为东南吐纳港。

浙江地方银行利用场口物资重要集散地优势，受省政府委托，逐步加大投入，抢购到大批后方急需物资，“从1943年9月至1944年3月止，抢购物资数量分别为布疋类：粗细白布310疋、土布1128疋、色布207疋、绸67疋、线呢645疋；纱花类：棉花20000斤；日用品类：男女袜1892打、内衣314打、被毯165条、套鞋10打、力士鞋20打；颜料类：颜料23箱；橡皮类：手车胎240副、汽车胎4套。抢购物资金额：1943年10月份3981447.69元，11月份2807876.85元；12月份5210657.10元，1944年3月份6618229.95元，总计18618211.59元。②”物资转运到后方，由省政府配售各地，源源不断运往大后方，为稳定抗战大后方作出贡献。

国民政府为加强对抢购沦陷区物资的领导，1943年4月，组建财政部货运管理局，主持抢购抢运沦陷区物资工作，防止和打击日伪走私，组建东南各

---

① 徐荣、蒋耘、姚勇：《抗战时期浙江地方银行办理物资抢购事宜史料一组》，载于《民国档案》2008年3期。

② 刘志英、张朝晖：《抗战时期的浙江地方银行》，载于《抗日战争研究》2007年第2期。

省战地物资抢购处，给付资金700万元，还组建有广东省查禁运粮资敌巡查团，打击日伪走私。财政部货运管理局把抢购沦陷区物资视为经济作战的重要措施，向各战区、各地政府下达作战目标：浙江是丝茶桐油，河南是皮革纸张蛋品，江苏、广东是蚕茧生丝，安徽、江西是茶叶、麻料，要求战区协助公司大量收购，绝不允许留下资敌。这是一场声势浩大的对日伪经济作战，经过多部门、多省区、多部队、多单位浴血奋战，耗费巨大财力，取得很大成绩。山东大学教授李平生指出：

> 截止1944年3月，由货运管理局协助商民抢购内运物资，总值为11.07亿元。是年4月，由于财政部颁布了《促进民营进出口贸易办法》，商人请求协助抢购物资内运者大为增加，仅半个月之内，由货运局抢购内运之物资总值为3.8亿元，其中花纱占80%，其他为生丝、五金、仪器、汽车、燃料、颜料、橡胶、电料等。此外，与商人合作抢购内运者，有布2万匹、纱1000件；为商人定约交换物资者，有纱2000包、布2万匹。合计以上几项，抢购内运物资总值为23.1亿元。这表明，国民党政府争取物资的措施收到了一定的实效。这无疑有助于缓解大后方的物资短缺。①

日本如法炮制，1943年组建全国商业统治总会，实施抢购战略、民用物资，规定37种商品为统治物资，限期登记，不准外运。1943年8月，驻沪日军致使汪伪政权出面，成立上海收买棉纱棉布办事处，公布《收买棉纱棉布暂行条例》，在上海强行收购55万件棉纱，致使棉纱价格涨了一倍，严重影响百姓生活。伪中储银行助纣为虐，为此垫付资金100亿元。

三　囤集居奇遭处罚

银行家参与抢购沦陷区物资有的做得好，也有的做走了样，正如财政部训令中所说“物资抢购及其处理应遵照管制法令办理，不得籍抢购供应之名，行囤集居奇之实”，如若变成囤集居奇，自然要受到惩罚。这里讲讲川康银行挨处罚的事。

川康银行的全称叫川康平民商业银行。这里的“康”指西康省。西康省

① 李平生：《烽火映方舟——抗战时期大后方经济》，广西师范大学出版社1995年版，第276页。

是中国旧省名，设置于1939年，省会雅安，辖地为现在的四川甘孜藏族自治州、凉山彝族自治州、攀枝花市、雅安市及西藏东部昌都地区、林芝地区等，1955年撤销。川康银行原来叫川康垦殖银行，1930年9月创立于重庆，1937年9月兼并重庆平民银行、四川商业银行，改称川康银行，董事长是刘航琛，总经理是宁芷邨。

刘航琛前面有所介绍，是四川著名的银行家，身兼川康平民商业银行董事长、川盐银行董事长、四川省银行总经理，还是多家银行董事。宁芷邨是四川犍为县人，川南知名金融实业家，老家故居有2000平方米，是四川著名的私家老宅院。

川康银行抢购物资的公司叫中懋公司，成立于1939年，地址在重庆，经理叫吴懋昭，资本是3000万元。中懋公司成立伊始，主要投资四川犍乐盐场，在犍乐盐场所在地四川乐山五通桥成立办事处。吴懋昭求胜心切，不甘于投资盈利，热心与食盐炒作，但食盐是统制物资，政府控制得严，炒作不起来，空忙一场，没啥利润。1942年，总经理宁芷邨把盐场投资划出来，交给川康银行盐业部，中懋只做贸易，主要经营布匹、棉纱、百货、颜料、药材等。

这一年国民政府改变经济策略，发动和组织经济单位去沦陷区抢购物资。中懋公司立即积极投身抢购沦陷区物资热潮。总经理宁芷邨喜欢做买卖，现在有政府支持，自然全力以赴。川康银行在上海设有分行，经理叫何继纲。川康合并前，三家银行都在上海设有机构，在时间上来说，最早的是重庆平民银行，1928年设办事处，其次是四川商业银行，1932年设办事处，再是川康殖业银行，1934年设分行，1937年三行合并，三个上海机构自然合为一家，叫川康平民银行上海分行。

宁芷邨发电报给上海的何继纲，叫他与中懋公司经理吴懋昭合作，在上海大量采购内地急需物资，想法运来大后方。何继纲回话，这事不好办，买没有问题，买了运不出来。当时上海去重庆关山重重，战火纷飞，交通断绝，得走海路去香港，再由香港转越南海防、昆明到重庆，万里迢迢，关卡重重，实在是万分困难。宁芷邨叫他只负责把货运到香港，其余的由中懋公司香港分公司负责。何继纲便依计行事，在上海抢购了大批物资。当事人宁芷邨、四川平民银行总经理周季梅以及川康平民商业银行的衷玉麟、孙谦牧回忆说：

> 中懋公司的业务范围，除川盐外还有疋头、棉纱、百货、颜料、药材等若干项目。上述货件，只药材是内地产品，其他大部分都由沦陷区走私进口。1940年

由川康银行申行经理何继纲代中懋经手，从上海大批进货运至香港，再转海防进口，单是疋头就有2.5万匹，法国鸡牌颜料也有300箱。为了解决运输困难，中懋还购进卡车10辆，在滇缅路上抢运物资。1941年12月日寇偷袭香港之后，滇缅路被封锁，宁芷邨乃集中资金，用中懋名义在昆明、叙府、泸县、西昌等地大批购囤布疋，待价而沽。1942年5月，又在西康收购虫草五十六箱，不顾日机空袭，分批由成都运至重庆，争取尽快脱手。在短短两年多，中懋公司所搞的投机买卖，的确为川康赚了一笔“国难财”。①

抗战时期，银行经商是普遍现象，就连四大银行也大规模这样做。这与当时的战时环境密不可分。当时大量银行内迁，大片国土沦陷，致使银行主要业务萎缩，收益减少，为维持抗战金融局面还得坚持，就得另辟蹊径，比如大量投资工商企业，接受经营不善企业自己管理，开展商业贸易，从1942年开始，还在政府的鼓励支持下从事抢购沦陷区物资。这些做法本身无可厚非，但不能违反战时物资统制法规，也就是不能囤集居奇，扰乱市场，所以政府在抢购沦陷区物资中，只准银行参与抢购，不准银行销售和存积物资，一律交售给政府机关，否则严加惩处。

川康银行就遭到这样处理。1944年5月，川康银行中懋公司不顾财政部物资管制规定，擅自将从沦陷区抢购而来的物资销往内地。他们搞来一批名牌布匹，有孔雀、大明、双锭、美亭等，总计696疋，不愿低价卖给政府，运往四川乐山准备高价销售。与他们同行的有重庆泰记商号、重庆隆华商号，都是中懋公司的合伙商家，情况跟中懋一样，也从沦陷区弄来一批布匹私自出售。重庆泰记商号有427匹布，重庆隆华商号有300匹布。这三家商号一次准备销往乐山的布匹达1323匹，装满几辆卡车。

他们的车子从重庆出发，走到乐山境内，遇到乐山经济检查队设立的关卡。经济检查队拦住检查，要他们出具运输证明。他们没有运输证明，说不清运输理由。乐山经济检查队将他们连车带货全部扣押。

经济检查队是财政部组建的武装队伍，有执法权力，目的是加强对大后方金融业，特别是商业行庄的控制，打击金融腐败现象，惩治囤集居奇、操控物价的不法商人，由军统、国家总动员会议等机关组成，在各县设检查队。

乐山经济检查队将扣押这批布匹的事上报四川省经济检查大队。省大队报

---

① 中国民主建国会重庆市委员会、重庆市工商联合会文史资料工作委员会编：《重庆五家著名银行》，西南师范大学出版社1989年版，第112页。

省政府。省政府命令乐山县政府就地查封，平价处理。乐山县核定这批布的平价价格为每匹3000元，准备择日公开出售。川康银行乐山分行负责人秦某某得到消息，立即打电报给重庆的川康银行总经理宁芷邨。宁芷邨十分着急，这不单是经济损失，还怕政府处罚银行，就命令乐山分行负责人秦某某找人疏通，花点钱也行。

当时乐山县的县长叫易民苏，兼任乐山经济检查队队长。秦某某与他不熟，不敢贸然找他。秦某某认识成都一位官员叫范英士，是四川省供销合作社总经理。乐山离成都有200多里路。秦某某找个小车连夜赶去成都找到范英士，说乐山处理不公平，这批布都是上海名牌产品，市场上卖到8000元，我们收购起来，又这么远运来，成本也不止3000元，总不能让我们赔本吧，何况我们也是响应政府号召抢购沦陷期物资，活跃后方市场啊。

范英士熟悉市场行情，也觉得3000元价格太低，心里想，要是按3000元处理，对市场也是冲击，说不定还有被当权者利用的可能，就叫秦某某住下听回音，他找省政府的人说说。范英士是四川罗江县人，做过28师政治部组织科长、四川璧山县长、江北县长、成都市通俗教育馆长、四川省建设厅驻重庆办事处主任、成都市政府秘书长。他向省里管这事的人说了。管事人决定把这批布按每匹5000元处理。

乐山县长易民苏接到省里通知，觉得5000元一匹也很便宜，立即悄悄通知亲朋好友前来购买。乐山县，甚至成都的一些人得到消息，不请自到，纷纷前来购买。易民苏一看这架势，急忙自己提走70匹布搁一边。这1000多匹布很快被一抢而空。公开平价出售成为泡影。

当事人宁芷邨、周季梅、衷玉麟、孙谦牧回忆说：

> 这批布疋启封后，并未在当地市场平价出售，大部分由省、县政府串通一气，按照加价付款后运走。经检队队长易民苏也强迫提去70余疋，未付分文。全案拖到9月才结束，而物价又上涨了一两倍。按当时黑市价格计算，平均每疋至少损失2万元，全部损失在1400万元以上。①

综述抢购沦陷区物资作战，实效明显，截至1944年3月，货运管理局协助商民抢购内运物资总值为11.07亿元，有助于缓解大后方物资短缺矛盾，有

---

① 中国民主建国会重庆市委员会、重庆市工商联合会文史资料工作委员会编：《重庆五家著名银行》，西南师范大学出版社1989年版，第113页。

利于维护大后方社会稳定。

与此同时，日伪政权针锋相对，与国民政府展开激烈的物资抢购大战。中国银行襄理胡宣同回忆说：

> 1943年8月，日寇指使汪伪政权借口压平物价，成立了“收买棉纱棉布办事处”，公布了《收买棉纱棉布暂行条例》，把上海棉纱棉布一网打尽，并抢去了约55万件。其中属于我国厂商的约为35万件。抢劫后，棉纱棉布市价陡涨一倍以上，而日寇强以收买前的棉纱棉布价格作为收买价格，将35万件棉纱、布价款压到储备券150亿左右。同时按照收买条例，把应付款半数75亿元勉付标金作为诱饵，其余半数则以储备券分3年付清。这样我国厂商在收买价格上打了个对折，而在分期付款上，由于伪币恶性膨胀，又吃一个大亏。一般居民因日寇抢劫后棉纱棉布零售绝迹，严重影响了日常生活，大家怨声载道。日寇大使馆总务部长冈崎不得不声明说：“棉纱、布收买后，外转运日本一节，完全不确，可能一部分运往满洲交换大豆，但大部分则供应上海市民消耗，估计每人每年约25市尺。”这种连篇鬼话谁会相信？果然，纱布配给消息一再延期，终至石沉大海。①

这段回忆充分说明在中日经济战中，物资抢购大战形势十分严峻。日伪政权针对中国抢购沦陷区物资作战予以反击。他们利用控制上海、江浙的地利，大肆强行低价分期付款收购棉纱棉布，以阻挡和破坏国民政府去上海抢购物资的计划。由此可见，杜月笙能从上海弄回6000件棉纱，虽说数量不多，实属虎口夺食，来之不易。浙江地方银行的抢购同样艰难，如前所述，耗时半年，所收棉纱棉布不过“粗细白布310疋、土布1128疋、色布207疋、绸67疋、线呢645疋、棉花20000斤”而已，但其不畏牺牲，勇于作战，把敌人手里的物资夺将过来，可歌可泣，值得称赞。

四　美金公债

申请私购八亿元

1942年5月，国民政府全国节约建国储蓄劝储委员会决定推销“同盟胜利美金公债”1亿元，每元折合法币20元，总计折合法币20亿元，面向川、

---

① 寿充一、寿乐英编：《中央银行史话》，中国文史出版社1987年版，第150页。

康、滇、黔、陕、甘、宁、青、新等省发行。全国节约建国储蓄劝储委员会的主席由蒋介石兼任。公债发行由财政部负责。财政部责成中央银行办理，按每6美元兑换100元法币的价格向社会公众出售，年息四厘，半年付息一次，从1944年开始还本，10年还清。这个公债从美国对华5亿美元贷款中抽出1亿做担保，信誉有保证。

美金公债一经上市，正逢抗战最艰苦年头，物价上涨，法币贬值，以致遇到发行困难，不得不采取摊派认购办法，机关单位银行工厂都有份，特别是银行认购多一些，但总的发行情况不容乐观。转眼到1943年春季，随着通货膨胀加剧，美金黑市汇率大涨，1美元兑换法币59元，而美金官方汇率仍是1美元换法币20元，两者差价逐日增大。在这种情况下，官价发行美金公债还是一年前的老价格，20元法币买1元，于是购买美金公债变得有利可图，开始受到市场追捧。

到1943年秋，黑市美金继续上涨，1元美金卖到近300元，购买美金公债变成大有可为。孔祥熙接到这样的报告，不禁多了个心眼，提价卖美金公债是不可能的，政府不承认黑市美金价格，但继续按1∶20卖又太吃亏，要是黑市美金再这么涨，民众一定会抢购美金债券，国库所剩4300万元美债必定被抢购一空，顿时皱起眉头。

孔祥熙此时身兼行政院副院长、财政部长、中央银行总裁。他多次召集会议研讨这个问题。孔祥熙的亲信多在孔公馆进出，被称为公馆派，主要有徐堪、吴启鼎、盛昇颐等。徐堪是四川三台县人，时年56岁，从1927年开始投于孔祥熙门下，曾任上海交易所监理官、金融管理局副局长、财政部钱币司司长、公债司司长、中央政治会议财政专门委员会主任委员、四行联合办事处秘书长、粮食部部长，孔祥熙倒台后接任财政部长、中央银行总裁。吴启鼎做过上海税务局长、四明银行董事长、税务署署长。盛昇颐是清末大商盛宣怀的儿子，做过孔祥熙官邸秘书处处长、中央信托局副局长。

徐堪、吴启鼎、盛昇颐等人向孔祥熙提了不少建议。孔祥熙最后采纳的办法是立即停止发行美金公债。前面介绍了，这次美债是全国节约建国储蓄劝储委员会决定的，停止发行，事关重大，必须报经蒋介石同意。1943年10月9日，孔祥熙给蒋介石写信汇报请示，说目前美债发行单价过于低廉，既不利于国家增加收入，又有损政府信誉，应当立即停止发行，拟于10月15日结束，所剩美债4300万元全数由中央银行业务局购进上缴国库。蒋介石批准执行。

1943年10月15日，中央银行密函各地银行停售美金公债，未售出债票交回央行。这事传达到中央银行国库局局长吕咸处。吕咸，河北宛平人，时年57岁，做过河北省建设厅厅长、兼河北井陉矿务局局长。他一看有这等好事从身边过，顿时打起捞一把的主意。他想，这个机会太好了，要是自己能从中购得一些，拿到黑市出售就是几十倍的收益，便想了个“调剂银行同人生活”的主意，向孔祥熙申购美债，要是孔祥熙批准，就可以名正言顺地干。

这时1亿美金公债只公开售出一少半，由中央银行业务局私下购进5000万，还有350余万元。吕咸请求将这350万元分给总分行全体人员认购，其余零星尾数，则由本局办理债券勤劳人员承销。吕咸的报告提出两个办法，一是由中央银行全体人员认购，二是由本局办理债券勤劳人员承销，两项总数是350万元，认购和承销价是1∶20，即20法币购买1美元美债。明眼人一看就明白，这是私吞国家财产的想法，而且数额巨大，因为黑市价已是1∶250，如果用1∶20的价购买350万元，国家损失是法币8个亿。孔祥熙精于计算，这笔账一目了然，他之所以批准认可，是另有所图，即如历史学家杨天石所说：“其后又用以票换票，买空卖空的办法贪污美券近800万元，两项合计共1150余万美元，折合国币约26.47亿元。”

先以牺牲国家8亿元法币，搅乱局面，再捞取个人好处26亿元法币，这就是孔祥熙批准吕咸报告的原因。这里所说捞取个人好处26亿元法币，是指孔祥熙利用由全行员工瓜分350万元美金债券的机会，浑水摸鱼，扩大内部出售金额，在内部卖出的美债中，有1150万元美债是以3户预售户的名义卖出的，而这3户后来经查，乃子虚乌有，查无此人。孔祥熙对此遮遮掩掩，含糊其辞。

捡到一封机密信

这些情况一年后才大白天下。这么重要的事情怎么会暴露呢？

吕咸得到孔祥熙批准，立即制定实施意见，向中央银行员工低价售出美金债券，同时按照孔祥熙的指示，“用以票换票，买空卖空的办法贪污美券近800万元”，加上内部员工配售350万元，两项加起来是1150万美元，合法币26.47亿元。与此同时，他们还打剩余3000多万美债的主意，用一些莫须有的人名、单位，填上含糊不清的地址，顶替买主，私自将这些美债以低价收购转手出卖。

期间，成都中央银行接到停止销售美债令，将所剩200余万元美债归还重庆中央银行国库局。吕咸仗着有孔祥熙批示，将这笔美债低价处理给国库局员工，处理方法很优惠，可以先领用后缴款。这样的事情当然好，1∶20拿来，黑市上1∶300卖出，换得现金再来缴国库购债款，轻易获得15倍收益，还不要本钱。于是国库局的员工争相抢购。吕咸决定按职务高低配售，局处级干部多得，一般员工少得，于是大家意见纷纷，怒而无言。

国库局有七八个青年员工出于爱国热情，认为现在是抗战最艰难时期，前方将士在流血牺牲，后方民众在艰苦奋斗，银行的人应当全力维持金融，维持市场，怎么能贪污国家资产，倒卖美债，破坏金融秩序呢？这不是监守自盗的犯法行为吗？他们认为应当向上级举报，可细细一想，怎么举报，没有证据啊，只好把愤怒压在心里。

1944年底、1945年初，事情出现转机。先是孔祥熙被撤去财政部长职务，由俞鸿钧接任。这里的原因显然有孔祥熙的这些做法，包括在其他方面的问题，早为蒋介石风闻，是蒋介石采取釜底抽薪的计谋，先将其撤职，再叫继任者俞鸿钧暗中调查。俞鸿钧（1899－1960），广东新会人，上海圣约翰大学毕业，历任英文《大陆晚报》记者，国民政府外交部长陈友仁的英文秘书，上海市政府英文秘书兼宣传科长、代理市财政局长、市政府秘书长、市长，财政部政务次长，中央信托局长，时年45岁，年富力强，比孔祥熙小19岁。

俞鸿钧奉命追查美债舞弊案件难度很大，虽说一年前他已是财政部次长，但孔祥熙不仅是财政部长还是行政院副院长，还有与蒋介石的亲戚关系，根本没把他放在眼里，很多事都不告诉他，他根本不知道孔祥熙干的这些事。俞鸿钧现在受命于蒋介石，不敢怠慢，派财政部公债司司长陈炳章带人去中央银行查账。

这时孔祥熙在美国。1944年6月，孔祥熙去美国出席国际货币基金世界银行会议，会后留美治疗膀胱结石病。陈炳章带人去中央银行查账没有受到阻拦，很快查到一些情况，比预想的严重。自从1943年10月中央银行密函各地银行停售美金公债，并在各报刊登停售消息后，原来计划由中央银行业务局全部购回转交国库的5000万美元，现在几乎全部售完，国库所剩无几。再查购买者，发现买方的姓名、地址大部是假的，包括在沦陷区南京、上海的大宗买主、孔祥熙原来办的山西铭贤中学也是买主，无法一一查实。至于中央银行员工内部购买美券的事也查到了，购买者是副处以上干部和国库局职员。陈炳章重点找业务局长郭景琨和国库局长吕咸调查。他们说都是按孔祥熙批示办的，但没查到孔祥熙的批示文字。

正在调查工作无法深入时，出现另一个重大转机，军委会突然接到一封匿名举报信，举报中央银行私分美债的事，有根有据，使调查工作有了重要突破。这封举报信是怎么回事？原来，中央银行国库局那七八个青年员工并没放弃举报，只是苦于没有书证迟迟没有行动。转机出现在财政部公债司司长陈炳章带队来中央银行查账期间。

这天，他们中的一人走过国库局大楼院子，偶然捡到地上一个信封，打开看吓一跳，左右一看没人，急忙把信藏在身上转身就走。晚上，这人把捡到的信给几个要好的同事看。大家看了大为惊骇，信封里装有中央银行国库局债券科科长熊国清的亲笔信稿，几大篇，说的正是国库局长吕咸、孔祥熙私分美债的事，还附有详细账表。他们看了才明白，这是孔祥熙同意吕咸这么干的，但有许多地方看不明白，都觉得这信非同小可。熊国清丢了信必定会四处寻找，说不定还会惊动吕咸，不知怎么处理为好。

他们之中有一个叫胡叔度，有一个叫李尚清，都是年轻行员，血气方刚，看了熊国清的信义愤填膺，怒不可遏。他们一直想揭露这事，只是因为没有证据搁下来了，现在有了证据，就提出来向上面反映。他们原来以为国库局私分美债是瞒着吕咸局长的，准备向吕局长或总裁孔祥熙反映，现在一看这事就是孔祥熙、吕咸干的，都觉得有一种上当受骗的感觉，就提出向政府举报。

大家商量来商量去，最后决定直接通天，向国民政府军事委员会举报。他们商议立即找人抄出最重要的两张账，不找他们在座几位抄，而是找外单位的人抄，以免中央银行当局查字迹，然后拿这抄件向政府举报。大家推选胡叔度、李尚清负责这事。

大家分手后，胡叔度、李尚清写了举报信，然后出门，找他们都熟悉的一个外单位的朋友，请他连夜抄了举报信和账单，在远离银行的地方找邮筒投放。办完这件事，他们既兴奋又害怕，久久不愿回家，担心政府接不到举报信，又害怕让熊国清、吕咸知道了遭其迫害。两人你一言我一语说了很久，最后决定，为了防止意外，都写下遗嘱，免得被他们害死了没人知道。他们就连夜写了遗嘱。处理完这事，东方欲晓，二人互道珍重告别。

这是 1945 年 3 月 10 日左右的事。这封举报信转到军委会手里，因为涉及中央银行总裁孔祥熙，信访部门不敢处置，呈送军委会委员长蒋介石。蒋介石看了举报信，心里变得非常沉重，不由想到，之前不过风闻而已，叫新任中央银行总裁俞鸿钧调查是了却一桩心事，希望孔祥熙不会这么干，但现在证据在手，不调查也不行了，便写下手令：着即调查中央银行舞弊案。这是贪污美债事件的重大转折点。

黄金提价泄密案

此刻孔祥熙正在美国疗养，全然不知万里之外的重庆风云突变。重庆中央银行业务局长郭景琨、国库局长吕咸、债券科科长熊国清一干人，正为丢失熊国清信件而着急，一见大批调查人员从天而降，更加惶恐不安。不过他们很快冷静下来，告诉调查人员，这一切都是孔祥熙指示办的，请你们问孔祥熙。

孔祥熙此时已出现危机。1944 年 12 月，蒋介石以孔祥熙在美国养病、自己无暇顾及兼行政院长职为由，任命宋子文为代理行政院长。宋子文这时从美国回来不久，即接手代理行政院长职务。他抓的第一件金融大事是提高黄金价格，矛头直指“法币折合黄金存款”。1944 年，中国将存放在美国的 600 万两黄金运回国，举办“法币折合黄金存款”，即储蓄人按当日牌价在银行存入法币款，到期取黄金，目的是吸收存款，稳定金融市场，稳定物价。这项存款每日根据汇价变换而制定不同牌价，近来因为汇率波动频繁而导致投机猖獗。宋子文决心大幅提高黄金价格，打击投机行为。不料，前波未平，后波又起，发生黄金提价泄密案。

这项工作涉及行政院、财政部与中央银行。宋子文在 1945 年 3 月 20 日和 23 日两度召集他们开会，讨论黄金加价问题，但意见分歧，未能统一。宋子文向蒋介石汇报并得到加价支持，于 3 月 28 日上午 10 时，再次召集财政部长俞鸿钧、中国银行副总经理贝祖诒、秘书林维英及中央银行业务局局长郭景琨开会。

宋子文在重庆有三处官邸，一处在上清寺，现上清寺四新路 19 号，一处在化龙桥，现嘉陵新路 63 号，一处在红岩村绿苑。上清寺处建于 1936 年，是一幢石木混合结构、折中主义风格的别墅建筑，有大小 16 间房子，带宽阔花园，有地道通外面，主要用于接待外宾。化龙桥处是一幢砖混结构、国际式风格的两楼一底建筑，有大小 10 间房间，位于嘉陵江边半坡。1942 年 3 月到 1944 年 10 月，这幢楼房由美国将军史迪威居住。史迪威时任同盟国中国战区参谋长、中缅印战区美军总司令。史迪威将军离渝返美后，因为这里比上清寺官邸大一些，宋子文时常在这里工作。红岩村绿苑也在化龙桥，离宋子文嘉陵新路 63 号官邸有三站路，位于嘉陵江边小山坡上，离八路军重庆办事处不远，是一个砖木混合结构、折中主义风格的四合小院，前楼两层，屋顶为歇山顶，顶上有四个老虎窗，推窗便是绿波荡漾的嘉陵江，是宋子文在重庆常住之地。

宋子文把今天的小会安排在红岩村绿苑。上午 10 点，与会者陆续到达。宋子文与他们一番应酬后直奔主题，告诉他们，经蒋介石核准，决定自 3 月 29 日起，将黄金价格由每两 2 万元提高为每两 3.5 万元。贝祖诒是 1914 年进中国银行做事的老银行，担任过广州、香港、上海分行经理，现在是总行副总经理，时年 53 岁，比宋子文大 2 岁。他默默一算说，涨幅偏大，每两黄金由 2 万元涨到 3.5 万元，涨幅为 175%。宋子文说，一步到位吧，免得过不了多久又调。维英你说呢?

林维英，福州人，时年 37 岁，毕业于清华大学、美国俄亥俄大学经济学专业、美国哥伦比亚大学研究院经济学专业，经济学哲学博士，曾任清华大学经济系教授、西南联大商学系教授，现在是中国银行总行秘书，是有影响的金融货币学家。宋子文点名要他参加会议。林维英回答，据测算，有必要作这样幅度的调整。财政部长俞鸿钧和中央银行业务局局长郭景琨关心调价后的情况，提出一些后期预防问题。

经过大家一番讨论，就贯彻调价工作原则达成一致意见。宋子文最后强调保密工作，要求与会者严守秘密，不准有所泄露，以免干扰调价，甚至危及金融市场稳定。大家承诺照办。会议时间不长，在宋公馆吃了午饭大家就各奔东西，因还有很多准备工作要做，以致对宋子文精心安排的菊花鱼，一道用刀工把鱼肉加工成如同菊花形状、造型美观、糖醋味型、经常招待外宾的主菜，竟没有一句赞美之词。

财政部长俞鸿钧赶回部里，立即布置调价工作。财政部是调价的主管机关，决定调价的文件、细则、实施办法并发送全国，还需协调涉及调价的很多工作，所以俞鸿钧回到部里，一边吩咐召开四行二局首脑会议，一边要求有关部门负责起草相关文件。一个小时后，开会者陆续来到财政部会议室。俞鸿钧在会上说了这次调整黄金价格的决定，说明关于黄金提价的正式公函将在今晚7点送到中央银行业务局，要求各银行接到财政部正式文件后，立即用电报向各分支机构传达，务必做好调价的准备工作，包括解释宣传工作，尽可能保持金融市场平稳。俞鸿钧特别强调，今天黄金兑换业务营业时间快结束，明天是黄花岗起义纪念日各单位放假，后天上班，民众得知调价的消息，事过一天有所缓冲，就不会太突然，应该不会引起太大的金融风波。

中央银行业务局长郭景琨从宋子文官邸出来，和俞鸿钧、贝祖诒等分手后，坐小车回银行，心里还在想黄金调价的事，总觉得这个机会太好了，白白扔掉可惜，应当怎么利用一下？他想自己大笔的钱都买美金公债了，没法买黄金，但可以帮好朋友赚一笔，就在好朋友圈里找人，既是好朋友，还得守口如瓶，不能把自己拖下水，想着想着，就想到李祖永。

李祖永时年32岁，浙江宁波人，毕业于美国爱墨赫斯脱大学，留学归来曾在上海光华大学任教，后出任他父亲李屑清创办的上海大业印刷厂厂长。李祖永的父亲李屑清曾在上海开设同余钱庄，辛亥革命后历任南京、天津中国银行副行长，上海沪北工捐局局长，天津造币厂监督。李祖永的三妹夫邵忻湖在日本专门学过印刷，是印刷专家，参加大业公司管理，和农民银行总经理郭景峰有亲戚关系。李祖永凭借这些关系，大业公司承揽了农民银行、中央银行印刷钞票业务，生意火红。抗战爆发，李祖永带领大业印刷厂，随中央银行内迁，在日寇的狂轰滥炸之下，把工厂的机器、零件、纸张、油墨迁往内地，先落脚缅甸仰光，太平洋战争爆发，将机器和技工沿滇缅公路北撤来渝。

抗战前，郭景琨在上海就与李祖永熟悉，来到重庆后，因为李祖永承印中央银行钞票，多有往来，加之李祖永善于应酬，对郭景琨多有经济照顾，二人遂成知己。郭景琨这么一想，眉梢一动，有了主意，叫司机调头去大业公司。后面的故事叙述从简，引用文史作家石涛江一段文章为证：

> 据调查，中央银行业务局当日收存黄金5514两，而其中仅大业印刷公司总经理李祖永就以汇丰银行支票4000万元购存黄金2000两之多，而李祖永当日还以汇丰支票2600万元向中央信托局信托处购存1300两，共为3300两。在黄金加价前数小时内，购存黄金数量如此之巨，显系得到内部消息。
>
> 调查发现，李祖永不仅和中央银行业务局副局长张悦联是至亲，而且与业务

局长郭景琨早在上海时就已相熟，在重庆期间过从甚密。其所主持的大业公司即代央行业务局印制钞票。郭景琨知道李祖永资金雄厚，3 月 20 日又刚从中央银行发行局领得印钞费 4.5 亿元，即将黄金提价消息向其泄露。

当天下午，李祖永派该公司襄理朱绍常、吴凤韶分别前往中央银行业务局和中央信托局购存黄金，并委托该局职员帮同缮写存单，以期当日办竣。中央银行业务局存款科副主任孙星岩与李祖永有师生关系，朱绍常在该局购存黄金时，其申请书多由孙星岩代缮，而通讯处也不写明大业公司住址。事后，孙星岩被擢升为业务局存款科主任。

据有人密告，中央银行业务局自黄金案发生后，凡与黄金业务有关者无不破格擢升。因此，监察委员认为，李祖永、郭景琨、张悦联互相勾结，营私舞弊，郭景琨是参与此次黄金加价的决策人，李祖永则是此次黄金购买数量最大之人，郭景琨实为泄露消息的罪魁祸首。①

李祖永不是唯一抢购黄金的人。该局储蓄处建储科主任戴仁文及助理员朱治廉，挪用市社会局所交该局乡镇公益储蓄款 100 万元，用李子琦等 7 个户名购存 50 两黄金。储蓄处经理王华开库盗取账簿，以他户存款购储黄金。中央信托局主任胡仁山购存黄金 1 两，并以其妻徐瑞祥等名义分存 4 户，购存黄金 27 两。汇源公司总经理杨管北当日下午得知黄金调价后，勾结交通银行襄理沈慰之，在银行下班时间，以转账申请书购存黄金 300 两，且违反该行惯例，当日领得存单。金城银行副主任许子毅勾结交通银行储蓄股主任冯韶，在下班时间用转账申请书化名许诚等 3 户，购存黄金 25 两。交通银行重庆分行副理沈笑春以交通银行支票 50 万元，化名沈老太太等 6 户，在下班时间购存黄金 25 两。财政部总务司长王绍斋当天下午得知黄金调价消息，买过来可赚 75%，即挪用公款 40 万元法币，化名张志明购存黄金 20 两。

侵吞美金公债和抢购黄金的事情被人揭发，经国民政府调查，最后的处理结果是，孔祥熙辞去中央银行总裁职务，有关人员私下购买的廉价美债和黄金一律如数缴还国库，免去国库局局长吕咸、业务局局长郭景琨职务。中央银行舞弊案到此结束。这是抗战期间国民党官员和银行人员营私舞弊的典型案例，严重破坏了对日伪经济作战，客观上起到助纣为虐的作用，影响恶劣。

---

① 石涛江：《国民党如何处理黄金舞弊案》，载于《江海晚报》2015 年 3 月 31 日。

第七章

尾　声

1945 年 8 月 15 日，日本天皇颁布“终战”（投降）诏书。中国抗战获得最后胜利。全国军民欢欣鼓舞，热血沸腾。在这场艰苦卓绝的抗战中，全国军民万众一心，众志成城，在世界同盟国支持下，浴血奋战，艰苦支撑，付出了惨重代价，终于取得最后胜利。其中，银行家与全国军民手挽手肩并肩，维持抗战金融，保障战时经济供给，稳定大后方，维持货币和外汇稳定，作出了自己应有的贡献。

一　姗姗来渝

抗战胜利，迁渝机构人员开始大量离渝返乡。相反的是，金城银行董事长周作民此刻却匆匆从上海来到重庆，神色慌张，坐立不安，找到四川省主席张群，急切地恳求张群让他立即拜会蒋介石。这是怎么回事呢？这得简单说说抗战胜利前后时节周作民在上海的遭遇。

军统抓了周作民

在抗战胜利前后的日子里，周作民心情十分复杂，处境尴尬而困难。从他的日记中可见一斑。1945 年 8 月 9 日，周作民接到周佛海的电话，说是苏联军队出兵中国东北，开始对日本关东军作战，顿时非常紧张，感到时局将发生巨变，不知如何是好。当天，他在日记中写道：“是则局势又须急变，为国家前途着想，意怦怦动，但如何是好，殊无把握耳。”

事过两天，8 月 11 日，周佛海打电话来找周作民，说是有些紧急情况要沟通，请周作民去他家详谈。周作民问他什么紧急情况，是不是日本打不下去了？周佛海说一言难尽，你还是来吧。周作民与周佛海的私交一直不错，虽然也顾忌他的身份，但犹豫片刻还是去了。周作民在这天的日记中写道："至则川本已在，晤商地方问题。据称部队方面决定协同维持，至大问题之命令，则尚未到。"

随后几天事态急转直下，传出日本人准备投降的消息。杜月笙的驻沪代表徐采丞来找周作民，要在他家安装电台，好与在重庆的杜月笙联系。周作民有些害怕，迟迟不敢答应。徐采丞威胁他，强行在他家安置了电台。电台安装后就收到重庆发来的两封非常重要的急电，一则是蒋介石命令日军冈村宁次去芷江何应钦处投降电报，要徐采丞转交日军，并带回冈村宁次复电，通过周家电台发往重庆；一则是重庆发给周佛海的电报，命令他维持上海地方秩序。

周佛海拿了电报喜气洋洋地对周作民说："你看你看，重庆终于认可我了!"周作民知道周佛海前些年就开始联络重庆，没想到现在竟受到重庆方面这么重视，急忙祝贺他，希望他对金城有所照顾。周佛海说："好说好说。"周作民心里想，连周佛海这样的人都能得到重庆宽恕，自己没有做汉奸还怕什么。他在这天的日记中写道：

> 此乃历史上之事件，两电均在余宅收发，亦幸事也。另以文记之。(周佛海)一年来为地方斡旋，得有今日，甚善。

日本投降十几天后，重庆大员戴笠、汤恩伯、钱大钧等人前来接管上海，曾召集金融界人士开会，商量中储券等问题，周作民参加。事后他在 9 月 12 日的日记中写道：

> 杜月笙昨托约同骏人（颜惠庆）、赞侯（李思浩）至其宅，与汤司令（汤恩伯）及雨农（戴笠）晤谈。届时前往者尚有王晓籁、徐寄庼、杨啸天（杨虎）、郭顺、奚玉书、何世桢诸君，而地址临时改在朱文雄宅，不知何故。席次，汤（恩伯）君略言处理日军及日侨方法。菜未数上，钱慕尹（钱大钧）市长邀寄庼、晓籁退席往他处议事，牵余同行，势难谢却。至钱新之宅，心雅（浦心雅）、吴绍澍诸君已先在，随即入会议室，会商初拟中储券流通办法。余于此事不甚明了，只好随声附和，不能有所主张。11 时半始归。①

① 文昊编：《金融大亨》，中国文史出版社 2013 年版，第 281 ~ 284 页。

不难看出，从抗战胜利日到9月12日，周作民在上海的日子还不错，还能与国民政府高官觥筹交错，握手言欢。汤恩伯1945年3月任陆军第3方面军司令官，率部参加桂柳会战，9月抵达上海，主持京沪地区日军受降。戴笠是从重庆飞到上海搞接收的。他们会见并与周作民商量公事，对忧心忡忡的周作民是极大安慰。还有件事也让周作民喜上眉梢。就在这些日子里，蒋介石派亲信李叔民来上海找周作民，要周作民介绍李叔民去找日本人高岛。但周作民没能帮上忙，他也不知道高岛这会儿在哪里。

这样的日子没能维持多久，11月份，周作民就感到“寒气逼人”，有人开始对他动手。周作民非常恐惧，甚至准备一死了之。当事人籍孝存、杨固之、徐国懋回忆说：

> 是年11月某日下午，有特务四人乘车来其寓所，请其去研究在敌伪时期某问题。周即知不妙，嘱家人为其准备卧具随车带去，并由其戚伴送。在汽车上，周谓其戚曰：“我宁死不愿受辱。”其戚请人疏通营救，以黄金一万两为条件。当晚返家，闻此事系戴笠所为，司法机关对周准备起诉。周移住虹桥医院，对外称心脏病发，遵医嘱修养。①

对周作民有这样看法的不仅是戴笠，重庆其他高官来到上海也有意回避周作民。重庆财政部大员陈行到了上海，与杜月笙、周作民等人商量事情，周作民准备发言，遭到陈行制止说“你别说了”，让周作民十分难堪。周作民得知财政部长俞鸿钧从重庆到上海，都是老熟人了，很想见俞鸿钧，说明抗战这些年在上海的情况。陈行不同意，说俞部长公事繁忙，没时间见你，今后再说吧。周作民最终没见着俞鸿钧。陈行之所以如此，代表了重庆方面的意思，全面抗战八年周作民不来重庆，不与中央合作，却待在上海与周佛海等人鬼混，肯定有问题。

陈行的做法还算轻的，军统更不客气，再次将周作民抓起来。1945年10月18日，两个军统特工开车来周作民银行办公室，说是奉戴笠之命，传周作民到军统问话，不由分说，便把周作民带走，带到海格路某机关拘留。银行的人着了慌，不知来人是谁，为什么抓周作民，立即打电话告诉杜月笙，请杜月笙联系戴笠。杜月笙这时也回到上海，听说周作民被抓大吃一惊，重庆没有说抓周作民啊？便给戴笠打电话询问。戴笠回答：“什么，什

---

① 文昊编：《金融大亨》，中国文史出版社2013年版，第297页。

么？周作民被我的人抓了？我不知道啊，没有说抓周作民啊，什么时候的事？什么人干的？”打听清楚后，戴笠马上叫邓葆光去放人。邓葆光是军统少将、军统上海敌产处理局逆产组组长。邓葆光立即坐车赶到海格路某机关，问明情况，原来是军统下属的擅自行为，即代表戴笠向周作民道歉，将周作民带走释放。

这件事对周作民的打击很大，越发害怕国民政府会处罚他。他在1945年10月18日、19日的日记中详细记载了这事。

晨起即往访伯樵（黄伯樵，军委会委员长代表公署主任秘书）晤谈，明知不得要领，然不得不有此行也。至戈医处治喉，到行。……正拟回宅，阍人忽然持客片来告，客姓万名程，要事面谈，当即甚怪，托诚一（行员）往见，不允，复由伯流（行员）出见，亦然。正踌躇间，两客闯入，口称奉戴（笠）先生命令传余问话。余问何事，答曰不知。余欲致电杜（月笙）先生，亦不见许。其态度与逮捕无异。

无几，要求返宅一行，与妻一晤，酌带行李，允之。时行员闻之诧异，高级者咸集余室也。万君偕另一客汤君押余乘其自开之汽车，行至海格路（华山路）某机关办公处门前，忽停驶，呼门拟即开入。余登楼见妻告以故，惊骇而泣，相对几无事可言，随带行李、佛书数册降楼。（何）千里及芳远（周作民之女）已闻信而至，当分别托以家事。千里竟不允乃姊至其宅也。

万兄促行。汤君指挥来兵不许移动物件，检查出入。无几，复随两君乘车至海格路某处，伯流、石贵（工友）同行，先入客室，随即至高楼二层东室之内，有破床板、桌椅二只。汤谓余曰，今晚、明早可移福履路（建国西路），彼处甚优于此。万君谓戴先生今晚可见回（面）。

两君先后去，另有两学兵守余。其中有王姓闽人甚秀。余在室中盘旋约一小时。万君偕李君［前次至顾宅引蕴（吴蕴斋）、博（朱博泉）自首者］来告，邓葆光（军统少将）先生即来此送先生回宅。复导至客室。万谓晨见捕先生之命令即以为怪。李谓顷外出询起原由，方知误会。至此方知万君号里朗，曾主保卫局。未几邓至。谓奉戴先生谕道歉，请即偕归，意甚恳挚。遂与邓同车归宅。时家人已得归信，群候于门前。邓乃再三道歉。汤亦即率学兵而去。

嗣后亲友、行员报告余被逮捕时，由行中电知蕊（张嘉蕊，银行家张家璈的妹妹）、月（杜月笙）两兄，两兄随即电访牧（戴自牧，借以代指戴笠），告以前情，答谓不知，应即送归。月兄即以电慰余妻。晚据蕊兄电告，牧兄事前确不知悉，得电时即谓岂有此理。

1945年10月19日：

晨起，访觉生（戴觉生，军统人员）问经过，不明。至月笙兄处道谢，询其原由，亦不明。请其与雨（戴笠）兄晤商善后，允之。到行，至各处一巡。答谢蕊兄，详述实情，相约不再声张，以免枝节。昨首先电告者蕊兄也。①

周作民为此后悔不已说：“我当初要是去了重庆，哪有这些事啊！”

姗姗来渝求保护

感叹之余，周作民想到一个最好的办法，就是到重庆去见蒋介石，于是写信给在重庆的朱文熊，请他就近找张群、吴鼎昌商量，请他们帮助联系自己去重庆见蒋介石的事。朱文熊的妻子叫张嘉蕊。张嘉蕊是张嘉璈的妹妹。张嘉蕊很活跃，经常往来重庆、上海做生意，认识很多名人，包括戴笠，是她介绍戴笠认识周作民的。她关心周作民，叫他找朱文熊帮忙。朱文熊与周作民也有关系。他办了个南洋企业公司，拉周作民投资做董事长。至于张群、吴鼎昌，前面介绍了，两人都是国民政府高官，前者是周作民的生死之交，后者是金城银行常务董事。

1945 年 10 月 6 日晚上，朱文熊从重庆回到上海，第二天即前往周公馆拜访周作民。他笑容满面地告诉周作民：“你的事兄弟替你摆平了。”周作民忙问：“委员长怎么说？愿不愿意见我？”朱文熊便把在重庆为周作民奔波的事说给他听。朱文熊接到周作民的委托后，即找了张群、吴鼎昌等人，说了周作民最近在上海很不得意，还有危险，很想到重庆来拜见蒋介石，弄一份可以保护自己的文件。张群和吴鼎昌答应向上反映。朱文熊又找了肖梅。肖梅是张嘉傲的弟妹，中国银行经济研究室主任。肖梅答应配合。经过活动，蒋介石认可周作民在沦陷区为中央工作的事，发电报给陆军总司令何应钦、上海警备司令汤恩伯、上海市长钱大钧、军统局长戴笠、上海国民党党部主任吴开先，要他们保护周作民。

周作民听了喜出望外，急忙问：“你有没有这电报的底稿？给我看看。”朱文熊回答：“在肖梅那里。她说给你寄来，还没收到吧，快了，你放心。”当天，周作民就收到肖梅从重庆寄来的电报底稿，禁不住热泪盈眶，喃喃自语：“这就对了，这就对了。”周作民在这天的日记中写道：

得肖梅信，附委座致何汤钱戴吴五处电稿谓：“查周作民君过去担任秘密工作，迭有报告，希加以保护，以免误会为要”等语。似此对于从前工作予证明，

① 中国人民银行上海市分行金融研究室编：《金城银行史料》，上海人民出版社 1983 年版，第 770 页。

则此后之谅解当可释然。①

周作民放心了，有了这道护身符，起码在上海没有问题。过了些日子，他想来想去，觉得还是应该去重庆一趟，一是表示感谢，二是金城银行战后的事，重庆金城的戴自牧与自己分庭抗礼如何处置，沦陷区金城和大后方金城如何统一？都得到重庆找张群、吴鼎昌、钱新之商量，如果能取得最高当局支持当然更好。1945年12月9日，周作民从上海乘飞机来到重庆。

银行家曾有两次抗战迁渝高潮，一次是1937~1938年，第二次是1942年，但都没有周作民的身影。到了1943年，国民政府口头邀请周作民来重庆，周作民犹豫不决，借口要国民政府给他书面邀请，又作罢。现在抗战胜利了，抗战迁渝银行家纷纷买船东归，周作民却反其道而行之，由东向西，姗姗来渝，算是银行家抗战迁渝奇葩。

吴鼎昌这时任国民政府文官长，因为长期担任金城银行常董，对周作民礼让三分，见到周作民自然有一番接风应酬，然后替周作民积极活动，把周作民想觐见的事禀告了蒋介石。蒋介石答应接见，但马上要去一趟北平，要周作民在重庆等候。周作民闻讯满面春风，感谢吴鼎昌鼎力相助。

1946年1月12日，蒋介石接见周作民。吴鼎昌领着周作民乘车来到重庆曾家岩蒋介石官邸，见到侍从室官员，说明来由，请即通报。抗战期间，蒋介石在重庆有三处官邸。一处在歌乐山山洞，现在叫林园27号，有四幢小楼，其中一号楼是折中主义风格的砖木结构，坐北向南，一楼一底，建筑面积644平方米；四号楼在1940年赠送给国民政府主席林森。第二处在黄山叫云岫楼，建在郁郁松林间的小山上，是一幢二层两坡顶、砖墙承重结构房舍，局部为三层，设置瞭望室，为黄山制高点，有落地窗，天气晴朗时可俯瞰山下两江环绕的重庆城。第三处就是曾家岩官邸，当时叫德安里103号，现在叫中山四路36号，二层别墅建筑，有10间房间，掩映在鲜花绿树丛中。

不一会，秘书出来，引吴鼎昌、周作民进客厅，稍坐不一会儿，蒋介石从楼上走下来。吴鼎昌、周作民向蒋介石问好。蒋介石与他们握手让座。

关于这次拜见，周作民在当天的日记里写道：

十时三刻同赴国府文官处，与（吴）达诠晤谈至十一时廿五分。达兄邀余同车赴主席（蒋介石）官邸，稍作即延入客厅。主席以笑容相接。余鞠躬致敬毕，

---

① 中国人民银行上海市分行金融研究室编：《金城银行史料》，上海人民出版社1983年版，第771页。

主席执余手问好。坐定，余谓数年来在沦陷区内，仅将比较重要事件，托张岳军转陈，未能随同为国家有显著之贡献，抱歉万分，且为掩护工作计，不免有些沾染之处，诸承包涵成全，尤为感激。主席谓，汝之作为甚好，余悉知道，但部下人员不知我的意思，更不知我们的关系，发生误会，实在对你不起。余又谓……此次来渝：（1）向主席致敬；（2）整理金行行务及有关事业。①

周作民当天的日记很长，接下来说了金城银行在大后方的情况、上海的情况，最后写道：

主席谓上海经济金融事，希望君能多多帮忙，如有意见，随时尽量告我。余谓自当遵命。主席复与达兄略谈公事，遂辞出。……时已十二时卅分，计谈话三刻。②

有了蒋介石的接见及肯定，周作民心里踏实多了，但对接收大后方金城，统一和重建金城银行仍心有余悸，害怕抗战期间在重庆已羽翼丰满的戴自牧不答应。3 月 9 日，金城重庆分行经理徐国懋、中央设计局副秘书长何廉等人来看望周作民，谈起行务，没有头绪，甚至还有埋怨周作民没来重庆的话。周作民为此忧心忡忡，害怕这些人都拥护戴自牧取缔自己，把这一切归咎于当时他没有来重庆。他在当天日记中写道：

国懋、淬廉（即何廉）来谈行务，自十一时至午后五时余。要之，抗战期内，余未能来，致满盘皆输一着，致有今日内外杌陧之象，悔又何极，忍乎死乎？是今日余之关头也。③

周作民为啥有“忍乎死乎”之忧呢？他忧的是金城银行可能出现分裂。他不愿看到自己辛苦创建的金城银行一分为二，被戴自牧夺走一半。前面介绍了，抗战爆发，金城银行一分为二，上海有总管理处，重庆也有总管理处，而且重庆管辖行所辖大后方业务在八年中发展壮大，远超上海，且重庆行总经理戴自牧大有重拾金瓯，取代周作民之意。

周作民决心一搏。他在重庆期间，多次与国民党权贵张群、吴鼎昌、钱新之，甚至吴铁城、张君劢、何应钦、魏道明、俞鸿钧等人周旋，争取得到他们的支持。他在张群、吴鼎昌的帮助下，制定了改选金城银行董事会、解决重庆金城等大问题的办法。

---

①② 中国人民银行上海市分行金融研究室编：《金城银行史料》，上海人民出版社 1983 年版，第 772 页。

③ 同上，第 773 页。

周作民离开重庆前，1946年3月22日，接到张岳军、吴达诠、钱新之的信。他们在信里附有国民政府文官处给他们的信函，说明已将周作民在沦陷期间为中央秘密工作事转告有关单位人员。文官处给张岳军、吴达诠、钱新之的信全文如下：

> 前奉主席交下执事等去年（1945年）十月二十五日签呈，关于周作民在沦陷期间为中央秘密工作，请分令各有关机关加以保护，以免误会一案，并通知司法行政部、上海法院知照；并奉批示，准电何总司令暨上海钱市长、吴（开先）主任委员及军统局戴局长与司法行政部谢（冠生）部长知照，当经尊批分别办理，相应函达。此致张岳军、吴达诠、钱新之三先生。①

周作民有了这封信，心情大为好转，便拿了这信，如手拿尚方宝剑，去找戴自牧，披荆斩棘，噼里啪啦，让戴自牧连连后退。1946年11月3日，金城银行在上海召开股东会，修改章程，资本总额增为国币3500万元，选出新一届董事13名，计：钱新之、任振采、吴鼎昌、曹觉庵、徐端甫、何廉、卢作孚、黄浴沂、倪季和、王轶陶、戴自牧、周作民等，选举钱新之为董事长，周作民为总经理，戴自牧为协理，决定取消重庆总经理处及平津青联合办事处，改组上海总经理处。金城银行历经八年抗战，至今重整旗鼓。

至于周作民、戴自牧的后事，简单说几句。

1947年底，周作民乘坐美国“克列夫兰总统号”轮船离开上海，漂洋过海，于农历新年前后到美国旧金山，转车去了洛杉矶。金城银行王灵毅的女婿彭硕熙在洛杉矶做医生。周作民专程来找他治病。两周后，周作民到纽约，于纽约中心医院检查病情。周作民在美国待了半年即回国，所花国币15000元、美金50100元由金城银行以考察费报销。

戴自牧1938年从武汉来重庆，把全面抗战前夕只是办事处的重庆金城，发展成为统管大后方的重庆管辖行，任总经理，既服务抗战，又承传金城一脉，功不可没。抗战胜利不久，戴自牧曾试探过接管全国金城的事。他向吴鼎昌、钱新之请示，准备派人去沦陷区接管金城行处。吴鼎昌说：“这个问题现在尚且谈不到，最重要的事，赶紧由你先去上海和作民见面，有关行务问题，两人见面协商。”这无疑如一桶凉水让戴自牧心冷意灰，加之后来周作民来重庆拜见蒋介石，得到蒋介石的权力支持，只好见风收篷，改弦易辙，不再提统

① 中国人民银行上海市分行金融研究室编：《金城银行史料》，上海人民出版社1983年版，第774页。

管全国金城之事。

1946年10月中旬，戴自牧处理完重庆金城的事，坐船离渝去沪，在船上回首高峻的朝天门码头和高低错落的重庆城，油然生出万千感慨。他在这七年多时间里，为了发展金城，为了维持重庆金融市场，为了抗战，走街串巷，爬坡下坎，不知把重庆城走了多少遍，而今一别，前途渺茫，心里五味杂陈，眼睛红润，忙别过身看滚滚长江。

10月25日，戴自牧到达上海。周作民即在银行餐室设晚餐招待戴自牧。第二天，周作民亲自去戴自牧临时住所高乃伊路会面，进门就说："自牧兄，你看金城如何向财政部备案？"话外之意，是你做总经理还是我做总经理？抗战胜利，所有大银行都得向财政部重新备案，说明董监事会成员、行政管理成员。戴自牧说："一切凭兄做主。"周作民悬在心上的石头应声落下。

1948年8月，国民党政府进行币制改革，发行金圆券，迫使各商业银行出售黄金、外汇。周作民受到威胁，在美国人陈纳德的庇护下，悄悄离开上海前往香港。新中国成立后，1951年6月，周作民由香港回到北京，改组金城、盐业、中南、大陆及四行储蓄会，成立联合信托银行，出任董事长。1955年，周作民因病在上海逝世，享年71岁。

二　纷纷而去

陈光甫飞去美国

与此同时，抗战迁渝银行家开始陆续离渝返乡，走长江水路的多，去武汉、南京、上海、杭州、宁波，还可以在武汉转火车去北京、天津、郑州，也有走陆路的，走川北，翻越秦岭到西安，转中原。他们在离渝前有很多事要做，在重庆待了好多年，已扎根重庆，且根深叶茂，不是说走就能走，需要时日。上海银行即是一例。

抗战爆发，陈光甫把上海银行总行迁到香港，在重庆设总经理驻渝办事处。太平洋战争爆发，陈光甫把上海银行从香港迁回上海，重庆仍然是办事处。1944年，上海银行和在沦陷区其他上海银行经营困难，萎缩严重，陈光甫便在重庆成立上海银行总行，大力发展大后方业务，与金城一样，形成东西两个总行。两个总行互做汇兑业务，调剂东西经济。

1944年，陈光甫预计抗战胜利就会来到，特派所属中国旅行社社长去美国联系代理客货运输事宜，派所属大业公司总经理去美国，联系购买纺织设备事宜，10月，他自己又去美国组建信托公司，准备大力发展对美贸易。当事人、上海银行老员工杨桂和回忆说：

> 同年（1944年）10月，陈光甫去美参加国际通商会议，会后即留在美国研究上海银行在美资金运用问题。1945年4月，他与美国一些资本家组成了信托公司，中国方面发起人除陈外，还有李馥荪和张公权，资本一千万美元，由发起人认五百万美元，上海银行认25%，计一百二十五万美元。据当时上海银行负责人说，这个外汇投资数约为全行外汇资金的六分之一强。照此推算，1945年上海银行所拥有的外汇当在七百万美元左右。这是战前任何商业银行所没有的外汇资产。①

抗战胜利消息传到重庆时，陈光甫不在重庆，还在美国，重庆上海银行员工万分兴奋。银行的宿舍区设在歌乐山桂花弯，桂花弯住了很多抗战迁渝的人。上海银行员工听说抗战胜利了，纷纷跑出家门欢呼跳跃，高喊口号。其他单位的人也跑出来大喊大叫，欢庆胜利。大家在树林小道上奔跑喊叫。桂花弯念佛堂的和尚闻讯跑出来跟大家一起庆祝。大家在院坝喝酒聊天，唱歌跳舞，通宵达旦。

上海银行执行董事、陈光甫的秘书、负责全行日常事务的倪文硕赶到银行办公的海光楼，与行处领导欢庆胜利，并召开会议，商议抗战胜利后上海银行如何发展。倪文硕要求经济信用调查部立即对战后全国市况作调查分析，以便重建和调整上海银行在全国的布局，要求汇兑部立即开办对天津、上海的业务汇兑。

开办重庆对天津、上海的业务汇兑是一件大事，也是抗战胜利后上海银行的当务之急，陈光甫在美国一再来电指示督办，因为此刻沦陷区极度缺乏法币。陈光甫在出川交通万分困难的情况下，搞到飞机仓位，指示倪文硕，向天津、上海空运去大量法币。上海银行是抗战胜利后大后方银行，首先开办重庆至天津、上海汇兑的银行，为解决沦陷区严重的缺钞困难作出了贡献。

倪文硕还有一件大事，遵照陈光甫指示，在完成结束工作后，组织上海银

---

① 文昊编：《金融大亨》，中国文史出版社2013年版，第176页。

行重庆总行离渝返沪。倪文硕带领行员收拾资料、档案、货币，结清在渝业务，联系离渝交通工具，安顿员工去向，派人去上海与在沪上海银行人员联系，一番忙碌后，带着首批离渝行员登上去上海的汽车。汽车从重庆南岸海棠溪出发。倪文硕站在高高河岸上，望着长江对岸高低错落的重庆城，思绪万千，心里有很多话要对重庆说。司机揿响喇叭，上海银行撤离车队缓缓启程。倪文硕和行员们情不自禁朝江对岸的重庆城挥手高喊：再见了重庆。

经过艰难的长途跋涉，上海银行车队经过贵阳、衡阳、株洲、汉口来到合肥。倪文硕离开车队转车去安徽石埭老家，探望八年不见的家人。处理好家务后，他立即赶往上海，投入到上海银行重整行务工作。1946 年，陈光甫从美国回到上海，带领上海银行开始战后重建事业。然而战后重建事业很不顺利，国民党的力量随着解放战争的推进而逐步缩小，直接影响陈光甫准备在东三省设置分支机构的计划，并被迫放弃，静观局势变化。1949 年全国解放后，陈光甫便放弃了在大陆的经营，转移去了香港，并逐步将香港分行与大陆分行分开来，最后香港分行在香港独立注册，改称上海商业银行。陈光甫这时还雄心勃勃，计划像 30 年前创办上海商业银行那样创办香港的上海商业银行，可时过境迁，困难重重，并没有取得当年的成绩。1954 年，陈光甫在台北设立上海商业储蓄银行总行，只有机关，没有营业机构，直到 1965 年才设立分支机构营业。1976 年，陈光甫病逝于台北，享年 95 岁。

在渝最后两件事

戴自牧在大后方造就了一番大事业，原本想再接再厉，可抗战胜利后，重庆金城总处撤销，于是郁郁寡欢，悄然离渝。与戴自牧同样在大后方创下一番伟业的银行家束云章却有所不同，他在抗战胜利的鞭炮声中，出任中国纺织建设公司总经理，踌躇满志，春风得意，在众人热烈欢送中离渝去沪。

束云章，前面介绍了，抗战前夕是中国银行天津副理，抗战全面爆发，他临危受命，负责组织华北中国银行分支机构大撤退，成功保存了华北众多中国银行分支机构实力，为建设大后方金融阵地作出贡献。同时，束云章承担起将豫丰纱厂迁往重庆的重担，万里迢迢，万吨机器设备材料，历经千辛万苦，成功地迁到重庆并重建复工，成为重庆四大纱厂之一，为稳定大后方经济作出贡献。与此同时，束云章就任中国银行雍行经理，建立雍兴实业公司，在西北兴建起20多个工厂，创造西北抗战经济奇迹，成为中国有名的银行实业家。

1945年8月初，抗战即将胜利时，束云章在重庆得知美军在日本投掷原子弹，心情十分高兴，觉得抗战胜利指日可待，必须对西北工厂抢先有所布置。一番准备后，8月10日，束云章乘车离渝，走川北，翻秦岭，沿川陕公路去西安。中国银行雍行已迁到西安，改名西安分行，行址在尚仁路。雍兴公司同时撤离天水迁到西安，与西安分行为邻。

束云章在西安召集分行、各工厂负责人开会，在会上分析抗战局势，认为日本抵挡不住几天了，中国抗战必将取得最后胜利，要大家讨论，抗战胜利后怎么办？中国银行在西北创立的纱厂、机器厂、面粉厂、化工厂、酒精厂、煤矿、毛纺厂、制革厂怎么办？大家议论纷纷，各抒已见。有的说抗战胜利了，咱们哪来回哪，西北这些工厂卖了吧。有的说不能卖，这都是我们艰苦创业的成果，不如随人迁走，就像当年豫丰纱厂迁来一样。

这就是束云章在抗战胜利前夕面临的最大难题。

抗战即将胜利，重庆的事堆积如山，束云章专程从重庆来西安，就是心存疑虑，想听听大家的意见，让大家帮助他做决策。束云章听了大家的意见后，经过反复考虑认为，抗战胜利后，雍兴公司在西北这些工厂虽说留在西北也有作用，但作用会大大减弱，肯定竞争不过华东、华北，不如将其优良机器设备迁往华东、华北，可以更好地发挥作用。后来的事实是，束云章把这些工厂中有价值的机器设备迁往江浙，但因为随即爆发的国内战争，不能如预期发挥更大作用，只好在1948年迁往台湾。这是后话。

1945年8月15日，日本天皇宣布结束战争的消息传到西安。束云章和西安分行、雍兴公司的同事无比兴奋，当即走上街头与百姓欢庆胜利。回到住处，束云章没有睡意，叫来同事吕凤章，商量正在筹备中的纸厂怎么办。吕凤章是1941年人学毕业来到雍兴公司做事的，在西北待了七年。1948年，他受命主持雍兴公司迁移，迁走10000纱锭、100台机床、30套面粉机，从蔡家坡迁往宝鸡，再从宝鸡用骡马运到四川广元，再用小船运到重庆转大船沿长江去上海。后来，吕凤章随这些机器去了台湾，成为台湾实业家。

吕凤章回忆说：

> 我记得最深刻难忘的是抗战胜利那一晚，我陪他在烛光下（当时西安电力不足）度过。我们还研究当时正拟筹备进行的造纸厂。第二日，他接电报便匆匆去陪都，接受了政府更重大的任务。他虽然以后没有再到过西安，但是对雍兴公司

的重要决策还是由他主持。[①]

这里所说“更重大的任务”，吕凤章当时不知道，确实是国民政府给束云章更重要的任务，是行政院长宋子文电召他回重庆。束云章在回重庆的路上想，抗战胜利，西安分行、雍兴公司，还有在重庆的豫丰纱厂，很多事等着自己处理，会有什么急事找自己呢？回到重庆，走进宋子文办公室，听了宋子文一番话，束云章不禁大吃一惊，国民政府要他负责接收全部沦陷区的纺织业，不由脱口而言：“宋院长我60岁了！”宋子文抿嘴一笑，像8年前抗战全面爆发时要束云章负责华北中国银行撤退时的样子，对束云章说：“国难当头，匹夫有责。抗战胜利了百废待举，也要有这种精神。请云章兄帮忙。”

这的确是一副重担。国民政府任命束云章为中国纺织建设公司总经理，负责接收日本人在中国留下来的86家纺织工厂，共计有纱锭263万枚、线锭43万枚、布机44000台、员工16万人。这比中国银行西安分行加上雍兴公司、加上豫丰纱厂，不知大了多少。

在宋子文的一再要求下，束云章答应勉为其难，但对宋子文说：“我有三个要求。”宋子文问哪三个要求。束云章说：“第一，不受官，我还是中国银行员工。第二，不受禄，不要这个新公司的所有待遇。第三，不支薪，我只领中国银行这份薪。”宋子文深受感动，连连点头。

1945年12月4日，中国纺织建设公司在重庆召开第一次董监事会议。宋子文主持会议，当场将聘书发给束云章。束云章在会上说，政府信任我，我就干吧。束云章上任后，立即计划在上海组建纺织建设公司总公司，地址考虑在上海江西路138号，还考虑在重庆、西安、沙市、汉口、广州、南通、杭州、汕头、郑州设立办事处。

这是束云章在重庆最后办的第一件大事。

正当束云章准备离渝去沪时，他家乡的人找上门来，反映家乡江苏丹阳贫困落后的情况，希望他为家乡做点投资实业的事。来找束云章的人叫胡尹皆，是丹阳旅渝同乡会的会长，抗战前是江苏省议员、丹阳商会会长。束云章在重庆数年，与丹阳旅渝同乡会及胡尹皆多有往来。胡尹皆是1938年逃难来重庆的，住在江津。他有个儿子叫胡循，在资源委员会物资局做秘书。束云章因豫

---

① 江苏省政协文史资料委员会、丹阳市政协文史资料委员会编：《实业家束云章》，江苏文史资料第78辑，1994年版，第112页。

丰纱厂需要物资事与胡循多有往来，后来认识胡尹皆也是胡循介绍的。

胡尹皆带着几个丹阳同乡来找束云章，希望束云章抗战复员后以家乡为重，为家乡介绍设厂，帮助家乡缓解贫穷困难，又介绍说家乡水陆交通方便，地价、人工费低廉，有充裕电力。束云章对这些情况自然清楚，又觉得自己现在可以为家乡做点事了，就爽快地回答："余未返乡者数十年也。故乡既具备此数优点，遇有机会，敢不勉力进行。"①这是束云章在重庆最后办的第二件大事。当事人、时任丹阳县国民党书记长的朱沛莲回忆说：

> 翌年（1946年）四月，先生（束云章）以中纺规划初定乃趁机返里扫墓之便，勘察设厂地点，一面纠约中国银行京沪诸分行，及雍兴实业公司投资，创设丹阳纱厂、丹阳机器厂、丹阳面粉厂，先行收购丹阳火车站西侧，濒临九曲河之农田五百亩，以作厂基。②

丹阳旅渝同乡会会长胡尹皆家的厨子叫李锦章。抗战全面爆发，李锦章随胡尹皆逃难到重庆，继续替胡尹皆做饭。李锦章回忆说：

> 有次丹阳同乡会在重庆开会，二人均去参加。胡尹皆和束谈起家乡情况。胡说，丹阳是个好地方，可惜没有实业，老百姓仍然很苦，你八爷能不能为丹阳家乡造点福，办一个纱厂。1945年抗日战争一胜利，胡和束再谈起办厂之事。胡说，到丹阳办厂，你要什么地方，听你选择，我负责解决。
>
> 一切商妥之后，束云章叫外甥贺书绅和一个姓吕的工程师着手筹备，并拟先将西安雍兴公司中，束自己的五千纱锭运迁来丹。束云章说，这五千纱锭原来打算迁上海的，如迁上海一年可以赚回本钱，放在丹阳，三五年也难有利润。③

1945年9月，束云章买好去北京的飞机票，准备与四联总处的人同机离渝。不料束云章临时有急事脱不开身，只好退票。谁知这天的飞机在途中出了机器故障，差点坠机。同事得讯，恭喜束云章化险为夷。束云章感慨良久，一本正经说："我也不会再活多少年了。我真心希望把这件事做好。"

几天后，束云章乘飞机离渝去沪。飞机从九龙坡机场起飞，穿越重庆城，向东而去。束云章多次坐飞机飞临重庆上空，熟悉重庆地貌。他看着地下两江交汇处、像一片树叶的重庆半岛，想起全面抗战八年来的艰辛、奋斗、成就全都在重庆，而今功成名就却要离开重庆，禁不住心潮澎湃，不仅想起"相见

---

①② 江苏省政协文史资料委员会、丹阳市政协文史资料委员会编：《实业家束云章》，江苏文史资料第78辑，1994年版，第77页。

③ 同上，第150页。

时难别亦难”的诗句，在心里默默向重庆依依惜别。

半年后，1946 年 3 月，束云章奉召来渝，会见行政院长宋子文，商讨纺织政策及中国纺织公司员工待遇。几天后，束云章离开重庆，再也没有回来过。此后他去了上海，去了台湾，直到 1973 年 12 月 15 日在台北去世，享年 88 岁。

撤离重庆三政策

交通银行总行在 1945 年抗战胜利后不久撤离重庆。交行感谢自己的员工在抗战期间，为国家和交行作出的贡献和牺牲，特制订三种安置办法，供他们自由选择。1. 随总行一块返回京沪。2. 调到京沪一带家乡分支行。3. 离行复员。

抗战期间，交通银行员工为抗战胜利作出过重大牺牲。吴祝华撰文指出：

> 战争是无情的也是残酷的。在长达 8 年之久的抗战期间，为了国家的利益和事业，以及银行财产的安全，交行人始终从大局出发，竭尽全力，为了国家和交通银行的利益尽职尽责，奋不顾身，甚至英勇献身。胡笔江就是其中之一。
>
> 1938 年 8 月 24 日上午，胡笔江乘坐“桂林号”自香港飞抵广州上空，遭遇 5 架日机追击扫射，不幸以身殉国。宋子文、孔祥熙参加了他的追悼会。宋子文在悼词中说：“胡进身之初仅为钱庄学生，一无凭籍，经数十年之奋斗，以才能德行见重于时，最后卒任交通银行董事长。”毛泽东、周恩来、彭德怀送了花圈。毛泽东在挽联上称胡笔江为金融巨子。①

三　十亿法币运上海

重庆银行总经理潘昌猷是四川仁寿人，不存在复员东归问题，可抗战胜利鞭炮声一响，他就急着往上海跑，因为风云突变，上海的 2000 伪币兑换 1 法币，促致使银风奇紧，利息高涨，是重庆的两三倍，正是做汇兑、搞锞运、抢购物资的好时机。

前文介绍了，潘昌猷是四川著名将领潘文华的弟弟，身兼重庆银行总经

① 吴祝华：《抗战时期的交通银行》，载于《中国银行业杂志》2015 年第 9 期。

理、四川省银行董事长，喜欢炒公债炒汇兑，抗战爆发前夕就因为赌炒公债引发重庆金融危机。八年过去，江山易改，本性难移，潘昌猷还是喜欢做汇兑。

他见上海法币奇缺，急忙向财政部活动，申请将法币锞运上海。锞运是潘昌猷的拿手好戏，抗战期间，哪里缺现金他往哪里运钱，请了一个排的士兵架机枪押运，从没出事。现在抗战胜利了，天下太平，重庆去上海有飞机，安全有保障，他更无所畏惧。财政部鉴于沦陷区急需大批法币，批准重庆银行向上海运输钞票。潘昌猷领到财政部锞运护照。1945 年 10 月、11 月，向上海运去 10 亿元法币，为缓解上海货币紧张作出贡献。当事人石体元、刘选琛、赵世厚回忆说：

> 潘昌猷这时也急忙向财政部活动，请得锞运护照，同年 10 月 16 日，第一次运往上海法币 1000 万元，19 日又运去 9000 万元，在不长的时间内，先后共运去 10 亿元左右，直到 12 月左右，申渝两地悬殊的差别消失后才停止锞运。①

潘昌猷为了筹集资金运往上海，抗战胜利不久，即关闭设在内地的分支机构，有康定、雅安、合江、中坝、南充、璧山、三斗坪、贵阳、达县、山洞等行处，增设汉口、南京、天津、广州、香港分行，腾出大量资金去上海、香港。潘昌猷在上海主要做放款。那时上海很多中小商人非常缺乏资金。重庆银行便花 400 两黄金，在九江路租一幢大厦办公，设立重庆银行上海临时管理处，向广大商人放款。这些商人正急得走投无路，立即蜂拥而至，用自己的店铺、房屋、材料等资产作抵押贷款，利息再高也在所不惜。重庆银行接收了很多上海商家抵押资产，特别是金陵路一带的商家字号差不多都是重庆银行的客户。

潘昌猷亲自去上海坐镇指挥，见上海、香港在战后大有作为，决定不回重庆了，在上海买下茂林别墅，在香港太子道租了幢住宅，把家属迁去居住，自己申港两地跑。他想借抗战胜利“重庆客”的优势，迅速占领全国市场，把重庆银行办成全国一流商业银行。

不过这只是一厢情愿的事。随着内战枪响，潘昌猷一看国民党不经打，立即调整策略，不再想做全国一流银行了，赶紧把资产往国外转移，让他儿子潘清尧和媳妇何高陵带着存在香港的外汇去美国留学，把存在重庆的七八百箱猪

---

① 中国民主建国会重庆市委员会、重庆市工商联合会文史资料工作委员会编：《重庆五家著名银行》，西南师范大学出版社 1989 年版，第 201 页。

鬃、50吨硬脂酸抢运到广州、香港变现，筹得几千两黄金和100万港币汇到香港，准备一走了之。新中国成立后，潘昌猷一度回国，但很快返回香港，1956年定居巴西，1970年曾回国一趟，但来去匆匆，1981年客死巴西。

最后补充三点：1. 潘昌猷在巴西有私人庄园、矿山、橡胶园，是当地华人首富。2. 潘昌猷在巴西去世，留下遗言：海外资产归子女，国内重庆银行资产由赵世厚处理。3. 新中国成立后，重庆银行成为国内唯一没有被政府没收的私人商业银行，但只保留取款业务一项和人员一个——副总经理赵世厚，由他办理前来取款业务，并查找存户，通知他们前来取款，直到20世纪70年代中期，取款业务停止，赵世厚退休，重庆银行全部资产、账册、物件、楼房移交重庆人民银行。

四　结束语

抗战期间，西南金融业突飞猛进。1945年8月统计，大后方银行总行数，西南245家，西北64家，华中、华南53家，华北50家，江浙4家，总计416家，西南占58%。西南金融以重庆为核心，重庆共有银行、钱庄总分支行处233个，其中总行61个、分行32个、支行6个、处113个、钱庄银号21个，位列中国城市第一。重庆成为大后方金融中心。重庆成为大后方金融中心有何意义？西南大学教授刘志英、张朝晖指出：

> 1. 战时中国金融中心的成功西移，重庆金融中心的形成，起到了吸引资金内移，凝聚抗战力量的巨大作用。2. 重庆金融中心的形成，促成了以重庆为中心，辐射整个大后方的金融网的建立与发展。3. 重庆金融中心的形成，促进了大后方金融制度的建立、完善与金融业的近代化。4. 促进了战时大后方经济的迅速发展，对大后方工商业与农村经济的发展起到了积极的推动与促进作用。①

抗战期间，大后方经济建设取得很多成果，对日伪经济作战同样取得很大的成果，奠定了中国抗战胜利的经济基础。山东大学李平生教授指出：

> 如果简单地全盘否定抗战时期大后方经济建设，自然无法理解中国的全面抗战为何能够持续8年，直至取得最终的胜利。全盘否定抗战时期国民党政府的经

① 刘志英、张朝晖等：《抗战大后方金融研究》，重庆出版社2014年版，第124～128页。

济政策，把它当作当时最反动、最落后的生产关系的体现，同样无法说明何以在当时军事上，国民党军队是抗日阵营的主要力量之一，在政治上国民党是抗日民族统一战线的重要力量之一。显然，全盘否定是有悖于历史事实和科学态度的。然而，在克服以往片面性认识的同时，切不可走入另外一个极端，抗战时期大后方经济建设中出现的缺陷，及国民党政府经济政策的失误，有意或无意地避而不谈，以逆反的心理从事研究。这显然不是一种科学的态度。逆反和义愤一样，都极易违背历史事实，难以得出科学的结论。①

在大后方经济建设，在对日伪经济作战中，一大批银行家身先士卒，奋勇当先。他们响应政府号召，服从抗战需要，离乡背井，走上艰难困苦的内迁之路。他们不顾个人安危，冒着敌人炮火，组织银行大撤退，把资金、簿册、行员，还有银行管辖工厂的机器设备，浩浩荡荡，千里迢迢，迁往大后方；他们冒着极大的危险，前往沦陷区和半沦陷区抢购军事物资和重要民生物资，缓解抗战物资匮乏的矛盾；他们坚守金融货币外汇对日伪作战第一线，坚决维护法币稳定，坚决捍卫外汇汇率，积极争取国际援助和开展国际贸易，获得外汇，稳定中国抗战金融阵地；他们与抗日前线浴血奋战的将士、大后方努力工作的实业家、文艺家、人民大众精诚团结，携手并肩，用血肉之躯筑成中华民族新的长城，为赢得抗战胜利立下丰功伟绩。

① 李平生：《烽火映方舟——抗战时期大后方经济》，广西师范大学出版社 1995 年版，第 334 ~ 339 页。